크리스천 코칭 패스파인더

CHRISTIAN
COACHING
PATHFINDER

한국기독교코칭학회 지음

아가페

추천의 글 1
Recommendation

샬롬! 2003년 ICF코리아를 세우고 같은 해 12월 (사)한국코치협회를 창립한 이후 20주년을 맞는 올해, 한국기독교코칭학회가 『크리스천 코칭 디스커버리』에 이어 '크리스천 영성코칭 시리즈 2'로 『크리스천 코칭 패스파인더』를 출간하게 된 것을 축하한다.

나와 김영순 박사가 1994년에 예수님의 인애리더십 7 Habits of Highly Effective People 리더십 워크숍을 시작하고, 인애리더십의 지속적 실행을 가능하게 하기 위해 코칭을 도입하여 (사)한국코치협회를 창립한 지 20년이 되었다. 자신의 재능과 잠재력을 발견하여 셀프리더십과 대인리더십, 인애리더십으로 에너지 충만한 삶을 살도록 코칭컨설팅을 해오면서, 크리스천 코칭의 중요성을 더욱 느끼게 된다. 크리스천 코칭은 성령님과 함께 크리스천의 비전과 사명을 찾고, 하나님과 이웃을 인애(사랑)하는 행복한 삶을 돕기 때문이다. 예수님의 장성한 분량까지 성숙해지고, 행복한 크리스천이 많아질 때 한국 사회가

크리스천 코칭 패스파인더

변화되리라 믿는다. 그런 의미에서 한국기독교코칭학회가 설립되어 크리스천 코칭을 보급하고, 하나님나라를 확장하는 데 있어 국내뿐 아니라 미국 대학과 전 세계 선교사님을 코칭으로 네트워킹하는 데 기여하고 있다는 것은 반갑고 고마운 일이다.

독서와 저술은 노성비(노력대비성과, Effort Effectiveness)가 높은 활동이라고 한다. 독서는 과거와 현재의 현인을 많이 만나게 하고 지혜의 폭을 넓혀 준다. 저술은 현재와 미래의 현인이 되게 인격동칭(인정, 격려, 동기부여, 칭찬)해 주고, 자성예언(자기달성적인 예언)해 주지만 큰 용기가 필요하다.

그런 의미에서 『크리스천 코칭 패스파인더』는 크리스천 코칭 영역에서 이루어지고 있는 실제 사례를 나누며, 크리스천 코치가 나아갈 방향과 방법을 제시하고 있다는 점에서 기대가 크다. 이 책이 목회자, 전임사역자, 일반 성도, 선교사, 크리스천 리더 같은 크리스천뿐 아니라 코치 지망자, 리더십 강사, 상담자 또는 자녀교육이나 부부 간의 원만한 대화 그리고 개인적 성장을 원하는 일반인에게 실제적인 지침을 제시해 준다는 의미에서 적극 추천하고 싶다.

코로나 이후 행복감이 더 낮아진 청소년, 가정, 조직, 사회, 국가를 위해 크리스천 코칭이 해야 할 일은 매우 많다. '주님의 마음을 회복하고 십자가의 비전을 세우는' 한국기독교코칭학회의 여정에 하나님께서 함께하시리라 믿으며 무궁한 발전을 기원한다.

김경섭
(사)한국코치협회 초대회장

추천의 글 2
Recommendation

우리나라 대표적인 코칭협의체인 ICF코리아챕터와 한국코치협회가 올해 20주년을 맞이했다. 나 역시 함께 성장한 시간이었다. 한국코치협회에서 인증한 제1회 수퍼바이저코치(KSC)가 되었고, PCC를 거쳐 국제코치훈련원을 통해 세계적인 수준의 전문코치를 교육, 훈련, 배출했으며, 올해 국제코치연맹 ICF코리아챕터 회장이 되었다. 그 사이 우리나라의 코칭산업은 많이 발전했다. 그러나 여전히 성장기 초입에 있다. 크리스천 코칭은 더욱 그렇다. 토대를 닦아가는 시기라 할 수 있다. 한국기독교코칭학회의 박중호 학회장을 비롯한 임원진의 노력이 돋보이는 이유다.

한국에서 코칭이 성장할 수 있었던 배경에는 코칭 관련 도서의 출판과 번역이 있었다. 그런 면에서 본다면 한국기독교코칭학회에서 두 번째로 출간하는 『크리스천 코칭 패스파인더』는 국내 크리스천 코치들에게 희망의 빛이라 하지 않을 수 없다. 다음세대와 선교, 다양한 코칭스킬과 전문성을 녹여낸 크리스천 코치들의 이야기를 담은 이 책이, 크리스천 코치들이 성령님과 함께 자신의 소명을 실제로 성취하고 성장해 나가는 데 있어 큰 도움이 되리라 믿는다. 특히 이 시대에 영성 코칭의 가치와 관심이 높아진 만큼 영성코칭에 대해서도 많은 기대를 갖게 된다.

전문가는 자신의 전문성을 교육과 실습으로 갈고 닦아야 한다. 크리스천의 정체성을 갖고 크리스천 코칭을 하려고 할 때 교본으로 삼을 만한 도서가 거의 전무했던 것을 생각하면 『크리스천 코칭 디스커버리』에 이어 출간되는 『크리스천 코칭 패스파인더』는 크리스천 코치에게 그 역할을 톡톡히 해낼 것으로 기대된다. 기독교를 바탕으로 코칭의 전문성을 다양하게 녹여낸 이 책을 통해, 한국의 크리스천 코칭 영역이 더 많이 확장되고 많은 크리스천에게 길잡이가 되기를 바란다.

황현호
ICF코리아챕터 회장

추천의 글 3
Recommendation

국내에서 전문적인 코칭 교육이 시작된 지도 어느새 20년이 되었다. 나는 2004년 연세대학교에 목회상담 전공 교수로 임용된 직후부터 코칭에 남다른 관심을 가졌다. 2006년 연세대학교 연합신학대학원 부설기관이었던 '기독상담센터'의 소장으로 임명받은 직후에, 나는 센터명을 '상담 · 코칭지원센터'로 바꾸었다. 의아해하는 사람도 있었지만 나름 계획이 있었다.

몇 년 간의 사전 준비과정을 거쳐, 2007년 국내 고등교육 기관에서는 최초로 '코칭아카데미'를 시작했다. 당시 경영대학원이 아닌 신학대학원에 코칭 교육과정을 신설하는 것이 많은 외부사람들의 의구심을 자아냈다. 특히 비즈니스 코칭과정을 개설할 때는 실로 많은 질문을 받았다. 그럴 때마다 한 시인의 입을 빌려 코칭철학의 기독교적 배경을 설명하곤 했다.

시인 김용택은 「그이가 당신이에요」라는 시에서 이렇게 노래한다.

"나의 아흔아홉 잘못을 전부 알고도 한 점 나의 가능성을 그 잘못 위에 놓으시는 이가 가장 나를 사랑하는 이일 테지요. … 당신의 한 점 가능성이 모든 걸 능가하리라는 것을 나는 세상 끝날까지 믿을래요."

나는 국내 코칭문화가 뿌리를 내릴수록 김용택 시인이 노래한, 보이지 않는 한 가지 가능성을 붙들고 감히 상상할 수 없는 놀라운 변화를 일으킬 수 있는 사람은 다름 아닌 코칭 서비스를 목회적 관점에서 실천하는 크리스천 코치라는 확신이 들었다. 크리스천은 바로 그리스도의 모범을 따라, 양 아흔아홉 마리가 품에 있을지라도 잃은 양 한 마리를 찾아 골짜기를 내려가는 사람들이기 때문이다. 긍정과 가능성의 과학과 실증적 임상 학문을 토대로 발전한 코칭 서비스의 뿌리와 철학적 배경은 단연코 기독교 정신에 있다는 점은 부인할 수 없으리라.

국내 코칭전문가가 대부분 크리스천이지만, 크리스천 코칭 분야를 학문적 실증적으로 정리하고 소개하는 문헌이 많지 않았다. 이러한 때 한국기독교코칭학회의 여러 전문가들이 『크리스천 코칭 디스커버리』를 출간한 일은 매우 시의적절한 노력이고, 코칭전문가들 모두 쌍수 들고 환영할 일이다. 더욱 반가운 것은 '크리스천 영성코칭 시리즈'를 통해 지속적으로 결과물을 세상에 내놓겠다는 박중호 학회장의 다짐이다. 그리고 지금 이렇게 두 번째 책을 출간한다. 영성코칭 분야의 관심은 모든 크리스천 코치가 당면과제로 여겨야 할 주제이기에 매우 반갑고 감사하다.

2009년 미국 하버드대학교 의과대학 안에 '하버드 코칭연구소'를 만들고, 매년 '하버드 코칭 컨퍼런스'를 열 때, 나는 연구소 창립 발기 인으로 참석한 적이 있다. 코칭 분야의 학문적 기반이 부족하다고 여긴 북미의 여러 전문가가 미국 내 명문대학교 안에 연구소를 마련하고, 의료, 리더십, 긍정심리학 등 세 가지 분야에서 더욱 체계적인 연구를 독려하고, 그 연구결과를 기반으로 근거기반(evidence-based) 코칭 프로그램 만드는 일을 진행하게 한 것이다. 매년 하버드 코칭 컨퍼런스가 진행되면서 컨퍼런스의 주제는 점점 한 가지 당면과제로 관심이 쏠렸다. 주로 개인 리더십이나 조직 내 성과, 효율성 혹은 의료 분야에서 건강 유지 등을 목표로 할 것 같았는데, 의외의 주제에 관심이 집중되자 모두 놀랐다. 그것은 다름 아닌 인간의 온전성과 초월성을 바탕으로 한 인간의 영성(spirituality)에 대한 관심이었다.

실은 그리 놀랄 만한 일도 아니었다. 나는 지난 20년 동안 '영성과 상담'이라는 박사 세미나를 개설하고 연구해 왔다. 이미 1998년부터 국제보건기구(WHO)에서는 건강을 새롭게 정의하기를, "육체적 정신적 사회적 안녕"이라는 기존의 정의에 "영적인 안녕"을 새롭게 부각시킨 바 있다. 심리치료나 상담 분야에서 영적인 건강과 성장은 수십 년 동안 이미 임상연구의 관심권 안에 있었다.

그러나 아쉽게도 대부분의 연구자가 인간의 영(human spirit)에만 관심을 집중해 왔다. 하나님의 영(Holy Spirit)이나 신과의 합일을 통한 인간의 성장과 변화에 대해서는 철저하게 배제해 왔다고 해도 과언이 아니다. 이에 크리스천 상담전문가나 코칭전문가 모두 우리 시대 영성의 통전성을 회복하는 일이 무엇보다 중요하다. 인간 개개인이 가지고 있는 온전성과 신성, 즉 하나님의 형상은 바로 하나님과의 깊은 연합에서 회복될 수 있기 때문이다.

한국 개신교에 가장 필요한 것은 바로 이 땅의 모든 기독교인이 '하나님의 형상을 다시 회복'하는 영적인 성장이 아닐까? 이에 나는 크리스천 코치들의 역할이 지대하다고 믿는다. 이런 역할의 초석이 되어 줄 '크리스천 영성코칭 시리즈'를 출간하는 한국기독교코칭학회에 뜨거운 박수를 보내는 바다. 두 번째 도서 출간을 다시 한번 축하하며, 코칭 서비스에 종사하는 국내 전문가뿐 아니라 기독교 사역자나 영적

성장을 도모하기 원하는 이 땅의 모든 크리스천에게 일독을 강력하게
권한다.

권수영

연세대학교 상담코칭학과 교수
(사)글로벌 디아스포라, 다문화코칭네트워크 이사장

Contents

PART 3
선교적 코칭 _ 확장되는 리더십

●

PART 4
크리스천 코칭 _ 행복한 동행

●

————◇————

———

또 지나가시다가 알패오의 아들 레위가 세관에 앉아 있는 것을 보
시고 그에게 이르시되 나를 따르라 하시니 일어나 따르니라 _ 막 2:14

예수님이 부르자마자 조금도 주저하지 않고 순종한다. 이것은 인간
의 이성으로는 도무지 이해되지 않는다. 그러나 제자를 부르신 이가
예수 그리스도라면 이야기가 달라진다. 그래서 세리는 따라나섰다. 무
조건적이고 직접적이며 설명할 수 없는 예수님의 권위는 이러한 만남
에서 입증되었다. 오직 부름받은 자의 순종이 그 결과로 나타났다.

예수님은 그리스도시다. 예수님은 제자를 부를 수 있고, 자신의 말
에 대한 순종을 요구할 수 있는 전권을 가지고 있다. 부름받은 자들은
자신이 가진 모든 것을 버렸다. 특별히 가치 있는 일을 하기 위해 그런
것이 아니다. 그저 부름에 응답하기 위해 그렇게 할 따름이었다. 그렇
게 하지 않고서는 달리 예수님을 따를 수 없기 때문이다.

그분의 부르심은 안정된 생활에서 떠나 완전히 불안정한 생활로 들
어오라는 말이다. 전망할 수 있고 예측할 수 있는 생활에서 떠나 전혀
예측할 수 없는 성령님의 우연한 생활로 들어오라는 말이다. 유한한

가능성의 영역에서 떠나 무한한 가능성의 영역으로 들어오라는 말이다. 그리고 제자직은 보편적인 율법이 아니라 모든 율법을 완전히 뒤집는 복음이다(Dietrich Bonhoeffer: Nachfolge).

'크리스천 영성코칭 시리즈' 두 번째 책을 출간하면서, 본 회퍼 서거 78주년을 맞아 그를 생각해 본다. 2008년 5월 숭실대 박사과정 마지막 학기에 운명처럼 만난 코칭을 사명으로 생각하고 15년을 수일처럼 여기며 영성코칭의 길을 개척해 왔다.

> 보라 내가 새 일을 행하리니 이제 나타낼 것이라 너희가 그것을 알지 못하겠느냐 반드시 내가 광야에 길을 사막에 강을 내리니 _ 사 43:19

2010년 (사)한국코치협회 KPC가 되기 전부터 경기성서신학원, 뉴질랜드, 피지 선교 세미나를 시작으로 남미와 북미를 비롯한 전 세계를 영성코칭 전도사로 뛰어다녔다. 그리고 2018년 '올해의 코치상'을 수상하며 (사)한국코치협회 이사로, 기독교코칭센터 제2대 센터장으로 기독교 코칭의 새로운 길을 열어갔다.

2021년에 시작된 우리 학회가 영성코칭에 새로운 길을 내시는 주님의 은혜로 '크리스천 영성코칭 시리즈 1'『크리스천 코칭 디스커버리』를 성공적으로 출간한 후, 이 시리즈를 12권까지 출간하는 것을 목표로 하고 있다. 이에 학회의 저명하신 열두 명의 이사님들께서 제2탄을 집필해 주신 것에 진심으로 감사드린다. 한국뿐 아니라 800만 해외 디아스포라 한인들과 3만 선교사님들에게 영성코칭의 가이드북이 되리라고 믿는다.

대표저자로 수고해 주신 강경숙 코치님과 PM을 맡아 수고해 주신 정은주 코치님, 그리고 아가페출판사에 감사드린다. 특히 부족한 종의 권유를 주님의 음성으로 듣고 기꺼이 학회에 헌신해 주신 모든 이사님들께 "인애와 진리가 같이 만나고 의와 화평이 서로 입맞추었으며 진리는 땅에서 솟아나고 의는 하늘에서 굽어보도다 여호와께서 좋은 것을 주시리니 우리 땅이 그 산물을 내리로다 의가 주의 앞에 앞서 가며 주의 길을 닦으리로다"(시 85:10-13)의 축복이 함께하시기를 간절한 마음으로 기원한다.

박중호
수원명성교회 담임목사, 한국기독교코칭학회장

"사람은 그 입의 대답으로 말미암아 기쁨을 얻나니
때에 맞은 말이 얼마나 아름다운고"

_잠 15:23

CHRISTIAN COACHING
PATHFINDER

PART 1
다음세대
마음을 여는 마스터키

01

다음세대 청소년 코칭

_ 강경숙

———— ◇ ————

무릇 지킬만한 것보다 더욱 네 마음을 지키라 생명의 근원이 이에
서 남이니라 _ 잠 4:23

서론 ——

코칭은 '마음의 밭을 일구는 가장 강력한 도구'라고 소개하고 싶다.
훌륭한 의사의 손에 들린 매쓰처럼 사람을 살리고 세우는 도구! 이 도
구를 잘 훈련된 전문코치가 사용하면 길가, 돌짝 밭, 가시 밭 같은 마
음의 밭을 일구어 옥토로 만들 수 있는 엄청난 도구가 될 수 있음을 경
험을 통해 느낀다.

옥토에 떨어진 말씀의 씨앗은 30배, 60배, 100배의 열매를 거둔다
고 수없이 들어왔다. 우리 마음이 옥토라면 누가 어떻게 전하더라도

30배, 60배, 100배의 열매를 거둘 수 있다는 이야기다. 그렇다면 어떻게 길가, 돌짝 밭, 가시 밭을 옥토로 만들 수 있을까? 이 의문의 답을 나는 코칭에서 찾았다.

코칭의 스킬에는 질문, 경청, 피드백이 있다. 그리고 코칭에서 커뮤니케이션의 정의는 "상대방의 입장에서 듣고, 상대방의 입장에서 말하면서, 상대방의 에너지를 올려주는 것"이다. 참 간단하게 보이는 스킬과 정의인데, 아는 것과 실행하는 것 사이에는 상당히 큰 간격이 존재한다. KSC를 취득하고 MCC를 코 앞에 두고 있는 나는 16년째 이 도구를 갈고 닦고 있다.

이 장에서는 마음을 여는 마스터키, 다음세대 청소년 코칭을 중심으로 나눔해 보고자 한다. 요즘 청소년들과 소통하기가 어렵다고 호소하는 어른이 많다. 조심스럽게 다가가 부모로서 하고 싶은 말을 꺼내기도 전에 "됐어, 내가 알아서 할게, 내 방에서 나가, 또 뭐~!"라는 말을 서슴지 않고 하는 자녀를 대하노라면, 무시당한 것 같아 화가 남과 동시에 무엇을 어떻게 도와야 할지 막막할 때가 많다고 한다. 학교에서는 어떤가? 수업시간에 대놓고 화장품을 꺼내 화장하는 학생, 수업시간마다 잠자는 학생, 도대체 어디에 초점을 맞추고 소통을 해야 할지 막막함을 호소하는 선생님들이 많아지고 있다. 이런 다음세대 청소년들과 어떻게 마음을 열고 소통할 수 있을까? 요즘 청소년 세대는 달라도 너무 다르다. BC 1700년대 수메르 점토판 문자에도 "요즘 애들은 버릇이 없다"라는 글이 써있다고는 하지만, 너무도 빠르게 변하는 세대는 따라가기조차 버겁고 소통이 쉽지 않은 것이 사실이다.

밀레니얼 세대를 거쳐 알파 세대가 온다고 한다. 제트 세대의 다음

세대가 아닌 완전히 새로운 세대라는 뜻으로, 태어나면서부터 디지털에 노출된 디지털 원주민 세대다. 어떻게 하면 다음세대인 청소년을 포함해 모든 세대와 원활하게 소통할 수 있을까? 더 나아가 하나님을 믿는 신앙을 유산으로 물려줄 수 있을까? 위기감마저 드는 것이 사실이다. 다음세대의 마음을 여는 마스터키는 과연 무엇일까?

우선 마음에 대한 정확한 개념을 정의하고자 한다. 마음이란 무엇일까? 사전적 의미는 "사람의 생각, 감정, 기억 따위가 생기거나 자리 잡는 공간이나 위치"다. 그렇다면 마음을 여는 마스터키는 사람의 생각과 감정과 기억을 다루는 코칭이다.

앞에서 언급한 잠언 4장 23절 "모든 지킬 만한 것 중에 더욱 네 마음을 지키라 생명의 근원이 이에서 남이니라"는 말씀은 마음을 지키지 못하면 생명의 근간이 흔들릴 수 있다는 말씀으로 묵상된다. 즉, 사람의 생각과 감정을 제대로 지키지 못했을 때 생명의 근간이 흔들릴 수 있음을 코칭 현장에서 수없이 보아왔다.

'마음이 다치면 세상이 닫힌다.' 어떻게 들리는가? 마음이 다치면 세상과 단절되고 관계의 문도 닫히게 된다. 하나님이 창조하시고 심히 좋았더라고 감탄하며 기뻐하셨던 본래의 모습으로 회복시킬 수 있는 도구가 크리스천 코칭이라고 감히 말하고 싶다. 코칭을 도구 삼아 하나님나라를 확장하고자 하는 하나님의 마음이 급하심을 느낀다. 크리스천 코칭을 통해 전 세계에 더 많은 사람이 복음을 듣고 하나님께 더 가까이 가며, 가족과 공동체 안에서 서로 소통하고 기쁨을 함께 누릴 수 있는 관계의 회복을 꿈꾼다.

코치로 부르심 —

16년 전 코치로 부르심을 입고 정체성에 대해 고민하면서 얻게 된 사자성어가 명경불피(明鏡不疲)다. 맑은 거울은 몇 번이고 사람의 모습을 비추어도 피로하지 않다는 말로, 밝은 슬기는 아무리 많이 써도 손상되지 않음을 의미한다. 코치로서 맑은 거울이 되어 고객이 자신을 있는 모습 그대로 온전히 보고 존재대로 살도록 돕고 싶은 마음에서 찾은 사자성어다.

지금까지 살면서 가장 감사한 것이 있다면, 첫째는 하나님을 만난 것이고, 둘째는 코칭을 만난 것이다. 코칭과의 만남에 하나님의 부르심이 있었다. 어린이 복음화를 부르짖으며 사명으로 알고 선교원에서 출발해 어린이집을 운영한 지 20여 년이 되었을 때, 새로운 사역에 대해 기도하게 하셨다. 사춘기가 되면서 정체성이 흔들릴 때 보이는 행동에는 차이가 있는데, 부모와의 관계 다시 말해 부모의 양육태도에 따라 사춘기를 보내는 행동에 많은 차이가 있음을 알게 되었다. 그때부터 어린이집 외에 부모들을 위한 교육센터를 열고 싶다는 생각에, 뭔지 모르지만 어린이집과 함께 운영할 수 있는 새로운 길을 열어달라고 기도했다.

그러던 중 박사과정 마무리 학기에 교양과목으로 만난 코칭에 마음이 가기 시작했다. 그 후로 본격적으로 코칭에 대해 알아보는 과정에서 아시아코치센터를 알게 되었고, 그곳에서 코칭을 경험하는 첫 시간에 인생의 정확한 목적지를 발견하는 역사적인 사건이 있었다.

코칭센터에 처음 방문한 날, 데모코칭의 고객으로 코칭을 받게 되었다. 첫 질문이 "고객님, 지금 행복하세요?"였다. 이 질문을 받고 '행복'이라는 단어가 그렇게 낯설게 느껴질 수가 없었다. 나름대로 박사과정을 졸업하고 새로 건물을 지어 어린이집을 운영하고 있던 터라 많은 사람이 부러워하고 있었는데, 행복이라는 단어가 그렇게 낯설게 느껴지다니…. 대답을 머뭇거리고 있는데 지금 행복하지 않다면 과거에 가장 아팠던 기억을 하나 떠올리라고 한다. 그 질문에 지나온 인생 전체를 스캔하는데, 갑자기 고등학교 3학년 때가 떠올랐다. 친구들은 한참 대학 진학을 상담하고 있는데, 우리 집은 오빠가 대학생이다 보니 부모님이 나는 대학에 가지 말고 직장에 들어가 돈 벌라고 말씀하셨다. 그런 부모님께 엄청난 설움과 반항심을 가지고 3학년 마지막 성적표에 꼴찌를 기록해 가져다드리는 것으로 복수했다. 그러면서도 뭔가 원망스러운 마음이 가득했고 열등감에 찌들었던 그 시절이 생각났다. 그래서 고등학교 3학년 때가 생각난다고 하니 좀 더 자세하게 이야기해 보라는 코치님의 질문에 따라 이야기하다 보니, 그때부터 내가 학력에 대한 엄청난 콤플렉스가 있었음을 알게 되었다. 결혼해 달라는 프러포즈 앞에서도 공부를 방해하지 않겠다는 조건을 우선에 둘 정도였고, 박사논문을 쓸 때의 어려움과 지금까지 목적지가 어딘지도 모르고 쉼 없이 달려온 내 모습이 뇌리를 스치고 지나갔다.

코치님이 다시 질문했다. 그러면 만약 하나님이 당신이 원하는 대학에 갈 수 있도록 그때로 보내주신다면 다시 돌아가겠냐고 물었다. 나는 돌아가고 싶지 않다고 대답하고는 그 많은 사람 앞에서 통곡하며 울었다. 엄청난 콤플렉스가 오늘의 나를 만들고 박사과정까지 마무리하게 하는 힘이 된 것이다.

그렇게 한참을 울고 있는 내게 코치님이 다시 질문했다. "그렇다면 하나님이 당신에게 왜 그런 아픔을 주었을까요? 당신이 이 세상에 무엇을 남기게 하려고 그런 어려움을 주었을까요?" 이 질문에 청소년들이 꿈 없이 시간을 허비하는 모습을 보면 안타까운 마음에 속에서 불이 올라오는 내 마음을 알게 되었다. 코치님의 몇 안 되는 질문에 내 과거와 현재와 미래를 모두 보는 통찰을 얻게 하는 코칭의 매력에 온전히 빠지게 되었다. 나는 이 세상에서 진짜 해야 할 일, 곧 사명을 깨닫게 된 그날을 잊을 수 없다. 그동안 복음으로 다음세대를 바로 세우고 싶다는 사명감 아래 어린이집을 운영해 왔는데, 그 열망이 사명으로 다가왔다.

그날 코칭에 대한 경험을 마치고 서울에서 고속버스를 타고 집에 내려오는데 땅을 밟은 기억이 없다. 구름 위를 걷는 것 같은 경험을 하고 나서, 바로 코칭 공부에 몰입하기 시작해 오늘까지 한 번도 놓지 않을 수 있었던 열정을 주신 것이 하나님의 은혜였음을 고백한다. 청소년 코칭, 특별히 청소년 다음세대를 향한 아버지의 마음을 담아 크리스천 코칭이 더 널리 더 빠르게 확산되어, 다음세대가 다른 세대가 아닌 하나님나라를 이어갈 다음세대로 세워지길 소망하며 함께할 더 많은 분과 연결되기를 소망한다.

마음을 여는 마스터키 청소년 코칭에서, 마음이란 사람의 감정, 생각, 기억이 생기고 자리 잡는 것이라고 했는데, 특별히 청소년 시기에는 감정에 대한 다룸이 매우 중요하다. 청소년 시기의 뇌는 감정을 다루는 변연계가 가장 활성화되는 시기이므로 그 어느 때보다 감정에 민감하다. 특별히 부정적인 감정을 다루지 않으면 많은 어려움에 노출

된다.

따라서 그동안 많은 청소년의 고민과 아픔 그리고 희망과 기대를 들은 경험을 바탕으로, 청소년 코칭에서 세 가지 카테고리로 정리해 보고자 한다. 첫째는 감정코칭, 둘째는 존재감 찾기 코칭, 셋째는 가능성을 이끌어내는 코칭에 대한 내용을 사례와 함께 나누고자 한다.

코칭은 상담과 달리 과거의 아픔과 상처를 치유하는 것에 머물지 않는다. 그 안에서 느꼈던 감정에 충분히 공감하고 경청하여, 과거의 아픔에서 교훈을 찾게 하고 미래를 탐색할 수 있도록 돕는 과정이다. 정말 원하는 것이 무엇인지 답을 찾아가도록 돕는 미래에 관점을 두고 있다. 크리스천 코칭은 고객이 원하는 것에 더하여 고객을 향한 하나님의 뜻이 무엇인지 찾아가도록 돕는다.

코칭은 어원에서 알 수 있듯 마차나 택시로 비유되는데, 택시에 탄 고객에게 "고객님 어디로 갈까요?" 하고 질문하면 "○○로 가주세요"라고 정확한 목적지를 말해야 하는데, 요즘 청소년은 그렇지 못하다. 청소년 고객을 만나 코칭하다 보면 "고객님이 진짜 원하는 것이 무엇인가요?"라는 질문에, 택시 기사님에게 "우리 집으로 가주세요"라고 답하는 것처럼 목적지를 정확하게 알지 못하는 경우가 대부분이다. 이런 경우 고객이 말한 '우리 집'에서 가고자 하는 '정확한 목적지'를 발견하고 갈 수 있도록 돕는 코칭이 필요하다. 코치가 자연스럽게 질문하고 경청하면서 고객이 진짜 원하는 목적지까지 함께 가주는 것이 코칭대화의 프로세스다. 코칭은 상담과 달리 코칭대화 프로세스가 있어서, 코칭 공부를 처음 시작한 사람도 쉽게 따라할 수 있다는 장점이 있다. 코칭의 가장 기본이 되는 대화 프로세스는 'GROW 대화 모델'

이다. 크리스천 코칭에서는 'TRINITY 코칭대화 모델'(다른 챕터에서 다룸)을 주로 사용한다.

코칭대화 프로세스와 더불어 개방적인 태도로 고객이 모든 상황에 어떤 생각과 감정을 느끼고 있는지 구석구석 살피는 호기심을 갖는 것이 중요하다. 또 고객이 격한 감정을 표현하더라도, 유연한 태도로 고객 중심적인 사고를 가진 코칭 마인드셋으로 온전히 세팅하고 코칭을 시작해야 한다. 크리스천 코칭에서 더 중요한 것은 코칭과정뿐 아니라 코칭세션 전과 후에 고객과 코치 사이에 성령님이 함께하시도록 공간을 내어드리는 것이다.

감정코칭 ──

감정이라는 단어를 모르는 사람은 없다. 그런데 감정이 정확히 무엇을 뜻하는지 정의하라면 쉽지 않을 것이다. 감정이란 어떤 상황에 대해 느끼는 상태를 말한다. 또 감정에는 신체적 반응도 있고 정서적 반응도 있을 수 있으며, 여러 가지 인지적인 상태까지 포함한다.

뇌과학과 심장과학 등 여러 분야에서 연구하면 할수록 감정의 중요성이 확인되고 있다. 무엇보다 감정은 인간의 생존에 지대한 영향을 미치고 있음을 알 수 있다. 갓난아기가 배고프거나 졸리거나 불편할 때 감정을 표현하지 못하면 보살핌을 제대로 받지 못할 것이다. 또 낯선 사람을 만났을 때 그 사람이 내게 호의적인지 적대적인지 알지 못하면 죽고 사는 게 달라질 수도 있다. 감정은 사회적인 의사소통의 중요한 형태이고, 삶의 만족에 있어 중요한 부분이기도 하다.

청소년의 뇌는 리모델링 중

청소년의 뇌 특성을 알아보기 전에 우선 인간의 뇌에 대해 간단히 살펴보면, 인간의 뇌는 크게 3층 구조로 되어 있다. 제일 안쪽에 위치한 뇌간은 '파충류의 뇌'라고 불린다. 뇌간은 기본적으로 생명을 유지하는 역할을 한다. 사람이 의식하지 않아도 심장이 뛰거나 호흡하거나 체온을 조절하는 것 등이 이에 해당한다. 가운데는 변연계다. 청소년기에는 변연계가 왕성하게 발달한다. 변연계는 감정을 주관하기에 '감정의 뇌'라고도 부른다. 감정뿐 아니라 기억, 식욕, 성욕도 주관하고 있는 '포유류의 뇌'다.

뇌의 맨 바깥쪽에는 전두엽이 위치한다. 말과 글을 배우고 생각하고 판단하고 종합하고, 우선순위를 정하고, 감정이나 충동 조절 등을 담당하는 부위다. 이렇게 감정이나 충동을 조절하는 전두엽은 언제 완성될까? 과거에 장 피아제라는 심리학자이자 인지학자는 전두엽이 사춘기에 완성된다고 했다. 그러나 뇌과학에서 그보다 훨씬 늦게 완성된다는 걸 알아냈다. 전두엽은 초등학교 4~5학년 때쯤 가완성되어, 책을 읽고 숙제하고 거짓말을 하면 안 된다는 것을 알고, 부모의 말을 듣는 등의 일이 가능해진다. 그러다 사춘기에 접어들면 전두엽이 대대적인 리모델링에 들어간다. 그래서 이성적으로 행동하거나 논리적으로 사고하기가 힘들어진다. 생각, 판단, 계획, 충동조절, 감정조절 등을 관장하는 전두엽이 사춘기에 대대적인 리모델링과 확장공사를 하게 되는데, 집으로 비유하면 20평 아파트를 100평으로 확장하는 것이다.

확장공사를 하는 이유는 무엇일까? 4학년 때까지 가완성된 전두엽이 성인이 되어 정치, 경제, 사회, 문화의 복잡다단한 일을 다면적으로 처리하려면 20평짜리 집으로는 부족하기 때문이다. 그래서 청소년기 내내 전두엽 확장공사를 하는데, 여자는 24세 남자는 30세쯤 되어야 완성된다.

사춘기에는 공사하는 집처럼 머릿속이 어수선하고 혼란스러운 것이 정상이다. 확장공사를 하면서 뇌세포의 연결망이 과잉 생산되고, 뉴런과 시냅스의 연결이 매우 빠른 속도로 일어난다. 연결망이 과잉 생산되면서 회질은 1년에 두 배나 증가하고, 뉴런과 연결되는 시냅스가 너무 많아서 다면적인 사고를 잘 못하게 된다. 마치 전선이 제대로 연결되지 않고 어질러져 있는 상태와 같다. 그래서 생각을 행동으로 옮기거나 올바로 판단하기가 어려워지는 것이다.

또 사춘기에는 감정과 기억, 욕구 등을 관장하는 변연계가 한층 예민해진다. 세로토닌이라는 신경전달 물질이 아동기나 성인기보다 훨씬 적게 생성되는데, 세로토닌은 감정의 기복을 완화하는 역할을 하여 감정조절제라고 부른다. 이유는 아직 밝혀지지 않았지만 사춘기에는 세로토닌이 아동기나 성인기보다 40퍼센트 적게 생성된다고 한다. 그 결과 사춘기에는 감정 기복이 무척 심해지고 수면이 불규칙해진다. '우울해' '짜증나' 같은 말을 많이 하는 것도 세로토닌이 충분히 분비되지 않기 때문이다.

이렇게 감정을 다스리기 어려운 청소년의 마음에 평안을 주고 하나님 말씀으로 정체성을 형성해 갈 수 있도록 돕는 감정코칭에 대해 이어가고자 한다.

- 사람의 마음에 문이 있다면 마음의 문고리는 어디에 있을까?
- 사랑하는 사람의 마음문을 마음대로 열 수 있다면 얼마나 좋을까?
- 사랑하는 자녀의 마음문을 열고 자유롭게 나눌 수 있으면 얼마나 좋을까?

"볼지어다 내가 문 밖에 서서 두드리노니 누구든지 내 음성을 듣고 문을 열면 내가 그에게로 들어가 그와 더불어 먹고 그는 나와 더불어 먹으리라"(계 3:20)는 말씀을 묵상하다 깨달은 것이 있다. 하나님이신 예수님도 사람의 마음 문을 열 때 억지로 열지 않고 문 밖에서 두드리며 기다리신다는 사실이다. 언제까지? 그 사람이 예수님의 음성을 듣고 문을 열 때까지! 놀랍지 않은가. 전능하신 예수님이 우리의 마음문을 열고자 할 때, 우리가 음성을 듣고 열 때까지 문 밖에서 두드리며 기다리신다니.

이 말씀을 묵상하다가 문득 사람 마음의 문고리는 그 사람 내부에 있다는 것을 깨닫게 되었다. 정말 사랑하는 사람의 마음문을 열고자 할 때 우리가 할 수 있는 일은 무엇일까? 정신과 전문의 정혜신 박사의 책 『당신이 옳다』(해냄 펴냄)의 내용을 인용해 보겠다. "마음의 문이 존재 자체라면 문고리는 존재의 감정이나 느낌이다. 상대방 존재의 감정이나 느낌에 정확하게 우리의 마음을 포개고 공감할 때 사람의 속마음은 결정적으로 열린다. 진심어린 '공감은 문고리를 돌리는 힘'이다."

코칭 현장에서 청소년을 포함한 수없이 많은 고객이 진심어린 공감, 즉 그 사람의 마음에 내 마음을 포개고 그 어떤 선입견이나 편견

없이 온전히 같은 편이 되었을 때 자연스럽게 마음이 열리는 것을 경험하게 된다. 이렇게 열린 마음에서 온갖 상처와 케케묵은 감정이 봇물 터지듯 쏟아져 나온다. 자신 안에 있던 이런 쓰레기 같은 감정을 알아차리고 정리하다 보면, 그 마음 안에 성령님이 거하실 자리가 마련된다. 고객을 향한 하나님의 뜻이 무엇인지 묻고 기도하며 함께 찾아가야 할 중요한 시점이다.

　중학교 1학년 남학생의 사례다. 시골에서 초등학교를 다니다가 도시로 이사하면서 중학교에 입학했다. 4월쯤부터 학교 가기 싫다고 하더니 끝내 대안학교에 보내달라며 학교에도 안 가고 컴퓨터 게임으로 하루 종일 시간을 보내고 있었다. 어르고 달래 학교에 보내면 한 시간도 안 되어 집으로 돌아오곤 했는데, 학생과 어머니의 관계가 극도로 악화된 상황에서 코치를 찾아온 것이다. 코칭받으러 오는 과정도 얼마나 힘들었는지 들어오는 모습만 봐도 알 수 있었다. 금방이라도 터질 것 같은 싫은 감정을 온몸으로 표현하고 있었는데, 슬리퍼를 질질 끌면서 들어오더니 책상에 풀썩 앉자마자 팔을 길게 뻗으면서 책상 위에 드러누웠다. 학생은 눈도 마주치지 않은 채 모든 질문에 "몰라요" "됐어요" "엄마한테 물어보세요"로 답했다. 온종일 컴퓨터 게임에만 매달려 시간을 보내고, 식사는 과자나 라면으로 대신하니 갈수록 살만 찌는 아들의 모습을 보며 엄마의 마음은 어땠을까? 안타까운 마음으로 기도하면서 학생과 대화를 시도하는데 쉽지 않았다.

　당신이라면 이 학생과 어떻게 대화하겠는가? 공감이 마음의 문고리를 여는 힘이라고 했는데, 이 상황은 질문이고 뭐고 아무것도 통하지 않았다. 아무것도 할 수 없는 상황이어서 그냥 한참을 기다렸다가 학생과 똑같이 팔을 베고 책상 위에 드러누워 학생과 눈을 마주치려고 노력하면서 물었다.

> **코치** 너 엄마한테 들으니까, 학교에서 한 시간 만에 선생님을 KO시키고 집에 돌아온다던데, 어떻게 한 거야?
>
> **학생** 간단해요.
>
> **코치** 그래? 어떻게 한 건데?
>
> **학생** 욕하면 돼요. 그냥 대들면 돼요.

이렇게 답하는 학생에게 어떻게 반응해야 할까? 이럴 때는 대화의 곁길로 잘못 빠질 수 있는 함정이 있음을 알아차려야 한다. 온몸으로 보여주는 감정에 대한 공감이 아니라 겉으로 드러난 잘못된 행동에 대해 "어떻게 선생님께 욕하고 대드니? 그렇게 행동하면 안 되지!"라고 말하고 싶은 마음을 미뤄둔 채 질문으로 대화를 이어가야 한다. "어떤 상황에서 선생님께 욕하고 대들게 된 거야? 이유 없이 그랬을 리는 없을 텐데…." 그러자 뭔가 말해도 될 것 같았는지 학교에서 있었던 일을 하나씩 이야기하기 시작했다. 며칠 전에 친구들이랑 교실에서 떠들고 까불다가 선생님께 걸렸단다. 친구들은 이런저런 이유로 다 자리로 돌아갔는데, 자기랑 찌질이 같은 친구 둘은 교실 주변을 토끼걸음으로 걸으면서 벌을 받았다는 것이다. "아, 그랬구나! 그때 기분이 어땠어?" "정말 창피하고 짜증나고 화나고…." 봇물 터지듯 여러 감정을 쏟아내는데, 충분히 공감하며 들어주고 난 다음 다시 질문했다. "그렇게 힘들면 엄마한테 처음부터 잘 말하지 그랬어." 그랬더니 더 마음 아픈 이야기를 했다. "엄마가 들어주어야 말을 하지요. 학교 가기 싫다고 하면 학교는 가고 싶어 가는 곳이 아니라 가기 싫어도 가야 하는 곳이라고 하고, 학교 안 다니면 뭘 거냐고 묻고, 어쩌다 잠시 이야기하면 그러니까 '네가 선생님 말씀을 잘 들었어야지'라고 말하고, 그래서 더 이상 말하기 싫었어요."

우리는 보통 자녀의 감정을 잘 들어주려고 한다. 아이가 말을 하면 처음에는 그 말을 들어주다가 뭔가 잘못된 행동이 드러나면 가르쳐주어야 한다는 생각에 공감보다는 가르치는 말로 돌아서게 된다. 나중에 잘못 될까봐 염려하는 마음에, 아이들이 아직 다 말하지 못한 속내를 듣지 못한 채 충고하고 조언하게 되는 것이다.

감정에 대한 공감이 끝나고 행동에 대한 수정 질문을 했다.

"네가 만약에 이런 상태로 학교에 안 가고 집에서 컴퓨터 게임하면서 1년, 2년, 3년을 보낸다면 어떻게 될 것 같아?"

"나도 알아요. 바보 되는 거!"

"그렇구나 너도 알고 있구나. 알고 있으면서도 어찌할 수 없는 마음이었구나. 그럼 네 미래를 위해 컴퓨터 게임하는 시간을 스스로 조정한다면 어떻게 수정할 수 있어?"

"하루에 두 시간만 할까요?"

"네가 지킬 수 있는 시간으로 약속해도 좋아."

"엄마가 중간에 방해하지 않는다면 두 시간 알람 맞추어 놓고 끌게요."

"정말! 할 수 있겠어?"

"저도 한다면 하는 놈이에요."

목에 핏대를 올리며 말하는 학생에게 "그래, 넌 분명히 한다면 하는 멋진 사나이 같아!"라고 응원해 주었더니 표정이 완전히 달라져서 돌아갔다. 그날 바로 자신이 켜놓은 알람소리를 듣고 컴퓨터 게임을 껐다고 한다.

감정이 정리되면 생각보다 많은 문제가 스스로 풀린다. 감정에 에너지를 빼앗기지 않아 자신이 원하는 모습에 집중할 수 있기 때문이다. 코칭은 내적인 감정을 정리하고 스스로 하고자 하는 동기를 올려서 실행하도록 돕는 것이다.

이렇게 첫 만남에서 바로 마음의 문을 열어주는 고마운 고객도 있는가 하면, 상처가 너무 크거나 자신의 감정을 제대로 표현하는 데 익숙하지 않아서 곧바로 마음의 문을 열지 못하는 고객도 있다.

24세 자매가 대학교를 우수한 성적으로 졸업하고는 집 밖에 나가지 못하는 은둔형 외톨이가 된 경우도 있다. 방에서만 생활하며 가족과 함께 식탁에 앉지 않을 정도로 외톨이가 되어 가던 중 나를 만나게 되었다. 자매는 아무 말 없이 울기만 했다. 첫 주와 둘째 주까지 4~5회 만남을 이어갔지만 자매는 울기만 했다. 이 자매의 마음을 열 수 있는 방법이 무엇일까? 여기서 멈춰야 할지 고민하며 어머니와 상의하는 과정에서, 여기 오는 것은 그래도 억지로 하지 않고 미리 옷을 입고 준비하는 걸 보면 싫지는 않은 것 같으니 그냥 계속해 달라고 요청했다. 나는 모든 것을 멈추고 자매의 마음에 내 마음을 맞추려고 노력하면서, 울면 티슈를 건네주고 어깨를 토닥이며 성령께서 어루만져주시길 기도했다. 그것밖에는 할 수 있는 게 없었다. 그렇게 몇 주를 이어가던 어느 날, 하고 싶은 말이 목까지 올라왔으나 끝내 말하지 못하고 울기만 하는 것 같아, 자매에게 노트 한 권을 건네며 다음에 올 때는 여기에 하고 싶은 말, 욕이어도 좋으니 세상을 향해 하고 싶은 말을 모두 기록해 오라고 했다. 자매는 고개를 끄덕이고 돌아갔다. 그 다음 주에 나는 깜짝 놀랐다. 노트에는 온갖 욕설이 난무하고, 엄마와 세상을 향한 원망, 그리고 왕따시키며 놀리던 친구들을 향해 던지고 싶었던 말들이 잔뜩 쓰여 있었다. 기록해 놓은 것을 보니 그 마음이 얼마나 답답하고 힘들었을지 짐작이 되었다. 얼마나 힘들었냐며 공감해 주었더니 고객를 끄덕이며 눈물을 흘렸다.

그 후로 자매는 엄마와 함께 마트도 가고, 청소를 안 해 늘 지저분하던 자기 방과 거실도 깨끗이 청소하기 시작했다. 엄마 대신 설거지를 하는 등 여러 면에서 변화를 보였다. 사람 마음에 있는 쓰레기 같은 부정적인 감정은 빨리 정리할 수 있도록 도와야 한다. 음식쓰레기를 하루, 한 주 아니 한 달 동안 안방에 두고 치우지 않는다면 어떻게 될까? 상상하기도 싫을 것이다. 마음 안에 있는 해묵은 상처와 더럽고 추한 감정이 깨끗하게 정리될 때 자신의 존재 그대로 숨을 쉬게 된다.

실패한 사례도 있다. 이 자매는 지방에서 외국어고등학교를 우수한 성적으로 졸업하고 서울에 있는 Y대학에 입학했다. 첫 학기에 영어로 된 원서를 가지고 영어로 수업하는 교수님의 수업을 다른 학생들이 어려움 없이 따라가는 걸 보고 자신이 무능하다고 생각하기 시작한 것이다. 그렇게 다른 학생들과 비교하며 자신이 무능하다는 생각을 떨쳐버리지 못한 채 한 학기가 지났다. F학점이 나오고 좌절감과 우울감 속에서 2학년에 올라가지도 못한 채 지내다가 나를 만나게 되었다. 처음 만난 날 자매는 거만한 자세로 "코치님이 가진 자격증이 뭐

예요? 나를 코칭할 수 있겠어요? 어떻게 코칭할건데요?" 등의 말을 쏟아냈다. 나는 살짝 기분이 상하기도 했고 뭔가 보여줘야겠다는 마음이 들어, 내가 가진 자격증과 그동안 성공했던 사례를 이야기하기 시작했다. 그런데 자매가 갑자기 일어나더니 "엄마, 가자! 나 이 사람한테 코칭 안 받을 거야!" 하고는 나가버렸다. 순간 얼마나 황당했는지 뭔가에 얻어맞은 것처럼 멍한 상태로 아무런 생각이 들지 않았다. 자매가 그렇게 가고 나서 어디서 실수했는지 다시금 살펴보는 순간 그 자매의 마음이 보이기 시작했다. 여기까지 오는 데 얼마나 많은 감정이 오고 갔을까? 지푸라기라도 잡고 싶은 심정이었을 텐데, 그 절박한 감정을 코치가 알아주기를 바랐을 텐데, 코치라는 사람이 자격증은 어떻고 성공적인 사례는 어떻고 했으니 얼마나 실망스러웠을까? 코치로서 너무도 창피하고 수치스러운 순간이었다.

이제는 안다. 코치는 코치 앞에 오는 모든 고객의 마음을 먼저 살펴야 한다. 심장과 심장의 에너지를 맞추고 고객이 말하는 7퍼센트뿐 아니라 고객이 말하지 않는 93퍼센트의 비언어까지도 읽어야 한다는 사실을 말이다. 그러나 늘 연약하고 부족하기에 하나님께 기도한다. 고객이 말하지 않는 93퍼센트의 비언어까지 읽을 수 있는 통찰력을 달라고….

청소년들과 이야기하다 보면 청소년들의 감정단어는 하나인 듯하다. "아, 짜증나!" 조금 더 심하면 "졸라 짜증나!" 그보다 조금 더 심하게 짜증나면 "아, 개짜증나!" 모든 단어가 '짜증나'로 시작해 '짜증나'로 끝난다. 이렇게 감정 표현하는 걸 보면 감정을 표현하는 데 얼마나 미숙한지를 알 수 있다.

청소년뿐 아니라 모든 대상에게 감정코칭을 실시하고자 할 때 유용하게 사용되는 도구가 감정카드다. 감정을 나타내는 단어를 모아놓은 카드를 사용하면 도움이 된다. 어떤 상황에서 느끼는 감정을 찾게 하고, 그 감정이 언제 생기는지 질문하고 이야기를 나누면 되는데, 감정에 공감하는 대화의 프로세스를 소개하면 다음과 같다.

1. 그랬구나

고객이 사용한 감정단어로 '그랬구나', 고객이 짜증난다고 말하면 '짜증났구나' 화난다고 말하면 '화났구나'로 공감하면 된다. 고객의 언어가 아닌 코치의 언어로 잘못 공감하면 마음을 얻기가 쉽지 않다.

2. ~ 이유가 있을 텐데

'네가 이런 감정을 느꼈을 때는 분명 이유가 있었을 텐데 어떤 일이 있었는지 말해 줄 수 있니?' 하는 식이다.

3. 긍정의 의도 듣기

긍정의 의도 듣기를 잘 하려면 훈련이 필요하다. 모든 언어와 행동에는 긍정의 의도가 있음을 인정하고 잘 들어주어야 한다. 예를 들면, "선생님, 저 공부 다 때려치우고 싶어요"라는 말 속에는, 공부를 잘하고 싶은데 잘 안 된다는 어려움이 들어 있다. 이럴 때는 "공부를 잘하고 싶은데 뭔가 어려움이 있나 보구나"로 공감하며 들어야 한다.

4. 탁월성 듣기

5. 다음에도 같은 상황이라면 어떻게 행동하는 게 좋을 것 같아?

처음부터 모든 프로세스대로 되기는 쉽지 않지만, 1~3번 긍정의 의도까지 듣다 보면 의외로 속 깊은 이야기를 듣게 되는 경우가 많다.

이번에는 부정적인 생각을 정리하도록 도운 사례를 소개하겠다. 학교에 가기 싫어 아침마다 힘들어하는 고등학교 1학년 학생이 있었다. 그래도 나름 설득하고 달래서 학교에 가기는 했는데, 어느 날 아침 한숨을 쉬며 "오늘은 농약이라도 먹고 병원 응급실에 실려가면 좋겠다"는 말을 듣고 엄마가 놀라서 데려온 학생이다. 당신이 이 학생을 만난다면 어떻게 공감하고 지지하고 격려하겠는가?

이 학생에게 학교 가기 싫은 진짜 이유를 물었다. "그냥요. 그냥 아이들이랑 저랑 잘 안 맞는 것 같아요." "어떤 부분이 맞지 않는 것 같은데?"라고 구체적으로 물으니, 요즘 학교에서 흔히 일어나는 '은따'(은근히 따돌림)를 당하고 있었던 것이다. 같은 반 친구들의 생각하는 수준이 아이 같아서 자기랑 안 맞는다는 이야기를 서너 번이나 했다. 나는 더 구체적인 이야기를 들려달라고 했다. 그러자 학교에서 있었던 일을 하나씩 풀기 시작했다. 자기 미술용품을 빌려 가서 잃어버리고는 미안하다는 말도 없는 친구에게 사과해야 하는 것 아니냐고 용기 내어 말했다가 그때부터 은근히 조금씩 따돌림당하며 혼자 생활하게 된 것이다. 다른 친구와 조금 친하게 지내려고 다가가면 그 친구가 와서 속닥거리며 데려가는 상황이 반복되면서, 자신은 점심시간에도 혼자 밥 먹으러 가야 하고, 나중에는 급식을 아예 안 먹게 되었다는 것이다.

그럴 때 어떤 감정이 들었는지 이야기를 듣고 충분히 공감하고 나서는 "오늘 응급실에 실려 가는 것이 나을 만큼 학교 가기 싫은 진짜 이유가 뭐였어?" 하고 물었다. 그날은 체육대회가 있는 날이어서 혼자 밥 먹으러 가고 우두커니 있어야 하는 게 더 싫어서 학교 가기가 진짜 싫었다고 한다. 이런저런 이야기를 듣고 있다가 "넌 고등학생인데도 대화하는 수준이 남달라서 마치 대학생이랑 이야기하는 것 같다"고 하면서 "너 혹시 '미운 오리새끼 이야기' 아니?" 하고 물었다. "당근 알죠." "그래. 그 이야기 좀 해줄래?" 학생이 미운 오리새끼가 백조가 되는 부분을 이야기할 때 "그 백조가 너인 듯한데 어떠니?" 하고 말하자, 순간 학생의 얼굴이 밝아지고 목소리 톤이 올라갔다. "너 대학생 되면 완전 백조일 것 같은데, 지금 미운 오리새끼로 살 거야 아니면 백조새끼로 살 거야?" 학생은 고개를 끄덕이면서 생각을 완전히 전환하는 모습을 보여주었다. 모든 대화가 끝나고 아무 일 없었던 것처럼 밝게 인사하고 나가더니 문자가 하나 왔다. "선생님 저 지금 날아서 집에 가고 있어요." 백조새끼로 살겠다는 걸 바로 실천하는 모습을 보며 정말 짜릿하게 감사한 순간이었다.

존재감 찾기 코칭 ―

하나님이 개인에게 이미 주신 탁월성, 즉 존재언어를 찾아가도록 돕는 코칭을 존재감 코칭이라고 한다. 많은 사람이 하나님이 창조하신 원래의 '심히 좋았더라'라는 모습으로 살아가지 못한다. 태어나서 부모님의 양육태도와 많은 경험을 통해 자신에 대한 확신을 하나씩 더해 간다. 그런 확신이 하나님이 창조하신 원래의 아름다운 탁월성에 대한 것이라면 얼마나 좋을까? 그러나 어린 학생조차도 자신에 대한 정보를 부정적인 먹구름으로 가린 채 그게 전부 자신인 양 살아간다. 개인 안에 이미 주신 탁월성의 존재언어를 찾아가 보자.

존재 찾기 코칭질문

하나님이 이미 주신 존재를 찾도록 돕는 일은 언제나 신나는 일이다. 고객은 거의 모두 자신의 존재를 찾는 순간 에너지를 얻고 긍정적인 방향으로 생각의 각도가 돌아간다. 사람의 강점을 나타내는 단어를 가지고 활동하는 것을 소개하겠다. 존재언어(강점카드)를 가지고 활동하면 좋다.

1 다른 사람에게 가장 많이 칭찬받은 단어 3~5개 기록하기
2 자신이 생각할 때 가장 많다고 생각되는 단어 3~5개 기록하기
3 평소 좋아하던 사람, 존경하는 사람, 부러운 사람의 특징 3~5개 기록하기
4 코치가 생각하는 고객의 강점 5개 이상(많을수록 좋음) 기록하기
   (실제 코칭과정에서 보여준 행동 가운데 구체적인 면을 볼 수 있는 강점이면 더 효과적임)
5 (1~4까지) 선택한 단어 중 가장 마음에 드는 단어 3개를 선택하기
6 선언하기

나 ○○○(은)는 (열정적)이고 (설득력)이 있으며 (영향력)이 있는 사람입니다. 내 열정과 설득력과 영향력은 계속 깊어지고 성숙해질 것입니다. 박수 짝짝짝!

7 고객이 최종적으로 선택하고 선언한 단어를 가지고 언제, 어떻게, 존재의 탁월성이 발휘되어 왔는지 충분히 이야기할 수 있도록 질문하고 공감 경청하면서 듣는 과정을 통해, 대부분 자신의 존재의 모습을 이야기하면서 자신에 대한 확신을 갖게 되고 에너지가 올라가게 된다.

8 마지막 단계로 "하나님이 고객님에게 위와 같은 탁월성을 이미 주시고 세상에 보내시면서 무엇을 남기고 오라고 하셨을까요?"라는 질문을 더하면, 그 순간 선뜻 대답하지 못하더라도 질문이 마음 안에 오래도록 살아 있어서 나중에 답을 찾아가는 것을 보게 된다.

이와 같이 존재언어를 찾아 충분한 이야기를 풀어내는 과정에 성령님이 역사하시도록 기도하면, 고객은 어떤 문제 앞에서라도 긍정적인 힘을 발휘하는 모습을 보게 된다.

존재감 찾기 코칭은 대상에 따라 많이 응용할 수 있다. 그중 하나를 소개하면, 자신감과 존재감이 매우 부족했던 중학생에게 빙고게임할 때 쓰는 네모 칸 활동지를 놓고 가위바위보를 하면서 자신의 존재언어를 찾아서 채워가는 게임을 하게 했는데, 의외로 즐겁게 활동하면서 자신의 존재감을 채워가는 모습을 보여주었다. 어떤 방식으로든 주어진 회기 내내 존재감 안에 머물 수 있도록 코칭 프로세스를 계획해 보는 것을 추천한다.

한결같음	성실함	유머러스	자유	도전적	낙천적
믿음직함	설득력	용기	진실함	탐구심	낭만적
밝음	소박함	재치	통찰력	강인함	논리적
솔직함	평안함	개방적	도덕적	배려	승부욕
창의적	포용력	의리	신뢰	검소함	결단력
분석적	신중함	이성적	책임감	명랑함	꾸준함
열정적	조화로움	추진력	영향력	개성만점	호기심
긍정적	예술적	인내	주도적	친절	모범적
여유로움	친화력	꼼꼼함	모험적	카리스마	끈기
섬세함	쿨함	사려깊음	부드러움	부지런함	적응력

존재언어의 예시

가능성을 끌어내는 코칭 ──

다음세대인 청소년의 가능성은 무한하다. 나이가 주는 가능성을 시작으로 무한한 가능성을 있는 그대로 찾게 하고, 더 높이 더 멀리 보고 나아갈 수 있도록 돕는 것이 우리의 사명이다. 하나님이 사랑하시는 대한민국의 다음세대 청소년들이 세계를 향해 뻗어나가고 더 크게 하나님나라를 확장해 가길 간절히 기도한다. 하나님이 이미 주신 달란 트, 즉 잠재능력을 최대한 끌어내기 위해서는 '모든 사람은 무한한 가 능성이 있다'는 코칭의 제1철학과 '내게 능력 주시는 자 안에서 내가 모든 것을 할 수 있다'(빌 4:13)는 말씀을 마음에 새기고 코칭에 임해야 한다.

청소년과 코칭할 때 자주 들려주는 이야기가 있다. 사춘기 열병을 한참 앓고 있는 중학교 2학년 학생이 엄마 손에 이끌려 왔다. 사춘기 자녀를 키우는 부모 역시 답답하고 힘든 과정임이 분명하다. 학생을 데리고 들어온 엄마는 학생의 일거수일투족을 불평 가득한 목소리로 이야기하기 시작한다. 엄마가 떠난 자리에서 학생에게 물었다.

코치 지금 감정은 어떠니?

학생 그냥 전부 다 답답해요. (그러고는 엎드린다.)

코치 (다독이는 마음으로) 너 사과 씨가 몇 개인지 아니?

학생 뭐 4개 정도인 것 같은데 … 잘 모르겠어요.

코치 그렇지? 보통 사과 씨는 4~5개라고 하더라. 그렇다면 사과 씨 속에 들어 있는 사과는 몇 개인지 아니?

학생 사과 씨 속에 사과가 들어 있어요? 아, 뭐 … 셀 수 없을 만큼 많 지 않을까요?

코치 맞아, 셀 수 없이 많지! 네가 지금 답답한 이유는 사과 씨가 땅 속에 있기 때문인 것 같은데 어떠니?

학생 아 … 맞는 것 같아요.

코치 무거운 흙 속에 갇혀 있는데 얼마나 답답하겠니? 뭔가 싹이 나

려는 듯 간질간질한데, 네 마음대로 되는 건 하나도 없고 … 어
떠니?

학생 아, 정말 그러네요.

코치 이 답답함을 잘 이겨낸다면 어떻게 될 것 같아?

학생 글쎄요….

코치 사과 씨 속에 들어 있는 사과가 무수히 많은 것처럼 네 안에 있
는 가능성도 무수할 것 같은데 어때?

학생 아, 한 번도 그런 생각해 본 적이 없어요.

코치 지금 생각해 봐. 네 미래가 어떻게 보이니?

학생 뭔가 할 수 있을 것 같아요. 아직 잘 모르겠지만 하다 보면 뭔가
는 되지 않을까요? 뭐든 해보고 싶은 마음이 드네요.

코치 그렇지! 코치님이 네 무한한 잠재 가능성을 믿고 응원할게. 지금
부터 시작해 보자. 어때?

학생 좋아요!

사과 씨 속에 들어 있는 사과가 셀 수 없이 많은 것처럼, 고객을 포
함한 우리에게는 하나님이 심어주신 무한한 잠재력이 있다. 이를 믿고
함께 찾아가는 것이 크리스천 코치의 역할이다. 하나님이 이미 주신
달란트, 즉 무한한 잠재능력을 최대한 발휘할 수 있도록 돕는 방법이
무엇일까? 사람은 자신의 존재 가치를 있는 그대로 믿어주고 인정해
주면서 질문해 주는 사람이 있을 때, 자발성이 높아지고 자신 안에 있
는 잠재능력을 최대로 발휘하게 된다. 우리의 영원한 코치이신 성령님
이 언제나 한결같이 있는 모습 그대로 인정해 주시는 음성을 들을 때

가장 자기다워지고 그 안에서 힘을 발휘하게 되는 것 아닐까.

결론 —

"'누가 나를 진짜로 만나주실 건가요?'에 답하는 어른이 되었으면 좋겠습니다"라고 말하는 김현수 정신과 전문의의 말에 전적으로 공감한다. 누가 청소년의 마음속 깊은 곳에 자리하고 있는 답답함과 불안함을 들어줄 것인가? 아이들 곁에서 점차 사라지고 있는 어른들. 할아버지 할머니, 삼촌, 이모, 고모 심지어 엄마, 아빠까지 사라지고 있는 현실에서, 우리 다음세대 청소년은 학교, 학원, 가상공간, 온라인 세상을 옮겨 다니고 있으며, 그들 또래의 세상에 흠뻑 빠져 있다. 그들 안에 가득한 부정적인 감정을 정리하고 하나님이 이미 주신 존재감 안에서 정체성을 확립하고 무한한 가능성을 펼칠 수 있도록 도와야 한다. 특별히 하나님나라의 시민으로서 이 땅에서 이루어야 할 자신의 사명을 발견하고 앞으로 나아갈 수 있도록 돕는 어른, 즉 전문코치, 특별히 크리스천 전문코치가 다음세대인 청소년들 곁에 함께 있어 주어야 한다.

빠르게 변하는 세상을 살아내느라 일그러지고 아파하는 다음세대를 있는 모습 그대로 인정하고 수용하면서, 그들에게 주신 존재의 탁월성 안에서 자신의 가능성을 온전히 바라보고 하나님 안에서 꿈을 이루어 갈 수 있도록 돕는 크리스천 전문코치가 되길 바란다.

참고문헌

- 김인기.『진로탐색과 미래설계』. 파주: 양서원, 2019.
- 김현수.『요즘 아이들 마음고생의 비밀』. 서울: 해냄, 2019.
- 박창규, 원경림, 유성희.『마스터풀 코치가 갖추어야 할 코칭 핵심 역량』. 서울: 학지사, 2022.
- 오정근.『오정근의 커리어 코칭』. 서울: 북소울, 2022.
- 이민규.『생각의 각도』. 서울: 끌리는 책, 2021.
- 정혜신.『당신이 옳다』. 서울: 해냄, 2020.
- 최성애, 조벽.『청소년 감정코칭』. 서울: 해냄, 2012.
- 한국기독교코칭학회.『크리스천 코칭 디스커버리』. 서울: 아가페, 2022.
- 게리콜린스.『코칭 바이블』. 양형주, 이규창 역. 서울: IVP, 2014.
- 마리아 일리프 우드.『코칭 프레즌스』. 김혜연 역. 서울: 한국코칭슈퍼비전아카데미, 2019.
- 하워드 가드너.『다중지능』. 문용린, 유경재 역. 서울: 웅진지식하우스, 2010.

강경숙

한국코치협회 KSC 코치/KAC 인증심사위원
ICF국제코칭연맹 PCC, 글로벌리더코칭센터 대표
KCCA 한국기독교코칭학회 부회장, 인증위원장
버크만코리아 전북지부장, ICF코리아 챕터 부회장
남서울대학교대학원 코칭학과 겸임교수
World Mission University 겸임교수
전북극동방송 "마음아 힘내라" 생방송 진행

백석대학교 사회복지 박사 Ph.D

02

기독교교육과 코칭언어

_ 김동석

· ◇ ·

무릇 지킬만한 것보다 더욱 네 마음을 지키라 생명의 근원이 이에
서 남이니라 _ 잠 4:23

말씀하시는 하나님 ─

나는 지난 30년 이상을 교회 안의 신앙교육에 관심을 갖고 살아왔
다. 처음 교회학교 교사를 맡았을 때, 나는 대입에 실패하고 재수를 하
고 있었다. 초등학교 2학년을 맡았는데, 어떻게 아이들에게 하나님의
말씀을 전해야 할지 전혀 알지 못했다. 더구나 인생의 어두웠던 재수
생 시절이었기에, 주일에 아이들을 만나는 것이 꽤 부담스러웠다.

마음에 여유가 없었지만, 토요일마다 아이들에게 줄 사탕을 두 개
씩 포장하거나 이러저러한 카드를 만들어, 주일학교 예배시간에 아이

들과 게임하듯 분반공부를 했다. 나름 최선을 다했지만 아이들의 변화를 볼 수 없었기에 실망할 수밖에 없었다. 그런 내게 우리 반 여학생이 삐뚤빼뚤 연필로 써내려간 엽서를 건네주었다. 그 내용이 몹시도 충격적이었다. 나는 그 엽서를 담임목사님인 외삼촌과 교회학교 선생님들에게 보여주었다. 정확히 기억나지는 않지만 다음과 같은 내용이었다.

"선생님, 우리를 위해 열심히 하시는 것 잘 알아요. 저희가 분반공부 시간에 떠드는 것 때문에 힘드시죠? 그렇지만 우리는 떠들면서도 다 듣고 있어요. 선생님 고맙습니다."

그 후 하나님의 은혜로 재수에 성공해 신학대학에 갈 수 있었다. 여러 신학분과를 배우던 중 기독교교육이라는 학문을 접하게 되었고, 계속해서 이 분야에 관심을 갖게 되었다. 결국 석사 박사 과정에 진학해 현재는 기독교교육학의 전문가 행세를 할 수 있게 되었다.

나는 교회도 개척해 보고, 대형 교회의 교육부서에서도 사역해 보았다. 그러나 계속해서 신앙교육의 한계를 경험했다. 그러면서도 지금까지 나름대로 꾸준히 하나님의 일을 감당하고 있다. 여전히 신앙교육에 대해 고민하고 있던 내게 새로운 깨달음의 기회가 찾아왔다. 코로나가 시작된 2020년 초에 기독교 코칭을 배워보라는 권면을 받았고, 그렇게 코칭의 세계에 발을 내딛게 되었다. 3~4년간의 짧은 시간이었지만, 코칭은 기독교인이 생활 속에서 터득해야 하는 언어습관이 무엇인지 알게 해주었다. 그리고 이 코칭기술이 기독교교육의 언어적 특징과 가장 잘 융합될 수 있음을 알게 되었다. 기독교 신앙교육에서는 성경적 지식과 교회의 전통을 전수하는 것이 매우 중요하다. 그러나 그 이상으로 중요한 것이 있는데, 믿음의 사람에게 직접 말씀하시는 하나님의 역사하심이 있어야 한다는 것이다. 가르치는 자에게는 학생에게 감동하시는 성령님이 참여하실 수 있는 '교육적 여백'이 있어야 한다.

교회교육의 최전방에서 활동하는 교회학교 교사는 성령의 역사하심을 기대하며 교사로서 몇 가지 소양을 갖추어야 한다. 첫째, 성경에 대한 지식과 교회의 전통을 깊이 알고 체득하는 것이 필요하다. 둘째, 학습자에게 적절하게 신앙의 지식을 전달하는 교육방법을 갖추어야 한다. 셋째, 교사가 준비한 교육내용과 함께 학생이 갖는 삶의 문제에 답할 수 있어야 한다. 이런 기술적인 방법으로 경청의 능력이 필요하다. 넷째, 학생이 자기 삶의 문제를 파악하고 풀어갈 수 있는 기독교적 자아정체감을 갖도록 도울 수 있어야 한다. 이를 위해 기독교 코칭 기술이 필요하다.

교회학교 교사가 코치의 자세로 교육을 수행할 때, 성령께서 학생들에게 직접적으로 가르쳐주시는 생명력 있는 교육활동을 전개할 수 있을 것이다. 예를 들면, 교사가 학생에게 하나님이 어떤 분인지 혹은 하나님이 어떤 것을 원하시는지 물어봄으로써, 학습자는 하나님의 관점에서 자기를 바라보는 시도를 하게 된다. 거기에 적절한 성경말씀과 기독교 전통의 열매를 공유한다면, 건강한 기독교 자아정체감을 갖게 하는 신앙교육이 훨씬 효과적으로 진행될 것이다. 신앙교육에 사용되는 언어를 살펴보고, 그 가운데 코칭언어가 제공하는 중요한 면을 발견해 보자.

믿음은 들음에서 나며 —

육신이 되신 말씀, 예수님

요한복음 20장 31절에서, 요한은 우리가 성경말씀을 통해 예수님이 하나님의 아들 그리스도이심을 믿게 된다고 말한다. 그 이름에 참된 생명이 있다. 요한은 이 이야기를 1장에서 분명히 말하는데, 바로 말씀이 육신이 되어 우리 가운데 거하신다는 것이다. 그것은 말씀으로 이 세상을 만드신 하나님의 창조이야기와도 긴밀하게 연결된다. 예수님 안에서 우리는 은혜와 진리를 충만하게 얻을 수 있다. 하나님은 우리 인간을 포함한 피조세계를 보시며 좋았다고 말씀하셨다. 따라서 우리는 주님 보시기에 아름다운 인생이 될 수 있다. 그러나 실제로는 기쁠 때가 있는가 하면 슬프고 고통스러울 때도 있다. 어떤 면에서는 실패와 좌절 그리고 절망의 시간이 더 많은 것처럼 느껴지기도 한다. 우리에게 희망이 있다면 오직 예수님 한 분뿐임을 고백하지 않을 수 없다.

성경에서 지금도 말씀하시는 하나님을 만날 수 있는 것은 오직 성령에 의해서다. 그렇기 때문에 우리는 글자로 기록된 성경에서 하나님의 음성을 듣게 된다. 이것은 믿음을 통해 경험하는 신비다. 그러나 종종 하나님의 음성을 직접 생생하게 듣는 경우도 있다. 그런 경험은 믿음을 굳건하게 한다. 그럼에도 하나님의 음성은 주로 성경말씀과 내적 확신 그리고 다른 사람과의 신앙적 교류를 통해 듣는다고 할 수 있다.

그런 면에서 교회학교 교사의 교육활동은 하나님의 말씀으로 학생에게 다가가는 것이다. 그러면 만약 교사가 영적인 수준에 충분히 도달하지 못한 경우에는 어떤가? 모든 교사가 영적으로 충만하지 않을 수 있다. 그래서 교사를 통해 거룩한 말씀이 흘러가기도 하지만, 반대로 그 사람이 가지고 있는 쓴 뿌리에서 흘러나온 나쁜 것들이 학생에게 영향을 주기도 한다. 이것은 가정에서 부모가 자녀에게 주는 영향과도 같다.

육신을 통해 이 땅에 오신 예수님은 다시 말씀하심으로써 우리에게 그 말씀을 가진 육체로 살아갈 수 있도록 허락하셨다. 예수님의 가르침을 따르며 살아갈 때 우리도 하나님의 말씀을 가진 사람이 된다. 그런 변화된 사람은 어떻게 구별할 수 있을까? 바로 그 사람의 말과 행실을 통해서다. 생명을 살리는 말을 하고 그런 삶을 살아가는 사람이 바로 생명의 말씀을 품은 사람이다.

이처럼 생명의 말씀을 품은 우리가 교회에서 사용하는 언어는 생명을 살리는 언어인지 그렇지 않은지 한 번쯤 성찰할 필요가 있다. 다음 구절은 어느 쪽에 더 생명력이 있는가?

"우리가 주님의 뜻을 이루기에 부족함이 없게 하여 주소서."
"우리가 주님의 뜻을 이루기에 넉넉하게 하여 주소서."

부정적인 언어는 우리를 성찰하게 하는 반면, 누군가의 부족함을 강조하는 것이 될 수 있다. 반대로 긍정적인 언어는 소망의 언어가 될 수 있지만, 우리의 약함을 외면한 교만이 될 수 있다. 위 문장에서 주어를 바꾸면 어떻게 보일까?

"우리 담임목사님이 주님의 뜻을 이루기에 전혀 부족함이 없게 하여 주소서."

"우리 집사님이 주님의 뜻을 넉넉히 이루도록 인도해 주소서."

"제가 주님의 뜻을 이루어가기에 부족하지 않도록 은혜를 더하여 주소서."

"제가 넉넉히 주님의 뜻을 이룰 수 있도록 역사해 주소서."

주어와 서술어는 매우 유사하지만, 만약 누군가를 위해 기도할 경우 나와 타인 그리고 공동체를 대변하는 언어를 사용할 때, 긍정적인 결과를 이루어가는 언어를 사용하는지, 아니면 그 반대의 경우인지 살펴보아야 한다. 무조건 긍정적인 단어를 나열한다고 해서 긍정적인 결과로 이어지는 것은 아니지만, 우리가 주로 사용하는 언어는 자기의 긍정적 가치관이나 낙관적인 가치관을 대변하는 것이 분명하다.

예수님은 죄에 대해 매우 단호하게 야단치는 말씀을 선포하셨다. 그러나 아직 연약한 수준에 있는 사람은 긍휼히 여기시고 불쌍히 여기셨다. 삶의 문제에 직면한 우리가 그 문제를 해결하기 위해 간절히 기도해야 하지만, 이미 주님이 우리의 허물과 죄를 짊어지셨음을 믿는다면 그 문제를 해결해 주실 것도 확신하며 기도할 수 있어야 한다. 그러나 교회학교 교사들도 아직 자기의 인생에서 믿음을 완성해 가는 과정에 있기에, 어떤 면에서는 매우 성숙하지만 다른 면에서는 부족하고 연약하다. 주님은 약한 나(교사)를 도와주신다. 이런 경험을 가진 교사도 성육신하신 예수님을 본받아 학생들의 수준까지 내려가는 육화의 관점을 가질 수 있어야 한다. 예수님을 대신해 학생들과 생명의 말씀을 함께 공유하는 것이 필요하다. 우리 중에 있는 가장 작은 자를 섬기는 것이 예수님의 참 제자이기 때문이다.

교사와 학생의 기독교적 자아정체감

교회공동체 안에는 성숙한 신앙인과 미숙한 신앙인이 공존하며, 심지어 비신앙인도 함께한다. 그렇기 때문에 교회에서는 기독교적인 언어와 일반적인 언어가 함께 사용되고 있다. 대부분의 경우 서로간의 대화를 위한 것이기에 큰 문제는 없지만, 어떤 정치적 신념이나 사회문화적 관습적 언어가 사용될 경우 의도하지 않게 비기독교적이거나 반기독교적인 가르침이 있을 가능성이 있다.

"남자가 왜 그러니?" 혹은 "여자가 왜 그러니?"라는 표현은 성경을 근거로 한 것처럼 포장하더라도 잘못된 가르침이 될 수 있다. 성경 안에도 남녀의 차이를 언급하는 구절이 분명히 존재한다. 그러나 요즘 같은 시대에 사용할 때는 더욱 신중해야 한다. 심지어 신앙적으로 확고할지라도 위와 같이 전달하는 방식에서 창조적 해석이 시도되어야 한다.

개역개정 성경에서 형제라고 번역한 것을 새번역 성경에서는 '형제자매'라고 의역해서 번역하고 있다. 개역개정 성경은 원문에 충실히 번역한 것이고, 새번역 성경은 현대의 교회 안에서 여성의 역할을 소중히 여기고 있기에 이렇게 번역한 것으로 볼 수 있다. 의미상 형제라고만 번역해도 충분히 이해하고 신앙적으로 받아들일 수 있다. 그러나 어린이나 청소년은 이 표현을 이해하고 받아들이기 위해 몇 단계를 거치고 있다. 그런 면에서 새번역 성경처럼 '형제자매'로 번역하는 것도 좋다. 추가적인 설명을 줄여주기 때문이다.

예수님을 믿고 기독교인이 된다는 것은 남성이나 여성을 구분하고 있지 않기 때문에 이런 시도는 매우 중요하다. 오랜 역사적 과정에서 굳어진 차별적인 구분을 성경적으로 바로잡기 위해 이처럼 새로운 언어를 사용하는 것이 필요하다. 그러나 성경의 번역이나 교회 안에서 사용하는 언어를 바꾸는 것은 쉽지 않다. 더구나 기독교적 용어보다 일상적인 언어가 더 많이 사용되고 있어, 사회에서 통용되는 편견이 담긴 표현이 교회 안에서도 무수히 사용되고 있다. 그래서 다양한 기독교적 언어를 바꾸는 것과 더불어 일상적인 언어의 변화를 추구하는 것이 매우 필요하다. 모든 언어를 바꾸는 것이 아니라 언어 선택을 위한 기준을 세우는 것인데, 그것은 올바른 '기독교적 자아정체감' 형성을 통해 가능하다.

기독교적 자아정체감이란 예수 그리스도를 구주로 고백하면서 시작되는 변화다. 성경 지식을 통해 하나님의 뜻을 알게 되고, 성령의 내적인 가르침에 민감하게 반응하며, 그 인도하심을 따라서 말하고 행동하는 사람이 되는 것이다.

기독교 자아정체감은 일순간에 완성되지 않는다. 평생에 걸쳐서 이루어지는 '성화의 과정'이다. 죄인 한 사람이 예수 그리스도를 구주로 고백하면서 시작되는 평생의 여정이다. 그런 특징을 가지고 있기에 중간 중간 실패할 수 있다. 그리고 그런 실패에도 불구하고 다시 거룩함을 추구하는 삶을 살게 된다.

교회학교 교사는 학생보다 먼저 그 길을 걸어가는 사람이다. 그럼에도 학생보다 훨씬 뛰어난 수준에 도달했다고 말할 수 없다. 의미상 교사는 양육받는 학생보다 한두 발자국 앞선 정도이고, 그 수준이 낮은 것은 아니지만 완전한 단계에 도달한 것은 아님을 잊지 말아야 한다. 그런 겸손하고 유능한 교사는 학생을 교육의 대상으로 봄과 동시에 믿음으로 함께 성장하는 동반자로 본다.

기독교적 자아정체감은 홀로 하는 명상수련 수준을 훨씬 뛰어넘는다. 믿음의 사람들은 홀로 성장하고 성숙하는 과정과 함께, 공동체적으로 영향을 주고받으며 성장하고 성숙해진다. 우리의 신앙은 하나님께 판단받아야 하지만, 이 땅에 살아가는 동안에는 함께하는 사람들에게 인정받을 때 더 확신에 찬 신앙생활을 할 수 있다.

한 여성과 남성으로 성장한 사람들이 특별한 만남을 통해 결혼하면 부부라는 자아정체감을 형성하게 된다. 그리고 그들에게 자녀가 태어나면 점차 부모의 자아정체감을 형성하고 발전시켜 간다. 한때 누구의 자녀였던 사람들이 시간이 흘러 부모가 되는 것은 당연한 것처럼 보인다. 그러나 결혼과 임신, 출산과 양육이라는 과정을 거치지 않고는 부모의 자아정체감을 갖기가 매우 어렵다. 그러나 그 모든 것을 포괄하는 인간으로서의 자아정체감은 존재한다. 기독교적 자아정체감도 이와 유사한 면이 분명히 존재한다.

적어도 기독교인이 된다는 것은 성경말씀에 근거해 예수를 그리스도로 구주로 고백하는 것에서 출발한다. 이것은 원죄를 가진 자기를 회개하고, 그리스도의 보혈로 용서받았다는 자기 확신을 갖게 한다. 그리고 예수 그리스도의 가르침을 포함해 성경에 있는 많은 가르침을 배우며 그렇게 살아가려고 노력한다. 나아가 기독교의 진리를 전하는 사람이 되고, 가르치는 사람으로서 고상한 삶을 추구하게 된다. 기독교적 자아정체감을 가진 사람은 자기 신념(belief)을 가지고 있으며, 하나님을 전적으로 신뢰하고, 하나님이 기뻐하시는 삶을 행하며 살아간다. 신념으로서의 신앙은 성경 지식과 전통적인 기독교 지식을 알고 그것을 확신하게 한다. 신뢰로서의 신앙은 자기의 나약함을 인정하고, 우리의 힘과 능력이신 하나님을 전적으로 의지하게 한다. 그리고 행동으로서의 신앙은 지식과 감성적인 수준에만 머무는 것이 아니라 하나님의 뜻을 적극적으로 실천하여 삶에서 열매를 맺어간다.

기독교적 자아정체감은 이런 기독교적 정신과 삶이 어우러져서 일관된 모습을 이루는 상태라고 할 수 있다. 신앙교육에서 교사는 말과 행동으로 학생을 가르치고, 학생은 교사의 말과 행동을 본받으며 신앙이 성장하고 발전한다. 그리고 교사는 학생들로 인해 기독교적 자아정체감을 한 단계 발전시켜 나갈 수 있는 '역멘토링'(reverse mentoring)을 경험하게 된다. 결과적으로 기독교적 자아정체감은 교회 안에서 공동체 구성원과의 상호작용 속에서 발견하는 것이며, 세상이라고 부르는 사회에서 소금과 빛의 사명을 기억하며 살아가는 모습에서 드러난다. 그것은 지금이라는 어느 시점을 설명하는 것이기에, 한편으로는 미숙하지만 지금이 가장 성숙한 수준이기도 하다. 그리고 상호작용을 멈추는 그 순간부터 형식은 남아 있지만 퇴보하기 시작한다.

신앙교육을 위한 코칭언어 ―

교육적 언어와 일상언어

한국 교회에서 주로 사용하는 언어는 한국어다. 기독교 공동체에서 주로 사용하는 언어가 존재하고, 그런 언어를 통해 기독교인이 구분되기는 하지만, 우리가 사용하는 언어는 보편적인 한국어다. 이것은 미국의 교회가 영어를 주로 사용하고, 그 외의 나라에서는 프랑스어, 독일어, 중국어, 일본어 등을 사용하는 것과 비교된다. 한국어 안에는 한국 사회의 사회문화적인 언어가 담기는 것이 당연하다. 세계화로 인해 세계적인 가치관이 혼합되고 있지만, 한국어를 사용하는 사람들 사이에 형성된 한국적 사고는 분명히 존재한다.

신앙교육에 사용되는 언어에는 '성경적 언어'와 '교회의 전통적 언어'가 있다. 성경이야기를 포함하는 성경언어는 선교사들이 복음을 전해준 후 시작된 성경번역을 통해 얻게 되었다. 히브리어와 헬라어로 기록된 성경이 우리가 읽기 쉬운 한국어로 번역된 것이다. 그런데 그 성경이 시대가 지나면서 새로 번역되기도 하는데, 그것은 새로운 세대를 위해서다. 일정 시간이 지나면 사용하는 언어가 크게 변하기 때문이다. 최근에는 성서공회에서 번역한 성경 외에도 다양하게 번역된 성경을 각 교회에서 사용하는데, 이로 인해 개신교 안에서도 신앙적 언어가 달라지고 있다. 마치 개신교와 천주교 사이에 기독교 언어가 다른 것과 같다.

교회의 전통언어는 더 다양하게 존재할 수도 있다. 약간의 차이는 있더라도 성경언어를 비교하면서 유사성을 찾을 수도 있다. 이에 비해 교회의 전통을 따르는 언어는 조금 더 복잡하게 전개된다. 기독교 안에는 크게 정교회, 천주교회, 개신교회가 있다. 개신교인들은 정교회는 거의 알지 못하며, 천주교에 편견을 가지고 있기도 하다. 더구나 개신교 안에서도 장로교회와 감리교회, 성결교회, 순복음교회, 루터교회 등을 구분하기가 쉽지 않다. 대부분 다른 교파의 성도를 만나기 쉽지 않을 뿐 아니라 만나도 신앙적 언어로 대화하지 않기에 크게 어려움은 없다. 그러나 다름을 경험하게 되면 큰 혼동에 빠지기도 한다.

'하나님'과 '야훼' '여호와'는 모두 기독교적 언어임에도 다른 언어처럼 대하곤 한다. 영어성경에서 하나님은 'God'로 표기하고 야훼(여호와)는 'LORD'로 번역한다. 우리나라 새번역 성경에서는 이런 번역 전통을 따라 여호와를 '주'(主)라 번역하고, 신약성경에서는 예수님을 '주'라고 부른다.

이처럼 성경언어와 교회 전통언어가 다양한 것을 교사가 다 알아내기는 매우 어렵다. 교사는 성경학자가 될 필요도 없고 신학자가 될 필요도 없다. 그러나 성경언어를 제대로 모르거나 교회의 언어를 제대로 알지 못하면, 자신의 기독교적 자아정체감을 형성하는 데 어려움을 겪을 뿐 아니라 학생들의 신앙형성에 영향을 주는 데 실패하게 된다. 특히나 잘못된 전통에 따른 비기독교적 언어를 구별하는 것은 더욱 힘들어진다. 이 장에서 이 부분을 깊이 다루지는 않지만, 교사는 적어도 '교회의 언어'를 꾸준히 탐구하는 사람이 되어야 하는 것은 분명하다.

성경언어와 전통언어만큼 중요한 언어가 있는데, 바로 사회문화적 언어다. 우리가 사용하는 일상언어에는 매우 많은 한국적 가치관이 담겨 있다. 대부분 평범한 언어지만, 일부 언어는 잘못된 사회문화적 가치관을 무비판적으로 전파한다. 대표적인 것이 차별적인 언어다. 인종, 성별, 교육수준, 경제수준, 나이에 따라서 사용하는 언어가 달라지곤 한다.

우리에게 매우 자연스러운 한국어에는 존칭어와 평서형이 있다. 친구관계에서 평서형은 친밀함을 주지만, 그 외의 경우 관계의 수직적 구조를 만든다. 만약 교사가 평서형 언어를 사용하고 학생이 존칭어를 사용하면, 그 관계는 이미 구조적으로 넘을 수 없는 차이를 만들어버린다.

여성과 남성의 차별이나 인종적 차별, 계급이나 계층의 차별이 언어를 통해 표현될 수 있다. 직업 혹은 결혼으로 함께하게 된 이주민과의 대화나, 같은 교실 안에서 주택 가격으로 비롯되는 사회 문제가 교회 안에서도 은근히 드러날 수 있다. 특정 지역에 있는 교회공동체의 자부심은 다른 지역에 있는 교회공동체를 무시하는 것이 될 수도 있다. 사회적으로 여성에 대한 차별이 많이 해소되고 있지만, 여전히 교회 안에 성 차별적인 언어가 드러나기도 한다. 교사가 이런 언어를 깊이 연구하고 사용하면 더 훌륭하겠지만, 실제로 그런 언어 훈련을 교회가 감당하기는 쉽지 않다. 오히려 그것은 사회문화의 변화를 통해 가능하다.

코칭언어: 교육방법

교회교육을 담당하는 교사는 성경적 언어를 꾸준히 학습하고, 교회 전통을 잘 숙달하며, 사회문화적 언어를 비판적으로 살펴보고 가장 좋은 교육언어를 사용하는 사람이 되어야 한다. 그러나 모든 교사가 이런 준비된 교육활동을 하기에는 개인의 삶과 영적 성장을 고려해 볼 때 쉽지 않다. 교회학교 교사는 신학자도 아니고 사범대학을 나온 전문교사도 아니기 때문이다. 학생보다 한 발자국 앞서서 성장해 가는 기독교인이라고 한다면, 이들도 다른 어떤 훌륭한 선생님에게 계속 양육받아야 한다. 그러나 성인 기독교인의 신앙성장을 위한 교회교육 과정이 개설되는 경우도 많지 않고, 그런 교육이 개설되어도 소수의 기독교인만 참여하게 될 것이다.

이러한 쉽지 않은 상황에서 교사에게 긴급하게 전수하고 싶은 교육언어가 있는데, 바로 '기독교 코칭언어'다. 코칭은 한 인간이 무한한 가능성을 가지고 있음을 인정하고, 코치가 내담자와 대화하면서 내담자가 스스로 자기를 발견하도록 도와주어 스스로 성장하고 발전하도록 돕는 활동이다. 기독교 코칭은 모든 사람이 하나님의 형상임을 전제하고, 그 사람이 하나님과 신뢰관계를 회복할 수 있도록 도와주며, 하나님이 주시는 영감을 통해 삶의 방향을 발견하도록 돕고, 그 대안을 구체적으로 설정하여 그렇게 살아가기로 결단하도록 도와주는 일련의 활동이다.

일반코칭은 인본주의적인 경향이 강한 반면, 기독교 코칭은 하나님 앞에서 우리의 부족함을 인정하면서 성령님의 도우심을 구하는 특별한 단계를 거친다. 코치와 고객 사이에 하나님이 참여하실 수 있는 여지를 두는 것이다. 이런 구조가 신앙교육에 구현된다면, 교사는 학생에게 성경적 언어와 교회의 언어를 전수하는 과정에서 성령님의 역사하심을 기대하면서 하나님과 함께 교육하는 일에 동참하게 된다. 그렇게 되면 학생의 기독교적 자아정체감 형성을 돕는 한편, 교사가 함께 성장하고 성숙해지게 된다. 예를 들어, "노래하는 다윗"을 공부한다고 해보자. 교사는 준비한 교재의 내용을 주입식으로 전달하는 것이 아니라 학생들과 함께 신뢰를 쌓는 과정으로 진행할 수 있다. 또 교사는 자기보다 나이 어린 학생에게 다음과 같이 존칭어로 질문할 수 있다.

"오늘 기분이 어때요?"

"오늘은 기분이 안 좋아요. 슬퍼요."

"왜요? 오늘 왜 슬픈가요?"

"아침에 아빠가 갑자기 응급차를 타고 병원에 가셨어요. 엄마는 저와 형에게 주일예배를 드리고 있으라고 하시면서 교회에 저희를 데려다 주시고 병원에 가셨어요. 저는 아빠가 걱정되어 눈물이 나요."

이 상황에서 교사는 어떻게 하는 것이 좋은가? 학생의 마음을 위로하고, 아빠의 건강을 위해 기도하며, 앞으로 어떤 일이 일어나더라도 힘내라고 격려하는 것이 좋을까, 아니면 오늘 준비된 본문을 따라서 다윗이야기를 하다가 적당한 내용이 나오면 그때 그 아이에게 좋은 이야기를 전하면 될까? 만약 이 교사가 기독교 코칭을 하게 된다면 아마도 이 단계를 거치게 될 것이다.

"○○(이)는 하나님이 어떻게 해주시면 좋겠어요?"

"저는 하나님이 아빠를 고쳐주시면 좋겠어요."

"그렇군요. 나도 하나님이 아빠를 고쳐주시면 좋겠어요. 그런데 우리가 할 수 있는 일이 있을까요?"

"음 … 잘 모르겠어요."

"하나님이 ○○(이)의 마음을 알고 계실 것 같은데요, 하나님이 ○○(이)에게 어떤 말씀을 하실 것 같아요?"

"잘 모르겠어요."

"그렇군요. 그러면 이렇게 하면 어떨까요? 우리 함께 손잡고 기도해 봐요. 옆에 있는 친구와 손을 잡고 한마음으로 ○○(이)의 아빠가 건강하게 퇴원하실 수 있도록 같이 기도해요. (기도 후) 혹시 ○○(이)에게 해주고 싶은 이야기가 있나요?"

"저는 ○○(이)가 용감해졌으면 좋겠어요."

"저는 ○○(이)의 마음이 느껴져요. 저도 같이 슬펐어요."

"저는 ○○(이)의 아빠가 꼭 건강하게 집으로 오실 것 같은 마음이 들어요."

"○○(이)는 어떤 마음이 드나요?"

"친구들이 저를 위해 해주는 이야기가 힘이 돼요. 계속 아빠를 위해 기도해 주면 좋겠어요. 함께 기도하니까 마음이 조금 편안해졌어요."

이 가상의 대화는 성경공부 지침을 위한 어떤 선생님의 사례를 재구성한 것이다. 1년 52주에 걸쳐서 진행되는 신앙교육은 한편으로는 성경적 언어를 전달하는 성경공부다. 그리고 다른 한편으로는 기독교인으로서 자연스럽게 사용하는 전통언어를 습득하는 과정이다. 그런 교육활동은 궁극적으로 학생이 기독교적 자아정체감을 갖도록 하는 것을 목표로 하는데, 건강한 기독교인은 이런 돌발상황을 기독교 신앙으로 대처하게 된다. 그 순간은 성경공부를 하는 것보다 어쩌면 더 긴급한 상황이다. 교사는 이런 것을 예민하게 눈치 챌 수 있어야 하는데, 적어도 기독교 코칭기술을 가지고 있다면 이 같은 자연스러운 대화를 이어갈 수 있을 것이다.

코칭언어: 교육적 언어를 담는 항아리 —

교사 양성을 위한 교육 내용: 성경언어, 전통언어, 코칭언어

기독교교육학이라는 학문이 시작된 것은 대략 200년 전이다. 그러나 학문으로 정립되기 훨씬 전부터 기독교교육은 있어 왔다. 성경에 나오는 예수님께 가르침받는 제자들의 모습은 가장 초기 기독교교육이라고 할 수 있다. 초대 교회의 세례문답 교육은 가장 오래된 기독교교육의 원형이다. 예수님의 가르침을 담고 있는 복음서와 신약성경은 신앙교육을 위한 훌륭한 교재임이 분명하다. 그리고 2천 년에 걸쳐서 진행된 수많은 신학적 활동과 교회의 역사는 매우 풍부한 교육의 원천이다. 그러나 그 풍요로움이 지나치게 넘쳐서 신학자와 목회자가 아니면 알기 어려운 복잡한 것이 되어버렸다.

더구나 지난 300여 년 동안 사회는 급속히 발전하여 과거 농경사회의 단순함은 거의 찾아볼 수 없게 되었다. 직업적 다양성과 함께 세계화의 물결로 인종의 다양성, 계층의 다양성 등이 나타나고 있다. 그뿐 아니라 과거의 가치관을 극복한 새로운 시대정신이 등장하게 되어 사회적 갈등과 혼란도 발생하고 있다. 이런 복잡한 시대에 기독교적 자아정체감을 갖는 것이 어떤 의미이고, 어떤 방법으로 어떤 내용을 가르쳐야 하는지에 대한 고민이 커지고 있다.

적어도 성경적 언어와 교회의 언어는 각 교단에서 지속적 정기적으로 교재를 제작하면서 제공하고 있다. 또 초교파적인 교육과정도 계속 계발되어 출판 유통되고 있다. 그리고 모든 교회가 교육부서를 유지하려고 노력하면서 꾸준히 신앙교육을 전개하고 있다.

그런 노력에도 한국 교회는 비기독교인들의 비난 대상으로 전락했을 뿐 아니라, 교회 안에 머물던 성도들이 떠나면서 가나안(거꾸로 하면 '안나가': 교회에 나가지 않는) 성도가 등장하기 시작했다. 이는 교회의 신앙교육에 문제가 있기 때문이라고 생각한다.

깊이 연구한 교재의 문제는 아닐 것이다. 그것은 2천 년간 교회가 부흥하도록 이끈 성경말씀과 교회의 전통이기 때문이다. 그렇다면 현대에 들어와 일순간의 부흥을 경험한 한국 교회 내부에 뭔가 문제가 있기 때문이다. 아마도 그것은 교회 안에 통용되는 사회문화적 언어 때문이라고 생각한다. 세상의 가치관이 주는 어려움과 혼란을 넘어설 하나님의 지혜를 나누는 신앙교육이 아니라, 세상적 가치관에 굴복한 교인들의 언어와 행실에 의해 상처받은 젊은 영혼들이 교회를 이탈한 것이다.

일부 내용에 문제가 있는 것을 포함해 그것을 담는 그릇에 문제가 있었을 것이라고 생각한다면, 지금 당장 우리가 사용하는 그릇을 바꾸는 시도를 해야 한다. 그것은 일상적으로 사용하고 있는 언어를 고치는 것이다. 삶에서 기독교적 정체성을 충분히 갖지 못한 교사가 당위적으로 전달하는 성경 지식은 힘이 없는 무기와 같다. 교사의 신앙이 성숙해야 하고, 그들의 언어가 달라져야 한다. 그래야 어린 학생들이 교사의 말과 행실을 통해 신앙적 영향을 받아들이고, 밭에 감춰진 보화 같은 예수님을 만나게 될 것이다.

교사가 되기 위해서는 신앙의 비밀인 예수님을 알아가는 성경 연구가 반드시 있어야 한다. 이것이 준비되면 다음세대에게 성경적인 가르침을 계속 유지하면서 전달하게 될 것이다. 또 교사가 되기 위해서는 기독교 역사에 대해 깊이 알아야 한다. 초대 교회의 상황과 중세 교회의 장단점을 구분할 줄 알아야 한다. 그리고 종교개혁을 통해 이어온 교회의 발전, 한국에 기독교가 전래된 배경과 지금까지 영향을 준 것 등을 알게 되면 가르치는 즐거움이 더할 것이다. 거기에는 반드시 교육언어로서 기독교 코칭언어를 사용할 줄 알아야 한다.

All New TRINITY 대화모델 —

기독교 코칭을 대표하는 '올뉴 TRINITY 대화모델'은 가장 이상적인 코칭 대화법을 제공해 준다. 코칭의 과정은 Trust(친밀감 형성하기), Reality(현실 인식하기), Issue & Identity(정체성 찾기와 주제 명료화), New Life(새로운 삶 그려보기), Inspiration(영감 구하기), Thanksgiving(감사 기도하기), Yearning(갈망하는 것 이루기)의 순서로 진행된다. 각 과정을 자세히 설명하면 다음과 같다.

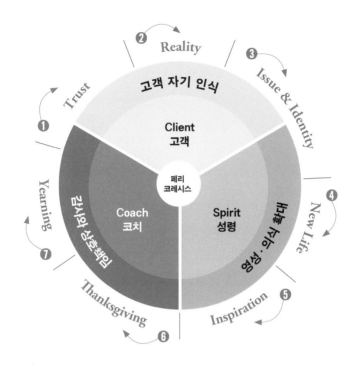

① Trust: 친밀감 형성하기

코치는 내담자와 신뢰를 쌓기 위해 친밀감 형성 단계를 가장 먼저 구축한다. 내담자 혹은 고객이 코치와 신뢰관계를 구축한 후에야 자기를 드러내기 때문이다. 그 신뢰의 가장 중요한 것 중 하나가 바로 '코치의 윤리규정과 비밀준수의 의무'를 분명히 언급하는 것이다. 코치는 고객과의 대화를 그 누구에게도 누설하지 않아야 한다. 신뢰감 있는 대화를 통해 고객은 마음의 부담을 내려놓고 안전감을 느끼며 코치와 대화하게 된다. 코치는 다음처럼 이야기할 수 있다.

"오늘 기분이 어떠세요?"

"지난 한 주간 축하할 일이나 하나님의 은혜에 감사한 일이 있었다면 무엇인가요?"

"지금부터 저와 나누는 대화는 한국기독교코칭학회 윤리규정과 개인정보보호법에 따라 비밀을 보장해 드립니다. 안심하시고 편안하게 이야기를 나누시면 됩니다."

② Reality: 현실 인식하기

코치는 고객이 처한 현재의 상황, 지금 느끼는 감정 등의 상태를 살피면서 고객과 대화를 진행한다. 이 과정을 통해 코치는 '코칭주제'를 찾기 어려워하는 고객이 자기의 대화주제를 발견할 수 있도록 돕는다. 이런 대화로는 다음과 같은 것이 있다.

"요즘은 어떤 일에 관심이 있으신가요?"

"요즘 어떤 일에 에너지를 쏟고 계신가요?"

"요즘 생활에 힘이 되는 것이 있다면 무엇인가요?"

③ Issue & Identity: 정체성 찾기와 주제 명료화

코치는 고객이 다루고 싶어하는 주제를 명확하게 다루며 대화한다. 예를 들어, 고객이 건강관리에 대한 이야기를 하고 싶어한다면, 코치는 고객과 함께 그 주제와 관련된 코칭세션의 목표를 찾도록 대화를 이어간다. 건강관리라는 주제는 포괄적이기 때문에, 고객이 진심으로 원하거나 할 수 있는 구체적인 것을 찾아간다. 예를 들면, 식사조절에 관한 것인지 아니면 체력관리에 관한 것인지 분명하게 이야기한다. 어

쩌면 건강검진을 받고 그에 따라 치료해야 하는 것일 수도 있다. 그러므로 코치는 내담자와 그 주제를 정하게 된 배경과 의미를 탐색할 수 있는 질문을 다음과 같이 이야기할 수 있다.

"오늘은 어떤 주제로 이야기를 나누면 좋을까요?" "그런 생각을 하게 된 계기가 있나요?" "이 목표를 이루는 것이 고객님께는 어떤 의미가 되나요?"

"오늘 함께 대화할 코칭목표를 한 문장으로 표현해 보시겠어요?"

④ New Life: 새로운 삶 그려보기

코치는 고객이 주제 혹은 코칭대화의 목표를 이루게 될 때를 그려볼 수 있도록 질문한다. 그것은 자기가 되고 싶은 수준일 수도 있고, 사회적인 세계관이 적용된 것일 수도 있다. 그 목표가 인본주의적 목표가 아니라 기독교적 목표가 될 수 있도록 질문하는 것은 매우 중요하다. 코치는 고객이 자기의 삶을 하나님이 원하시는 삶과 연결시킬 수 있도록 질문하고 대화할 수 있어야 한다. 다음과 같은 대화는 좋은 예가 된다.

"말씀하신 것이 이루어진다면 고객님의 삶에는 어떤 변화가 있을까요?"

"고객님이 바라시는 모습을 잠시 눈을 감고 상상해 보시겠습니까?"

"그 모습을 떠올려보니 어떤 느낌이 드세요?"

"그런 고객님의 모습을 보시는 하나님은 어떤 위로나 격려의 말씀을 하실까요?"

⑤ Instpiration: 영감 구하기

코치는 고객이 코칭목표를 위한 대안을 탐색할 수 있도록 돕는다. 이 과정에서 고객은 자신의 강점과 자원을 찾아서 목표를 이루기 위한 대안과 연결 지을 수 있다. 그런 자원을 활용하며 고객은 구체적인 실천계획을 세우게 되는데, 이때 코치는 그 계획에 상호 책임지는 자세를 보여줌으로써 고객이 꾸준히 목표를 이루어 갈 수 있도록 동기부여해 줄 수 있다. 다음과 같은 대화를 통해 고객은 구체적인 계획을 세울 수 있다.

"그 목표를 향한 첫걸음으로 무엇을 시도하고 싶으세요?"

"목표를 이루기 위해 새롭게 시도해 보고 싶은 것이 있다면 무엇인가요?"

"하나님께서 모든 자원을 허락하신다면 어떤 시도를 해보고 싶으세요?"

"언제부터 시작하시겠어요?"

"고객님이 잘하고 있다는 것을 어떻게 확인해 볼 수 있을까요?"

⑥ Thanksgiving: 감사기도하기

코치는 고객이 스스로 알아차린 것을 가지고 감사의 제목을 찾을 수 있도록 대화한다. 그리고 고객이 원한다면 코치가 고객을 위해 감사기도를 할 수도 있다. 어쩌면 가장 기독교적인 코칭의 순간이 이 부분일 수도 있다. 코치는 다음과 같이 이야기할 수 있다.

"오늘 저와 함께한 코칭대화 가운데 감사할 만한 것이 있나요?"
"제가 기도해 드려도 될까요?"
"제가 무엇을 위해 기도드리면 좋을까요?"

⑦ Yearning: 갈망하는 것 이루기

코치는 고객이 문제를 해결하기 위해 혼자 실행한다고 생각하도록 내버려두지 않는다. 코칭 기간 동안 코치는 고객과 상호 책임지고 동행하는 존재임을 확실히 보여준다. 코치는 고객이 깨닫고 발전하는 것을 응원하고 축하하는 존재다. 코치는 고객의 든든한 파트너임을 확실하게 보여주며 코칭을 마무리할 수 있다. 다음 대화는 좋은 코치의 대화법이다.

"오늘 대화를 통해 어떤 부분이 도움이 되셨나요?"
"고객님 자신에게 어떻게 격려해 주고 싶으세요?"
"저도 고객님의 목표가 꼭 성공적으로 이루어지기를 응원합니다."

기독교 코칭을 통한 교육방법 ──

코칭에서 사용된 이런 대화법은 한두 번 교육받고 실습한다고 숙달되는 것이 아니다. 다양한 고객을 만나며 꾸준히 이 모델의 과정을 따르는 질문과 대화를 수행하면서, 코치에게 알맞은 방법이 체득되어야한다. 더구나 이 과정을 그대로 교사가 사용할 수 있는 것이 아니다. 교육에서 코칭대화를 사용하기 위해 교사는 코칭에 대한 훈련시간이 기본적으로 필요하고, 숙련의 시간도 필요하다.

그런 숙련의 경험을 가진 교사는 신앙교육을 수행하는 활동에서 다음과 같은 대화모델을 사용할 수 있다. '올뉴 TRINITY 대화모델'을 교육모델로 적용한다면 다음과 같은 단계를 거치게 된다.

T&R

기독교 코칭이 전제하는 인간은 '하나님이 원하시는 자아정체감'을 가진 존재다. 지금 누군가에게는 현실에서 겪고 있는 상황이 하나님의 부르심을 향해 나아가는 데 걸림돌이 될 수 있다. 그래서 지금 경험하고 있는 현실을 직시할 수 있어야 한다. 교사가 코치의 역할을 감당할 때도 이 과정은 매우 중요하며, 동시에 올바른 교사가 되기 위해 교사도 자기의 현실을 직시할 수 있어야 한다. 교사는 자기의 현실과 학생의 현실을 인식하는 능력이 뛰어나야 한다. 나아가 학생이 자기의 현실을 제대로 인식할 수 있도록 질문하며, 그와 함께 현실에 참여할 수 있는 용기가 있어야 한다.

I&N

모든 성경공부의 내용이 신앙의 성장과 성숙을 지향하고 있지만, 그 자체가 기독교적 자아정체감을 갖도록 도와주는 것은 아니다. 오히려 건강한 신앙이 있으면 자연스럽게 실천할 수 있는 삶의 덕목인 경우가 많다. 교사는 한편으로는 학생을 위한 성경적 지식을 가지고 있어야 하며, 다른 한편으로는 학생의 삶에서 찾아가야 할 것을 드러내기 위해 질문하고 경청해야 한다. 교사는 학생의 신앙이 성숙해졌을 때 삶에 어떤 변화가 나타날 수 있는지를 질문하여, 학생 스스로 하나님이 원하시는 삶을 깊이 생각할 시간을 만들어준다. 그 숙고의 시간에 성령님이 역사하실 것이다.

ㅣ

교사는 교육내용과 학습자 사이에 머물 뿐 아니라, 그 사이에서 벗어나 말씀과 학생의 외부에 머물기도 해야 한다. 이런 적절한 민감함은 교사의 영적인 성숙과 관련된다. 성숙한 신앙인은 말로 전달하는 것과 함께 삶으로 보여준다. 이미 교사의 삶은 학생들에게 본보기가되고 있는 셈이다. 교사는 말씀이 육신이 되신 예수 그리스도처럼 하나님의 말씀이 내면화 된 살아 있는 교과서다.

ㅜ

교사는 자신이 준비한 교육내용에, 학생이 스스로 성찰하며 자기를 찾아가는 과정에서 하나님이 영감 주시기를 간구하며 함께 기도한다. 그리고 자기에게 주신 하나님의 영감에 기뻐하며 감사하는 고백을 드린다. 하나님의 말씀을 따라서 영적인 성숙을 지향하는 과정에 하나님이 함께하셨음을 인정하고, 그 깨달음대로 살기로 다짐하는 시간을 갖는다.

Y

교사는 교사대로 신앙의 성장과 성숙을 추구하면서 생활 속으로 돌아가며, 학생은 학생대로 신앙의 성장과 성숙을 위해 자신의 삶을 살아간다. 그러나 기독교 신앙은 각자 홀로 살다가 주일에 잠깐 만나는 짧은 시간을 통해 다시 성장의 기회를 갖는 반복활동이 아니다. 형제의 교제라는 중요한 신앙활동이 교사와 학생이라는 관계로 고착되는 것이 아니라, 그리스도 안의 형제자매로 살아가는 관계를 이룬다. 그런 면에서 기독교교육을 위한 코칭은 전문적인 코치활동과 가족 간의 대화 그 중간 어디쯤이 될 수 있다. 교회의 신앙교육에서 교사는 학생을 내담자 수준으로 대하기만 해도 꽤나 성공적이다. 그러므로 가족관계 만큼 지나치게 친밀함을 추구할 필요는 없다. 그럼에도 조금 더 친밀한 관계를 유지하는 신앙공동체적 관계를 갖는 것도 좋다. 이런 꾸준한 신앙적 상호작용은 서로 성장하도록 돕는다.

새로운 부흥을 위한 영적 도구, 기독교 코칭 ──

현대 사회는 과거에 비해 지식이 넘치고 경제적으로도 풍요롭다. 고도로 발전된 과학기술과 의료기술로 매우 낙관적인 유토피아를 꿈꿀 수 있게 되었다. 한때 교회에서는 이런 발전과 풍요로움을 기독교 신앙 때문이라고 말하기도 했다. 그러나 최근 20여 년 사이에 한국의 교회는 쇠퇴한 것처럼 보이고, 교회는 사회의 비판 대상이 되기도 했으며, 기독교적 이단들에게 소중한 성도를 빼앗기고 있다. 이는 성경

내용이나 기독교 전통이 잘못 되었기 때문이 아니다. 이런 위기의 원인은 건강한 기독교적 자아정체감을 지닌 성도가 줄었기 때문이다. 지금 우리의 연약함은 잘못된 방법으로 배워왔기 때문이다. 그리고 잘못된 그 방법으로 다음세대를 가르치려 하기 때문이다. 이제 신앙교육의 방법적인 패러다임을 바꾸어야 한다. 예능 콘서트를 지향하는 예배와 교육에서 인격 형성을 위한 신앙교육으로 전환해야 한다. 하나님이 소중히 여기시는 사람들의 소리를 경청하며, 그들의 삶의 문제를 같이 직면하고, 그에 대한 답을 성령님과 함께 발견해 가는 성숙을 경험해야 한다.

잘못 배운 태도를 고치기 위해 교사는 기독교 코칭언어의 훈련이 필요하다. 학생들에게 기독교적 자아정체감을 갖게 하는 교육을 수행하면, 교사의 자아정체감도 더욱 건강한 방향으로 성숙해질 것이다. 그것은 교사와 학생이 일방적으로 가르치고 배우는 관계로는 불가능하다. 오히려 교사와 학생이 함께 하나님 앞에서 상호작용하며 서로 성장하도록 돕는 관계가 될 때 가능하다.

교사와 학생은 서로 관계적인 언어를 사용하고, 개방적인 태도를 취하며, 하나님 앞에서 평등한 관계를 유지할 수 있다. 이 모든 것을 가능하게 하는 힘이 기독교 코칭이다. 코치로서 교사는 신앙교육을 수행하는 과정에서 일상적인 언어가 코칭언어로 채워져야 한다. 그렇게 되면 자연스럽게 학생도 코칭언어를 기독교적 언어로 사용하게 된다. 이런 언어가 교육활동에 많아지면 '역코칭'(reverse coaching)도 발생할 수 있다. 학생이 자연스럽게 교사에게 질문하고 경청하며 함께 하나님의 감동을 갖도록 대화가 진행될 것이다.

아울러 이런 신앙교육을 위한 코칭언어가 교회의 생활언어가 되기 위해서는 목회자와 모든 성도, 그리고 모든 기독교 가정에서도 코칭언어로 대화하기가 확산되어야 한다. 설교에 선포적인 면이 있기도 하지만, 설교조차도 회중이 자기의 삶을 인식하도록 질문하고, 말씀을 따라 미래의 삶을 바라보며, 하나님의 영감을 구하고, 깨달음에 감사하고, 서로 화답하는 교회공동체가 되도록 이끈다면, 우리 시대에 다시 한번 큰 부흥을 경험할 것이다.

참고문헌

- 강희천. 『기독교교육사상』. 서울: 연세대학교출판부, 1991.
- 김은정. 『코칭의 심리학』. 서울: 학지사, 2016.
- 김진숙. 『인간관계와 의사소통』. 서울: 창지사, 2014.
- 김현숙. 『탈인습성과 기독교교육』. 서울: 대한기독교서회, 2004.
- 신재한. 『두뇌심리코칭』. 서울: 내하출판사, 2021.
- 양금희. 『이야기·예술·기독교교육』. 서울: 장로회신학대학교출판부, 2010.
- 한국기독교코칭학회. 『크리스천 코칭 디스커버리』. 서울: 아가페, 2022.
  ＿＿＿＿＿＿＿＿＿. 『올뉴 트리니티 크리스천 코칭 리더십』. 서울: 세화DNP, 2023.
- 메리 엘리자베스 멀리노 무어. 『심장으로 하는 신학과 교육』. 장대현 역. 서울: 한국신학연구소, 1998.
- 제임스 플라허티. 『기적의 코칭』. 기업상담학회 코칭상담연구회 역. 서울: 학시자, 2019.
- 질리안 존스, 로 고렐. 『조직을 변화시키는 코칭문화』. 최병헌 외 공역. 서울: 한국코칭수퍼비전아카데미, 2018.

김동석

기독운동 하늘바람 대표, KCCA 한국기독교코칭학회 이사
트리니티코칭리더십 FT
연세신학대학원동문회 회장, 연세대학교 연합신학대학원 강사
성경과 에니어그램 강사, 공정무역 강사

연세대학교대학원 신학과 기독교교육학 박사 Ph.D
Fuller Theological Seminary Visiting Scholar

저서 『상호문화적 글로벌 시대의 종교와 문화』(공저, 열린서원, 2022)
　　『세계 시민의식과 글로벌 교육』(공동엮음, 학이당, 2009)

03

부모-자녀 놀이치료 코칭

_ 박은정

⸻◇⸻

마음에 상처가 있는 사람은 가정이나 신뢰할 수 있는 대상 또는 공동체의 섬세한 돌봄을 받아야 치유되고 성장할 수 있다. 누구나 부모, 자녀, 친구, 좋아하는 장난감, 물건, 장소, 경제적인 상황, 건강 등 모든 상황에서 상실을 경험한다. 이러한 상실 가운데 있는 영유아동, 청소년, 청년, 성인, 노인은 그들에게 적합한 애도의 과정을 거치지 않으면 심리적 상처와 아픔이 더 깊어지고 우울해지며, 심지어 스트레스가 심해지면 신체적 심리적으로 건강하지 못한 상태에 이른다. 특히 영유아동, 청소년은 삶의 위기와 상실의 슬픔이 있어도 스스로 상담실이나 전문가를 찾아와 비용을 지불하고 치료받을 수 없는 상황이어서 더욱 심각하다. 아동, 청소년은 상처나 슬픔을 어른같이 언어적인 방법으로 온전히 드러내지 못하기에 애도의 적절한 시기를 놓치는 경우가 많다. 이러한 이유로 이들에게 건강한 부모의 사랑과 돌봄, 지혜로운 코치, 사역자, 교사, 상담사의 역할은 필수적이다.

나는 지난 25년간 놀이치료와 모래치료, 부모코칭을 통해 수많은 내담자를 만나 왔다. 임상의 처음 시작은 영유아동, 청소년, 청년 상담이었다. 그러나 그들의 부모도 언어로 다 표현할 수 없는 마음의 상처가 있음을 알게 되었다. 부모들은 모래놀이치료를 통해 그동안 언어로 표현할 수 없었던 아픔과 슬픔을 모래상자 위 소품(놀잇감, figure)에 투사하면서, 안전한 모래상자 위에 상담자와 신뢰관계를 형성했다. 이때 나는 기독교상담자로서 말씀 묵상과 기도로 함께하면서 성령님의 임재하심을 경험하고, 부모들의 억압된 무의식이 자유함 얻는 것을 눈으로 확인했다. 또 부모들이 원인을 알지 못한 채 본인의 삶을 지배하던 콤플렉스에서 자유로워지고, 자기 삶의 주인으로서 살아가기 시작하는 모습을 확인할 때 경험한 희열과 감사는, 지금까지 이 어려운 직업을 감당할 수 있도록 지탱해 주는 힘이 되었다.

무엇보다 놀이치료사, 모래치료사, 가족상담사와 부모상담에 종사하는 전문가라면, 부모코칭 상담이 아동 청소년 상담의 황금열쇠라는 데 모두 공감한다는 것을, 20년간 강단에서 가르치고 자격증 과정을 지도하면서 확인했다. 부모의 심리적인 상처는 언어상담과 놀이/모래치료로 표현하고 정화될 수 있지만, 자녀들과 구체적으로 상호작용하려면 구체적인 부모-자녀 놀이치료 코칭을 통한 교육과 훈련이 필요하다. 따라서 이번 장에서는 부모-자녀의 긍정적인 상호작용과 성장을 위한 놀이의 신학적 이해와 놀이치료, 그리고 부모-자녀 놀이치료 코칭 프로그램인 TREASURE Talk를 소개하고자 한다.

놀이의 하나님(Deus ludens)과 놀이의 인간(Homo ludens) ──

하나님이 인간을 창조하시고 내리신 명령은 "생육하고 번성하여 땅에 충만하라"(창 1:28)는 말씀이었다. 이 말씀에서 인간은 하나님이 주신 복된 삶을 누리고 기뻐하며 충만하도록 창조되었음을 알 수 있다. 피조물인 인간은 이러한 삶에 대해 어떠한 값도 치를 필요가 없다. 인간은 그 어떤 전제조건도 없이 주신 복을 누리며 하나님의 창조 놀이에 함께 참여하도록 초대받은 것이다. 특히 하나님과 인간이 함께 참여한 첫 놀이는 창세기의 '이름 짓기 놀이'였다. "여호와 하나님이 흙으로 각종 들짐승과 공중의 각종 새를 지으시고 아담이 무엇이라고 부르나 보시려고 그것들을 그에게로 이끌어 가시니 아담이 각 생물을 부르는 것이 곧 그 이름이 되었더라"(창 2:19). 이처럼 하나님은 아담이 '이름 짓기 놀이'를 시작하고 집중하도록 곁에서 돕고 바라보고 즐거워해 주셨다. 이렇게 하나님은, 인간이 자신들의 삶을 하나님 안에서 스스로 개척하고 마음껏 누리고 치유받고 놀 수 있도록 허락하시는 놀이의 하나님이다. 하나님의 창조에는 놀이의 성격인 자발성, 즐거움, 창조성, 생생함, 생명력이 있다는 점에서 '하나님의 놀이'라 할 수 있다.[01] 또 하나님은 하나님의 창조가 지속되게 하셨다. '하나님의 놀이'인 하나님의 창조는 '사람의 놀이'를 통해 계속 이어지고 있다. 신

---

01 이희철, "소통을 위한 목회상담학적 제안: 놀이의 개념을 중심으로", 「한국기독교신학논총」 76(2011), p.308.

앙인의 삶은 바로 '하나님 놀이'를 모방하는 놀이의 삶이다. 이 놀이의 삶을 통해 신앙인은 삶의 환경과 관계적 공간 안에서 놀이의 성격을 느끼고 경험한다.[02] 놀이는 상상력과 창조성이 펼쳐지는 삶의 연습장이다. 다시 말하면, 상상력과 창조성이 보장되고 펼쳐져야 진정한 놀이가 될 수 있다는 것이다.

하나님의 형상은 하나님의 놀이와 인간의 놀이 사이의 매개체다. 하나님의 형상을 입은 인간은 하나님을 닮도록 지음받았다. 그렇기에 하나님의 놀이를 모방하는 인간의 삶은 하나님 형상의 적절한 이해, 적용과 관련되어 있다. 이 놀이는 관계적 공간에서 자발적이고 창조적으로 이루어지며 즐거움과 생생함과 생명력을 가져다준다.[03] 최상의 순간에 우리는 논다. 생일이나 결혼식에서도 놀고, 친구를 만나도 놀고, 입학이나 졸업 같은 생의 즐거운 순간에도 논다.

그러면 기독교인이 누릴 수 있는 최상의 순간은 무엇인가? 하나님과 만나는 순간이다. 다윗이 다윗성에 들어온 하나님의 법궤를 보고 어떻게 했는가? 여호와를 만나는 기쁨에 너무 좋아서 여호와 앞에서 뛰놀며 춤추었다(삼하 6:16). 그리고 그의 놀이는 번제와 화목제를 드리는 것으로 이어졌다. 다윗은 모든 백성을 축복하고 그들에게 떡과 고기와 건포도를 나누어주었다. 온 백성이 함께 놀았다. 다윗은 여호와가 "나를 택하사 나를 여호와의 백성 이스라엘의 주권자로 삼으셨으니 내가 여호와 앞에서 뛰놀리라"(삼하 6:21)고 하였다. 하나님 앞에

---

02 김기철, "놀이로 구현되는 하나님 형상", 「신학사상」 160(2013), p.76.

03 위의 책, p.75.

서 뛰놀 수 있는 사람은 하나님을 기뻐하고 즐거워하며 거짓 없이 그의 앞에서 기꺼이 아이가 될 수 있는 사람이다. 하나님나라의 백성만이 하나님 앞에서 놀 수 있다. 그들은 하나님을 노래하고 춤추고 예배한다. 따라서 놀이는 하나님나라 백성의 존재 양식이다.[04]

놀이에 대한 신학적 설명은 놀이 행위의 근본적 의미, 성격 그리고 결과를 제시해 준다. 놀이에는 자발성과 즐거움이 있고, 창조성, 생생함, 생명력이 뒤따른다. 하나님의 놀이가 바로 그런 놀이였다. 하나님의 형상을 입은 우리 인간도 그런 놀이를 하도록 지어진 '놀이의 인간'이다. 진정으로 놀이의 인간이 되는 것이 하나님의 형상을 살아내는 삶이다. 진정한 놀이에는 어떤 강요나 압박이 없다. 어디까지나 자발적이다. 놀이에는 자유가 있고, 그 자유는 획일성이나 경직성의 지배를 받지 않는다. 바로 이 자유가 놀이에 즐거움을 가져다준다. 놀이는 생산이나 결과를 염두에 둔 행동이 아니라 매순간에 충실하면서 그 과정을 즐기는 행위다. 이 과정에서 재생산, 변화, 성숙이라는 생명력을 경험한다. 창조성의 발휘는 '나의 나다움' 즉 생생함을 가져다준다. 생생함이나 생명력은 놀이의 결과로 자연스럽게 생길 뿐 의도된 것이 아니다.[05] 그러나 오늘날 많은 신앙인이 하나님이 주신 놀이터에 살면서도 놀이의 생생함이나 생명력을 점차 잃어가고 있는 상황은 참으로 안타깝다. 따라서 아동이 부모코치, 사역자, 교사, 상담자와 함께하는 놀이 경험은 하나님의 임재 안에서 하나님을 모방하며 함께 놀이하는

---

04 양금희, 『기독교 유아 · 아동교육』 (서울: 대한기독교서회, 2011), p.34.

05 김기철, "놀이로 구현되는 하나님 형상", p.85.

자리로서, 상실의 아픔을 표현하고 애도하는 치유의 장이 되어야 한다.

하나님은 창조사역의 순간마다 "보시기에 좋았더라"고 하시며, 인간에게 마음껏 놀 수 있는 놀이터를 만들어주시고, 창조물에게 이름 짓기와 청지기 역할을 통한 놀이의 창조성을 발휘하도록 허락하셨다. 하나님은 우리와 함께 놀기 위한 즐겁고 신나는 선물로 이 땅을 창조하셨다. 놀이의 장은 하나님이 우리에게 펼쳐주신 즐겁고 자유로운 삶의 축제 현장이다. 놀이의 장을 통해 사람은 각자 삶의 고통과 슬픔, 걱정을 잠시나마 잊고 치유받으며 새로운 삶의 에너지를 채워, 다시 세상에서 삶을 즐기며 살아갈 수 있는 복을 얻게 된다. 놀이에는 우리의 기쁨, 슬픔, 불안, 좌절, 질투, 공포, 분노 등 모든 감정이 표현되는데, 이러한 감정 표출을 통해 정서적 부적응이나 기타 문제 행동이 자연스럽게 치료될 수 있다. 특히 치료에 놀이가 유용한 이유는 정서를 만족시켜주는 매체의 역할을 하기 때문이다. 또 놀이에서 얻는 만족은 놀이 결과에 따른 것이 아니라 놀이 과정 중에 맛보게 된다. 이는 인상 깊었던 사건이나 경험이 놀이 속에 반복적으로 재현되므로, 그 상황에 숙달되거나 동화되면서 문제가 해결되기 때문이다. 따라서 아동, 청소년에게 부모코치와 사역자, 교사, 상담사와의 만남이 놀이의 장이 될 수 있다면 심리적인 문제뿐 아니라 신앙적인 문제 해결의 장이 될 수 있을 것이다.

놀이와 놀이치료 ──

인류학과 심리학에서의 놀이

놀이는 노는 일, 유희(遊戲) 또는 놀이라고 규정한다.[06] 로제 카이와 (Roger Caillois)는 놀이라는 말이 항상 자유로움이라는 관념을 불러일 으킨다고 했다.[07] 네덜란드의 인류학자 요한 호이징아(Johann Huiz- inga)는 그의 저서 『놀이하는 인간』(Homo Ludens)에서 놀이하는 인간 이 가장 인간다운 인간이라고 소개한다.[08] 인류 역사에서 사소하고 하 찮은 것으로 여겨져 온 놀이가 사실은 우리를 가장 인간답게 만들어 준다는 것이다. 호이징아의 표현에 따르면, 인간의 원초적이고 투쟁적 인 경쟁 본능은 종교, 전쟁, 시, 예술 및 기타 문화의 근원적인 요소로 연결해 주는 놀이의 역할로 강조된다. 놀이에는 사람을 편안하게 하고 감동시키는 힘이 있어서, 우리는 놀이할 때 열광하고 환희하며 즐거움 속에 빠져들어 카타르시스를 느낀다. 이러한 정신의 힘을 호이징아는 재미(fun)라고 부르며, 이 속에 놀이의 본질이 있고 놀이의 치료적 기 능이 담겨 있다고 주장한다. 그는 놀이란 일정한 시공(時空)의 한계 안 에서 자발적으로 동의되는, 그러나 절대적 구속력이 있는 규칙에 따라 행하는 그 자체의 목적을 가지고 긴장과 즐거움의 감정, 일상생활과 '다르다'는 의식을 갖는 자발적인 행동 혹은 작업이라고 정의한다.

---

06 한국브리태니커 편집부, 『브리태니커 대백과사전 3권』 (서울: 한국브리태니커, 2002), p.55.

07 로제 카이와, 『놀이와 인간』, 이상률 역(서울: 문예출판사, 2012), p.9.

08 J. 호이징하, 『놀이하는 인간』, 권영빈 역(서울: 기린원, 1991), p.28.

지금까지 살펴본 놀이에 대한 인류학적 이해와 달리 놀이에 대한 심리학적 이해를 고찰할 때, 정신분석학자 지그문트 프로이드(Sigmund Freud)와 안나 프로이드(Anna Freud)를 먼저 살펴보고자 한다. 프로이드와 안나 프로이드는 놀이의 가치를 정서적이며 유아의 불안을 감소시키는 데 있다고 보았다.[09] 프로이드는 놀이의 가치를 정서적이며 유아 불안을 감소시키는 것으로 보고, 놀이의 기본 동기를 쾌락원리로 설명한다. 그래서 놀이의 역할을 개인적인 문제를 해결하거나 즐거움을 만들어내는 것으로 본다.[10]

　　프로이드는 놀이의 숙달 측면을 '반복강박'(repetition compulsion)으로 설명한다. 이것은 놀이가 그 자체에서 '정화, 숙달, 치료'의 반복적인 과정을 통해 이루어진다는 것이다. 즉, 공격적이고 사회 적대적인 충동이나 아동의 유쾌하지 못한 경험을 놀이 속에서 자주 반복하는 과정을 통해 그 강도를 차차 약화시켜, 유쾌하지 못하거나 공격적이고 적대적인 충동을 숙달시킴으로 내적 긴장을 해결하게 된다는 것이다. 그래서 아동은 놀이를 통해 현실 세계에서 경험한 공격적인 충동과 불쾌한 경험, 무기력한 공포심을 자유롭게 표현함으로 현실 세계의 구속과 제재에서 자유하게 되고 정화시킬 수 있다고 본 것이다.[11] 프로이드는 어린아이가 가장 애착을 느끼고 몰두하는 것이 놀이라고 보았다. 즉, 아동은 놀이를 하면서 감정을 자연스럽게 노출할 수 있을

09　강위영 외, 『놀이치료』 (서울: 특수교육, 1996), p.33.

10　위의 책, p.13.

11　유미숙, 『놀이치료의 이론과 실제』 (서울: 상조사, 1997), pp.18-19.

뿐 아니라, 현실에 적응하기 위해 타협하는 방법도 배우며, 현실적으로 이루기 힘든 일을 놀이 활동 속에서 실현해내어 욕구를 충족시켜 나간다. 따라서 놀이는 아동에게 자아(ego)의 기능이며, 육체적인 이드(id)와 초자아(Super ego)를 조정하는 역할을 하는 것으로, 안정되고 평형의 상태로 복귀하는 노력의 일환으로 볼 수 있다.[12] 그래서 아동에게 놀이는 정신 치료의 가장 효과적인 수단이라 하겠다.

다시 말하면, 놀이는 통합에 이르기 위한 유년기 자아의 노력을 이해하는 열쇠라 할 수 있다. 또 에릭 에릭슨(Erik H. Erikson)은 인간이 놀이를 통해 정서와 감정을 해소하고, 과거의 좌절로부터 상상적 안도의 숨을 돌리며, 새로운 대상을 조작하는 법을 배운다고 보았다. 또 심리치료에 있어서 놀이는 욕동 해소를 통해 아동이 자신의 건강한 자아상을 만들어가는 매개체가 된다고 하였다.[13] 멜라니 클라인(Melanie Klein)은 놀이를 아동의 자연스러운 표현 매체로 이해하고, 언어가 발달되지 않은 아동의 경험이나 정서, 복잡한 사고의 표현 등의 수단으로 보고 놀이를 해석하고자 했다.[14] 클라인은 아동이 놀이를 통해 자신의 내적 정신 실재를 현실적인 것으로 바꾼다는 것을 발견했다. 이는 아동 자신과 신체 내부에 자리 잡고 있는 정신 실재가 장난감을 가지고 노는 아이의 놀이에 투사되어 표현되는 것을 의미한다. 도널드 위니컷(Donald Winnicott) 역시 클라인의 견해에 근거해 아동이 작은

---

12 정진, 『유아놀이와 게임활동의 실제』 (서울: 학지사, 1994), pp.18-19.

13 에릭 에릭슨, 『유년기와 사회』, 송제훈 역(고양: 연암서가, 2014), p.219.

14 위의 책, p.44.

장난감을 가지고 놀거나 아동의 다른 놀이를 관찰하는 것이 아동의 내면 세계를 들여다보는 것이라고 생각했다.[15] 위니컷은 놀이 자체가 치료요법이라는 사실을 항상 기억해야 한다고 주장했다.[16] 또 아이가 놀 수 있도록 준비해 주는 것을 그 자체로 직접적이고 보편적인 적용성을 가진 심리치료로 보았다. 놀이는 항상 창조적인 경험이고, 삶의 기본적 형태인 시공의 연속성 안에서 하는 경험이다. 그는 아동이나 성인이 창조적이 될 수 있고, 그 전체 인격을 사용할 수 있게 되는 것은 놀이부터라고 주장했다. 그리고 개인이 자아를 발견하는 것은 창조적인 존재가 되는 것을 통해 가능하다고 보았다. 자기 탐색은 마치 중립 영역 안에서처럼 초기 형태의 놀이에서 올 수 있다. 이러한 중립 영역에서 창조적인 것이 나온다. 이것이 반영되면 개인 인격의 일부분으로 조직화 되고 궁극적으로 총합을 이루어 한 개인이 만들어진다. 따라서 한 개인이 심리적인 상처와 상실감을 극복하고 창조성을 회복하여 총합을 이룬 개인이 되려면 놀이라는 중립 영역의 경험이 꼭 필요하다. 지금까지는 놀이의 심리학적 이해에 대해 살펴보았고, 다음에는 놀이치료에 대해 알아보겠다.

15 한나 시걸, 『멜라니 클라인: 멜라니 클라인의 정신분석학』, 이재훈 역(서울: 한국심리치료연구소, 1999), p.38.

16 도널드 위니컷, 『놀이와 현실』, 이재훈 역(서울: 한국심리치료연구소, 1997), pp.89-107.

놀이치료

놀이치료의 가장 분명하고도 기본적인 요소는 '인간은 놀이를 즐긴다'는 점이다. 아동은 결코 외적 보상을 얻기 위해 놀지 않으며, 놀이 행동 그 자체의 즐거움과 내적 동기에 의해 놀이를 한다. 아이들은 재미있기 때문에 놀이를 할 뿐이다. 이와 같이 놀이를 통해 얻는 즐거움이라는 긍정적 정서에는 두 가지 중요한 치료적 가치가 있다. 하나는 즐거운 마음이 아동에게 행복감과 안녕감을 준다는 것이고, 다른 하나는 즐거움이 삶의 스트레스에 강력한 해독제 역할을 한다는 것이다. 놀이 속에서 경험하게 되는 즐거움과 재미는 아동이 겪는 불안이나 현실의 냉혹감, 지루함을 치유해 주고, 더 용기 있고 희망에 찬 삶을 영위할 수 있는 원초적 힘을 제공해 준다.[17] 그러므로 상처받은 아동을 위한 가장 좋은 치료방법은 놀이치료라 할 수 있다. 이는 성인에게도 마찬가지다.

케빈 오코너(Kevin J. O'Connor)는 놀이치료란 훈련된 치료자가 심리적 문제를 지닌 내담자를 돕기 위해 놀이의 체계적 힘을 적용시키는 대인관계 장면이라고 정의했다. 이는 놀이치료에서 치료자가 자신의 개인적인 가치나 문화적 배경이 치료에 영향을 미칠 수 있음을 인식하고 있어야 함을 말한다. 오코너는 다른 심리치료와 마찬가지로 치료자가 공감 능력, 내담자에 대한 존중, 진실성, 그리고 내담자의 특별한 감정과 경험을 융통성 있게 다룰 수 있는 능력을 훈련받아야 한다

---

17 홍은주 외, 『놀이치료: 기법과 실제』 (서울: 창지사, 2011), p.13.

고 주장했다.[18] 퍼거스 허지스(Fergus P. Hughes)는 놀이가 아동의 본업이라 할 만큼 아동의 삶과 발달에 필수적인 부분이라고 강조했다. 이는 놀이가 아동의 신체 및 정서, 인지, 사회적 측면 등의 전반적 발달에 중요한 영향을 미치기 때문이다. 이런 이유로 오래 전부터 아동의 발달과 교육을 위한 매체로 놀이의 가치가 널리 인식되어 왔다. 그러나 놀이는 치료적인 면에서 더 큰 가치를 지닌다. 인간은 태어나 성장해 가면서 모든 연령대에서 자신의 놀이를 발달시켜 나가야 전인적으로 건강한 삶을 유지할 수 있다.[19] 따라서 놀이치료란 놀이 활동을 주매체로 활용하여 남녀노소 내담자가 가지고 있는 심리적인 문제를 스스로 극복하고, 최적의 발달을 이루도록 도와주는 치료 상담의 한 가지 형태라고 할 수 있다.[20]

놀이치료에 대한 변화의 움직임은 1930년대 말에는 치료자가 아동에게 몇 개의 장난감을 선별해 주어 아동이 겪은 충격적인 상황을 표출하도록 유도하는 적극적 놀이치료(Active Play Therapy)와, 치료자가 아동의 놀이에 아무런 제한도 가하지 않는 수동적 놀이치료(Passive Play Therapy)의 상반된 두 가지 접근 방법으로 나타났다. 그러다 1940년대에 비지시적 놀이치료(Nondirective Play Therapy)가 등장했다.[21] 아동 치료의 초기 20여 년간은 성인 치료에서처럼 프로이드 정

---

18 케빈 오코너, 『놀이치료 입문』, 송영혜 외 역(서울: 시그마프레스, 2001), pp.7-8.

19 퍼거스 허지스, 『놀이와 아동발달』, 유미숙 외 역(서울: 시그마프레스, 2012), p.162.

20 김광웅 외, 『놀이치료학』 (서울: 학지사, 2011), p.15.

21 이숙 외, 『현장중심 놀이치료』 (서울: 학지사, 2003), p.24.

신분석 이론가들이 주류를 이루고 있었으나, 1940년대 비지시적 심리치료인 로저스의 제자 버지니아 액슬린(Virginia Axline)이 로저스의 성인을 위한 치료방법에 대응되는 아동을 위한 비지시적 놀이치료를 1947년 이후로 발전시켰다.[22] 위니컷은 프로이드의 유아성욕(리비도)이나 클라인이 말하는 아이들의 무의식적 증상을 중시하는 내적 대상론과 달리 영유아와 실제 어머니의 양육관계, 특히 의존성의 발달을 중시했다. 그가 말하는 '충분히 좋은(good enough) 어머니'라는 것은 육아에 자연스럽게 몰두할 수 있고, 충분히 아이들을 끌어안으며, 아이들이 성장함에 따라 적절한 시기에 떨어져 나가는 어머니다. 또 그는 어머니와의 미분화 된 관계에서 절대 의존하고 있는 일자관계(一者關係)에서 분화한 이자관계(二者關係)로 나아가는 이행기(移行期)를 중심으로 거기서 이행대상의 의의를 설명했다. 이행대상이란 어머니가 아이를 맡는 환경과 분리불안에 대한 방어로서, 여기서 대상은 어머니, 신체 일부, 담요와 봉제인형 같은 중간 대상을 말한다.[23]

한편 위니컷은 인간의 발달단계를 3단계로 나누어 설명했는데, 첫 단계는 '절대적 의존기'(최초 몇 주)로 어머니의 보살핌이 절대적으로 필요한 시기다. 이때 아이는 어머니의 보살핌을 통해 전능성을 경험하는데, 이 전능성의 환상으로 건강하고 참다운 자기가 형성된다. 그는 아이가 어머니에게서 적절한 환경이 만들어지지 않으면 본래의 자발성과 창조성을 억압하고, 참된 자기(true self)가 아니라 거짓 자기(false

---

22 유효순 외, 『놀이이론과 실제』 (서울: 한국방송통신대학교출판부, 2005), pp.163-164.

23 김춘경 외, 『상담학사전 제5권』 (서울: 학지사, 2016), pp.2756-2757.

self)를 발달시킨다고 보았다. 두 번째 단계는 '상대적 의존기'(6~24개월)로 아이는 자신을 엄마에게서 독립해 인식하면서 동시에 불안을 느낀다. 이때 필요한 것은 엄마가 아이를 얼러주는 환경으로, 이것은 통합을 촉진하고 외부 대상이 존재함을 인식하게 한다. 마지막 단계인 '독립을 향해 가는 시기'는 성인기까지 계속되는데, 실제적인 도움 없이도 스스로 행동할 수 있으며, 개인 존재로서 독립을 추구하는 참된 자기를 확립할 수 있다. 그는 교육분석가로서 성인이나 부모들에게도 중요한 일을 했지만, 주요 공헌은 아이와 관련된 일이라 할 수 있다. 그가 소개한 난화기법(squiggle method)은 아이의 내면 세계를 이해하는 데 중요한 수단이 되었다. 위니컷은 영국정신분석학회의 회장을 역임한 바 있으며, 정신분석과 아동분석의 학술 활동에서 큰 역할을 했다.[24]

위니컷은 놀이의 중요한 특징을 다음과 같이 설명했다. 아이나 성인은 놀이할 때 창조적일 수 있게 자유롭다. 또 놀이는 본질적으로 만족스러운 것이며, 이는 놀이가 심한 불안으로 인도할 때도 그렇다. 놀이는 본래적으로 신명나는 것이며 예측 불가능한 것이다. 놀이는 아이의 마음속에 있는 주관적인 것과 객관적으로 지각된 것 사이의 상호놀이에 속한 예측 불가능성에서 온 것이라고 위니컷은 설명한다.[25]

엄마의 얼굴에서 자기를 보는 아기와 그때의 순간적인 경험, 그리고 이후에 거울에서 자기의 모습을 볼 때 느끼는 경험은 분석과 심리

---

24 위의 책.

25 도널드 위니컷, 『놀이와 현실』, pp.86-89.

치료의 과제를 어떻게 볼지 설명해 준다. 심리치료실은 영리하고 재치 있는 해석을 제공하는 자리가 아니다. 그곳은 오랜 기간 내담자가 경험한 것을 심리치료자가 거울처럼 되돌려 보여주는 것이다. 위니컷은 본인의 심리치료 작업을 위와 같이 설명했다. 그는 심리치료자가 거울 역할을 충분히 잘하면 환자가 자신의 자기를 발견하고 참자기로서 존재할 수 있게 될 것이라고 강조했다. 진정한 감정을 느끼는 것은 존재하는 것 이상이며, 자신으로서 존재하는 한 방식을 발견하는 것이고, 자기 자신으로서 대상과 관계하는 것이고, 쉼을 위해 그 안으로 후퇴할 수 있는 자기를 갖는 것이다.[26]

　내담자를 반영한다는 것은 심리치료자에게 쉬운 일은 아니며 정서적으로 지치게 하는 일이지만 보상이 따른다. 심지어 내담자가 치료되지 않았을 때도 그들은 있는 그대로 그들을 보아준 것에 감사를 느낀다. 그리고 이는 심리치료자에게 깊은 만족의 경험을 준다. 개인에게는 아기 시절 본인의 자기를 반영해 주고 되돌려주는 엄마의 역할이 매우 중요하며, 이 아기가 발달하고 성숙 과정이 세련되어지며 아기의 동일시들이 증가되면, 아기는 엄마와 아빠의 얼굴, 그리고 부모형제 관계 안에 있는 다른 얼굴로부터 자신의 자기를 되돌려 받는 일에 조금씩 덜 의존하게 된다. 한 가정이 온전하고 일정 기간 지속적인 관심을 준다면 아이는 가족구성원의 태도와 가족 전체의 태도에서 자신을 볼 수 있는 유익을 이끌어내는 능력이 겸비될 것이다.[27] 이처럼 한

26　위의 책, p.186.

27　위의 책, pp.186-187.

개인의 신체적 심리적 성장에 거울이 되어주고 자기 자신을 되돌려볼 수 있는 기회를 준다는 것은 개인이 참자기가 될 수 있는 가장 중요한 조건이다. 그러나 이러한 가정환경을 공급받지 못한 개인의 경우에는 가족 외의 관계에서라도 안전하고 보호받는 공간에서 건강한 대상과의 관계를 통해 반영을 받는 경험이 필수적이다. 놀이치료실은 안전하고 보호받는 공간이며, 놀이치료자는 아동, 성인, 노인 등 누구라도 찾아오는 내담자에게 건강한 심리적 거울이 되어줄 수 있어야 한다. 더불어 무엇보다 중요한 것은 부모가 자녀에게 건강하고 지혜로운 코치이자 상담사가 될 수 있도록 도와주는 일이다.

놀이를 접목한 새로운 코칭 프로그램: TREASURE Talk 코칭 모델[28]

놀이를 접목한 부모코칭 사례가 놀이치료의 첫 사례로 여겨진다는 것은 참으로 놀라운 일이다. 1909년 프로이드는 소년 한스의 사례를 어린이 대상 심리치료의 첫 사례로 내놓았다. 치료의 진행은 한스가 노는 모습을 한스 아버지가 메모하고, 이것을 프로이드에게 전달한 후 프로이드에게 충고를 듣는 방식이었다. 프로이드는 실제로 한스를 한

---

28 박혜숙 외, "크리스천 부모코칭프로그램의 구성과 도구개발", 「코칭연구」 9/4(2016), pp.55-81.

번밖에 만나지 않았다.[29] 프로이드는 한스라는 아동을 한 번 만나보았을 뿐 한스의 놀이 정보는 한스 아버지에게서 전달받았다. 프로이드가 한스 아버지에게 놀이코칭을 해 한스의 공포증이 치유되었다는 점은, 부모코칭이 아동청소년 상담에 얼마나 결정적인 역할을 하는지 증거 사례가 된다고 볼 수 있다. 프로이드가 한스 아버지를 부모코칭 한 것처럼, 내가 놀이를 접목한 크리스천 부모코칭을 놀이치료에 적용해 본 결과 가장 효과적이었던 TREASURE Talk 코칭 모델의 과정과 방법을 소개하고자 한다.

TREASURE Talk 코칭 모델의 과정

TREASURE Talk 코칭 모델은 아동의 성장에 목적을 둔 코칭대화 모델로 아동과 부모, 아동과 교사, 아동과 상담사 사이의 상호작용에 긍정적인 교육효과가 있음이 증명되었다. 이 모델은 T(Tracking), R1(Reflecting), E1(Encouraging), A(Asking), S(Say nothing), U(Understanding), R2(Reminding), E2(Enjoying)로 구성된다. 각 카테고리에는 구체적인 하위코딩 규칙이 있다. 이는 각각 3개씩, 단 Asking(A)은 6개로 총 27개 코딩규칙으로 나뉘어 있어서 부모코치, 교사, 상담사가 코칭을 구체적으로 연습할 수 있도록 구조화 되어 있다. TREASURE Talk 코칭 모델의 8가지 카테고리 별 코딩 규칙은 다음과 같다.

---

29 Garry L. Landreth, *Play Therapy: The Art of the Relationship* (Indiana: Accelerated Development Inc. Publishers, 1991), 26.

① T(Tracking)

Tracking은 아이의 행동에 최대 관심을 가지고 '따라가며 관찰하기'로, 약어 'T'로 표기한다. Tracking의 목적은 부모코치나 사역자, 교사, 상담사가 아동의 놀이를 계속 따라가며 관찰함과 동시에, 그 모습을 언어 및 비언어적으로 묘사해 줌으로써 아동이 안전한 대상에게 긍정적인 관심을 받고 있음을 알도록 코칭하는 것이다. T는 다음 세 개의 코딩규칙으로 구성된다.

> (T-a) 아이와 함께하겠다는 의도로 다가가기
> (T-b) 아이가 움직이는 대로 온몸을 따라가기
> (T-c) 아이가 행동하는 모습을 그대로 말로 묘사하기

② R1(Reflecting)

Reflecting은 '거울 보듯 반영하기'이며, 약어 'R1'으로 표기한다. 아이가 말한 것을 거울 보듯 반영하는 것을 뜻한다. Reflecting의 목적은 부모코치나 사역자, 교사, 상담사가 아동이 놀면서 하는 말에 절대 긍정의 태도로 임하며 인정하는 추임새를 보내면서, 그 말을 그대로 뒤따라 말해 줌으로써 아동이 성인에게서 전적인 관심과 수용을 받고 있음을 알아차리도록 코칭하는 것이다. R1는 다음 세 개의 코딩규칙으로 구성된다.

> (R1-a) 아이가 하는 말에 고개 끄덕이기
> (R1-b) 아이가 하는 말에 인정하는 추임새 넣기

(R1-c) 아이가 하는 말을 그대로 따라 말하기

③ E1(Encouraging)

Encouraging은 부모코치, 사역자, 교사, 상담사가 아동의 언행과 행동을 구체적으로 '지지하며 격려하기'로, 약어 'E1'으로 표기한다. Encouraging의 목적은 아동의 놀이에 내재된 긍정적 의도와 놀이 특성을 찾아내 구체적으로 격려함으로써, 놀이가 더 풍성할 수 있도록 지지하고 동기를 부여하는 것이다. E1은 다음 세 가지 코딩규칙으로 구성된다.

(E1-a) 아이의 언행에 내재된 긍정적 의도를 읽어주기
(E1-b) 아이의 언행에 대해 구체적인 말로 칭찬하기
(E1-c) 아이의 언행에 대해 구체적인 행동으로 지지하기

④ A(Asking)

Asking은 '키우는 질문하기'로, 약어 'A'로 표기한다. 아이가 넓고 깊은 생각을 키워가도록 질문하고 코칭하는 것이다. Asking의 목적은 아동의 행동을 통제하는 것이 아니라 아동에게 지속적으로 관심 보이는 것을 바탕으로 한다. 아동의 마음을 알고 확장하기 위한 탐색 질문, 아동의 오감을 알아차리도록 돕는 질문, 아동의 인지적이고 논리적인 사고를 키우는 질문, 창의성을 키우는 질문으로 코칭하게 된다. 믿을 수 있는 어른과의 상호작용을 통해 아동 자신에 대한 탐색과 함께 논리적 사고와 창의성을 키우고 인지적 사고 과정을 확장시키는 과정이

다. A는 다음 여섯 개의 코딩규칙으로 구성된다.

> (A-t) What을 사용해 질문하기
>
> (A-e) Where를 사용해 질문하기
>
> (A-n) When을 사용해 질문하기
>
> (A-o) Who를 사용해 질문하기
>
> (A-w) How를 사용해 질문하기
>
> (A-f) If를 사용해 질문하기

⑤ S(Say nothing)

Say nothing은 '말없이 바라보며 기다리기'로, 약어 'S'로 표기한다. 이는 아이가 대답할 때까지 지탱하고 존중하며 기다리는 것을 뜻한다. 그 목적은 부모코치나 사역자, 교사, 상담사가 아동에게 빨리 답하도록 재촉하지 않고 말없이 바라보고 기다려줌으로써, 아동이 더 잘 생각할 수 있도록 지지하는 것이다. S는 다음 세 개의 코딩규칙으로 구성된다.

> (S-a) 아이를 부드럽게 응시하기
>
> (S-b) 입술만 움직이며 셀프토킹(self talking)하기
>
> (S-c) 손가락으로 약 3~5초간 1, 2, 3을 세면서 아이의 답을 기다리기

⑥ U(Understanding)

Understanding은 '이해하며 더하기'로, 약어 'U'로 표기한다. Understanding은 아이의 어떠한 대답에도 절대 긍정으로 이해하려고 노력하는 것이다. 그 목적은 부모코치, 사역자, 교사, 상담사의 질문에 대답하는 아동의 모든 언어적, 비언어적 대답을 수용함과 동시에 아동에게 추가적인 정보를 제공함으로써, 아동이 정서적으로 풍부하게 경험하고 본인의 지식 폭을 넓히도록 지지하고 격려하는 것이다. U는 다음 세 개의 코딩규칙으로 구성된다.

(U-a) 수용하기
(U-b) 아이가 대답한 것을 요약하고 명료화하기
(U-c) 아이에게 추가적인 정보 제공하기

⑦ R2(Reminding)

Reminding은 '그 순간을 떠올리기'로, 약어 'R2'로 표기한다. 아이가 완전히 몰입하던 상황을 기억하고 표현하도록 코칭하는 것이다. Reminding의 목적은 아동과 부모코치, 사역자, 교사, 상담사가 아동의 놀이 전 과정에서 기억에 남는 순간의 느낌과 생각을 서로 이야기함으로써, 아동이 자신과 부모코치, 교사, 상담사의 놀이 과정을 긍정적으로 기억하고 피드백 해볼 수 있도록 코칭하는 것이다. R2는 다음 세 개의 코딩규칙으로 구성한다.

(R2-a) 아이가 기억나는 것을 말하게 하기

(R2-b) 아이에게 기억나는 것을 말해 주기

(R2-c) 성인인 내 마음 아이에게 표현하기

⑧ E2(Enjoying)

Enjoying은 '서로 인정하며 축하하고 즐기기'로, 약어 'E2'로 표기한다. 아이와 함께한 시간을 축하하며 즐기는 것으로, 목적은 아동의 놀이 전 과정을 통해 보여주는 아이의 태도와 성취에 대해 부모코치, 교사, 상담사가 구체적으로 인정하고 축하하며 함께 즐거워하는 것이다. 더 나아가 아동의 경험을 다양한 방법으로 표현할 수 있도록 제안함으로써, 마무리 놀이를 통한 새로운 영역의 재창조 기회를 가질 수 있도록 응원하고 격려하는 것이다. E2는 다음 세 개의 코딩규칙으로 구성된다.

(E2-a) 아이에게 구체적인 언행으로 축하하기

(E2-b) 아이에게 구체적으로 보상하기

(E2-c) 아이에게 포트폴리오를 만들도록 제안하기

TREASURE Talk 코칭 모델의 훈련

TREASURE Talk 코칭의 교육과 훈련방법은 TREASURE Talk 코칭 모델을 구성하는 각각의 카테고리 별로 8가지 의미와 하위영역에 해당하는 코칭규칙을 연습하는 것이다. 또 특별한 점은 코칭규칙을 연습하기 위해 특정한 놀잇감이 사용된다는 것이다. 놀잇감은 부모코치, 교사, 상담사가 아동의 일상이야기를 적용해 상호작용을 이끌 수 있도록 돕는 도구로 활용되며, 이는 놀이를 적용한 코칭의 새로운 접근 방식이다. 부모코치와 사역자, 교사, 상담사는 가정과 사역지, 학교, 상담실에서 놀잇감을 사용하여 3R(Reading, Writing, Role Playing)의 방법으로 TREASURE Talk 코칭 모델을 연습하고, 실제 코칭대화를 보여주는 동영상 교육을 받는다. 교육대상자는 TREASURE Talk 교육과 훈련을 받은 후, 가정에서도 코칭연습을 하도록 21일 동안 TREASURE Time을 설정해 지도 관리를 받는다. TREASURE Time은 TRE-3분 과정, AS-2분 과정, URE-3분 과정으로 총 8분을 매일 가정에서 과잉연습(over learning)을 목표로 코칭이 습관화 될 수 있도록 훈련하는 TREASURE Talk의 특별한 교육 방법이다.

참고문헌

- 강위영 외.『놀이치료』. 서울: 특수교육, 1996.
- 김광웅 외.『놀이치료학』. 서울: 학지사, 2011.
- 김춘경 외.『상담학사전 제5권』. 서울: 학지사, 2016.
- 박은정.『(정신분석 지향의) 놀이치료와 모래치료』. 서울: 한국임상정신분석연구소 ICP, 2021.
- 양금희.『기독교 유아 · 아동교육』. 서울: 대한기독교서회, 2011.
- 유미숙.『놀이치료: 이론과 실제』. 서울: 상조사, 1997.
- 유효순 외.『놀이이론과 실제』. 서울: 한국방송통신대학교출판부, 2005.
- 이숙 외.『(현장중심)놀이치료』. 서울: 학지사, 2003.
- 정진 외.『유아놀이와 게임활동의 실제』. 서울: 학지사, 1994.
- 한국브리태니커편집부.『브리태니커 세계 대백과사전 3권』. 서울: 한국브리태니커, 2002.
- 홍은주 외.『놀이치료: 기법과 실제』. 서울: 창지사, 2011.

- 도날드 위니캇. 『놀이와 현실』. 이재훈 역. 서울: 한국심리치료연구소, 1997(원전 1971 출판).
- 로제 카이와. 『놀이와 인간』. 이상률 역. 서울: 문예출판사, 2012(원전 1967 출판).
- 스티븐 코비. 『성공하는 사람들의 7가지 습관』. 김경섭 역. 서울: 김영사, 1994(원전 1989 출판).
- 에릭 에릭슨. 『유년기와 사회』. 송제훈 역. 고양: 연암서가, 2014(원전 1985 출판).
- 퍼거스 휴즈. 『놀이와 아동발달』. 유미숙 외 역. 서울: 시그마프레스, 2012(원전 2010 출판).
- 케빈 오코너. 『놀이치료 입문』. 송영혜 외 역. 서울: 시그마프레스, 2001(원전 1991 출판).
- 한나 시걸. 『멜라니 클라인: 멜라니 클라인의 정신분석학』. 이재훈 역. 서울: 한국심리치료연구소, 1999(원전 1979 출판).
- J. 호이징하. 『놀이하는 인간』. 권영빈 역. 서울: 기린원, 1989(원전 1956 출판).
- 김기철. "놀이로 구현되는 하나님 형상". 신학사상(2013), 75-108.
- 박혜숙 외. "크리스천 부모코칭프로그램의 구성과 도구개발". 코칭연구, 9/4(2016), 155-181.
- 이희철. "소통을 위한 목회상담학적 제안: 놀이의 개념을 중심으로". 한국기독교신학논총(2011). 301-319.
- Landreth, Garry L. *Play Therapy: The Art of the Relationship*. Indiana: Accelerated Development Inc. Publishers, 1991.

박은정

웨스트민스터신학대학원 상담심리학과, 기독교상담 & 놀이치료 전임교수
웨신상담코칭센터장, KCCA 한국기독교코칭학회 이사
한국실천신학회 부회장, 한국복음주의상담학회 감독상담사
보건복지부 아동권리보장원 입양가정 부모 및 상담사 교육
한국정신분석심리상담학회 1급 전문상담사, 1급 놀이심리상담사
정신분석적 놀이치료학회 수퍼바이저

이화여자대학교 기독교학과 목회상담 박사 Ph.D

저서 『정신분석학 지향의 놀이치료와 모래치료』(한국임상정신분석연구소ICP, 2021)

『최신 기독교 상담학』(샤론, 2023)

"그러므로 피차 권면하고 서로 덕을 세우기를
너희가 하는 것 같이 하라"

_ 살전 5:11

CHRISTIAN COACHING
PATHFINDER

PART 2
코칭스킬
개성 있는 크리스천 코칭

04

크리스천 인지전환 셀프코칭

_ 최인철

———————◇———————

> 여호와의 말씀이니라 너희를 향한 나의 생각을 내가 아나니 평안
> 이요 재앙이 아니니라 너희에게 미래와 희망을 주는 것이니라 _ 렘
> 29:11

내게 코칭이란 —

코칭이라는 단어를 알게 되고 직접적으로 코칭을 접하게 되면서 새
로운 배움의 즐거움도 있었지만, 실제적으로 삶에 많이 적용할 수 있
었다. 아직 코칭에 대해 아는 것이 짧고 배움의 길이 멀지만, 코칭을
만나 많은 영향을 받았고 그 영향력은 다른 사람에게도 흘러갔다. 그
러면서 코칭이 좋기는 한데 매번 코칭이 필요한 시점에 좋은 코치를
만나고, 항상 코치에게 코칭받을 수 있는 사람이 많지 않을 것이라는

생각이 들었다. 그래서 셀프코칭이라는 단어가 마음에 와 닿았고, 셀프코칭으로 삶이 나아진다면 좋겠다는 생각을 하게 되었다.

코칭은 물과 같다. 나는 노자의 도덕경에 나오는 상선약수(上善若水, 최상의 선은 물과 같다)라는 말을 좋아한다. 성경에서는 물이 다양한 장면(세례, 홍해, 광야의 반석에서 터지는 물)에 나오고 의미도 다양하다(그리스도인의 증거인 물과 성령과 피). 이처럼 물은 생명을 살리는 생수, 갈증을 해결하는 냉수, 물이 변하여 포도주가 되고, 높은 곳에서 낮은 곳으로 흐르며, 얼 때와 녹을 때를 알고, 무엇을 만나도 다투지 않고, 모든 모양에 그 모습을 맞추는 속성이 있다. 죽을 것 같은 자리에서 삶의 통로가 되고, 답답하여 미칠 것 같은 상황에서 해결의 실마리를, 인생의 의미와 자기 자신의 정체성을 찾으며, 행복한 삶을 살게 하는 역할을 하는 것이 코칭이 아닌가 싶다.

크리스천 인지전환 셀프코칭의 각 단어 조합을 살펴보면 다음과 같다. 크리스천은 라틴어 Christianus에서 나온 단어로 그리스도를 따르는 사람, 즉 기독교를 믿는 사람(기독교인)이라는 의미다. 다만 대한민국에서는 크리스천이라고 하면 대체로 개신교 신자를 가리킨다(나무위키). 인지(cognition)란 '인식'으로도 번역되며, 온갖 사물을 알아보고 그것을 기억하며 추리해서 결론을 얻어내고, 그로 인해 생긴 문제를 해결하는 등의 정신적인 과정이다(인지심리학 남기춘, 2014). 인지는 인식한 정보를 조직, 활용하여 인식한 내용을 해석하고 의미를 부여하는 역할을 한다. 인지전환이란 관점을 바꾸어 왜곡된 생각에서 바른 생각으로 교정시켜주는 작업이다.

이런 단어들의 조합인 크리스천 인지전환 셀프코칭을 정리하면, 기독교인이 스스로 코칭을 통해 생각을 바꾸어 부정에서 긍정으로, 비합리에서 합리로 생각을 바꾸고 성경적 사고로 나아가는 것을 말한다고 할 수 있다. '셀프코칭'(Self-Coaching)이란 당면한 상황이나 문제를 코칭의 방법을 사용해 해결하는 것을 의미한다. 자신이 자기의 코치가 되어 자신을 위한 질문을 해보는 것이 셀프코칭의 핵심이다. '지금 당장 내가 해야 할 일은 무엇인가?' 사람은 스스로 질문해 생각을 정리하고 실수의 원인과 문제 해결책을 찾아내는 능력이 있다.

"이 세상에서 가장 훌륭한 조언가는 바로 자신"이라는 말이 있다. 당신의 가장 좋은 친구는 당신 자신이다. 자신의 코치가 되어 격려하고 인정하고 들어주고 질문해 주는 과정을 통해, 나 자신과의 연결을 회복하는 것이 셀프코칭이다. 이런 셀프코칭의 패러다임은 지위고하에 상관없이 누구에게나 스스로 문제해결 능력을 업그레이드하는 역할을 할 것이라 믿어 의심치 않는다. 이제부터 어떤 일을 하기 전에 자기 대화(Self-talk)를 해보는 습관을 가지면 좋을 것이다.

우리는 하루에도 여러 가지 생각을 하며 여러 가지 감정이 드나든다. 이런 수많은 생각이 모두 창조적 긍정적이고 합리적이면 좋겠지만, 대부분의 생각이 그렇지 않음을 알 수 있다. 그런 생각이 우리의 감정을 만들어내고, 그로 인해 때로는 어려움에 처하기도 한다.

우리 인생을 결정하는 것은 우리가 겪는 역경(환경)이 아니라 그것에 대응하는 방식이다. 생각하는 방식을 바꾸면 인생이 바뀐다. 이것이 가능한 것은 우리를 움직이는 강력한 힘인 욕구에 매몰되지 않고, 자극이 오면 반응하기 전에 선택할 자유가 우리에게 있기 때문이다. 선택을 위해서는 인간에게 주신 하나님의 독특한 선물인 자아의식, 양심, 하나님의 계시, 자유의지(행위언약), 상상력을 사용할 수 있다.

> "사람의 마음을 혼란하게 하는 것은 사건 자체가 아니라 사건에 대한 그들의 판단이다." _ 에픽테투스

> "사람은 자신의 삶을 스스로 통제할 수 있을 때 행복을 느낀다. 그리고 스스로 자기 삶의 중요한 선택을 할 수 있고, 선택한 것에 대해 책임질 수 있는 사람이 행복한 사람이다." _ 윌리엄 글라써, 현실치료 선택이론에서

모든 사람은 자기 자신만의 인지구조가 있다. 이런 인지구조를 패러다임, 프레임, 세계관, 사고방식 등 여러 다른 이름으로 부르기도 한다. 이름이 어떻든지 자기만의 방식으로 사건을 바라보고 해석하고 행동하게 되어 있다.

많은 사람이 자신의 인지구조를 바꾸고 싶어하며, 다양한 방법으로 자기계발을 시도하고, 인지전환의 방법을 배우고 활용하고자 한다. 일례로 새로운 해가 시작되면 다양한 목적으로 인지전환을 할 수 있는 방안을 활용하는데, PDS(Plan Do See) 다이어리, 파코챌(파란 코끼리 챌린지) 다이어리, 플랭클린 플래너, 3P 바인더, 감사일기, 칭찬운동 등여러 가지를 활용하고 이를 위한 수많은 프로그램이 있다. 이러한 것을 더 잘 활용하여 인지전환에서 행동전환까지 할 수 있는 인지행동코칭을 셀프코칭 방법으로 활용해 크리스천으로 사는 삶, 즐겁고 행복한 삶, 자아성취를 위한 삶으로 바뀌길 기대하며, 크리스천 인지전환셀프코칭의 주요 방법으로 성경적 인지행동코칭 프레임을 활용한다.

크리스천 인지전환 셀프코칭을 통해 얻고자 하는 것은 사고전환을 위한 이론과 실제를 통해 자기 내면의 사고 패턴을 변화시키고, 복음 안에 약속된 은혜의 삶을 살 수 있도록 행동하는 신앙의 구조로 바꾸며, 광야의 삶에서 가나안의 삶으로, 왕 같은 제사장으로 살도록 돕고, 생각-감정-언어-행동-습관-인격-하나님나라 백성으로 나아가도록 성숙을 돕는 데 있다.

인지전환을 위한 이론과 실제 ——

인지행동코칭(Cognitive Behavioural Coaching: CBC)

인지행동코칭(CBC)은 개인이 설정한 현실적인 목표를 달성하기 위한 과정에서 비합리적 신념을 발견하고 수정해, 합리적인(균형 잡힌/새로운) 행동으로 변할 수 있도록 대화 프로세스를 인지적 행동적 상상적 통합 접근으로 접근하는 방법이라고 할 수 있다.

인지행동코칭의 발달은 합리적 정서 치료 및 해결 중심 치료에 적용된 이론적 개념과 전략의 통합에서 시작되었다. 1990년부터 발전하기 시작한 인지행동코칭 기법은 능동적이며 직접적이다. 단기간의 구조적인 형태로서 개인의 정서와 행동이 일반적으로 인지에 의해 결정된다는 이론적 근거에 기초를 두고 있다. 개인이 지닌 자동적 사고와 비합리적 신념을 인지행동코칭의 기법을 적용해 감정과 행동 양식에 변화를 유도하는 코칭기법으로, 심리적 회복력을 회복하고 우울증에서 벗어나며 스트레스를 줄이고 변화에 대한 장벽을 극복하는 데 도움이 될 수 있다.

인지적 접근은 아론 벡(Aaron T. Beck)의 인지 3단계 이론을 근거로 하며, 사람들의 감정이나 행동이 어떤 사건에 대한 그들의 지각에 영향을 받는다고 가정한다. 사람이 느낌, 감정을 결정하는 것은 상황 자체가 아니고, 그들이 그 상황을 해석하는 인지 방식에 따른다는 것이다(Beck, 1964; Ellis, 1962).

사람들은 같은 상황이라도 해석하고 생각하는 방식에 따라 감정의 변화를 다르게 느낀다. 대부분 상황이 발생할 때 순간적으로 떠오르는 생각인 자동적 사고에 뒤따르는 감정의 변화만을 인식하고, 그것으로 인한 감정, 행동, 생리적 반응으로 표현된다. 그리고 감정의 변화로 생기는 반응은 그 상황에 대처하는 행동을 결정하는 중요 요소가 된다. 따라서 비합리적 자동적 사고를 합리적으로 수정하고 행동한다면 더 효과적인 상황 대처가 가능해질 것이다. 자동적 사고는 과거부터 개인이 가지고 있던 핵심신념과 중간신념의 영향을 받으며 형성된다고 전제하며, 이것을 인지 3단계라고 한다(Beck,1967).

인지행동코칭의 대표적인 4가지 모델과 특징을 살펴보면 다음과 같다.

① SPACE 모델은 에저턴(Edgerton)이 개발했다. SPACE는 사회적 상황 'S', 감정에 대한 생리적 신체적 반응 'P', 행동적 반응 'A', 상황에 대한 인지 평가 'C', 불안 또는 긴장 같은 감정 'E'이라는 5가지 영역을 의미한다. SPACE 모델 영역 중 4가지 생리, 행동, 인지, 감정(PACE)은 인지 3단계, 감정의 ABC와 함께 인지행동코칭 과정 사례 개념화에 활

용된다.

② ABCDEF 모델은 촉발된 사건 또는 역경 'A', 그 사건에 대한 믿음 'B', 감정적 생리적 행동적 결과 'C', 믿음의 논박 또는 수정 'D', 효과적인 새로운 접근 'E', 미래에 초점을 맞추고 목표를 향하게 하는 'F'다. ABCDEF 전체 모델은 코칭 과정에서 초기 특정 목표의 설정을 포함하며, 스트레스, 성과, 탄력성과 웰빙 모형으로 사용된다(Palmer, 2007).

③ PRACTICE 모델은 문제 식별(문제가 무엇입니까?) 'P', 현실적인 목표 설정(무엇을 원하십니까?) 'R', 대안적 해결책(옵션은 무엇입니까?) 'A', 결과 예상하기(무슨 일이 일어날까요?) 'C', 가장 실행 가능한 해결책 세우기(가장 현실적인 해결책은 무엇입니까?) 'T', 선택된 해결책 실행(계속해서 수행) 'I'와 'C', 평가(어떻게 성공했다고 보셨습니까?) 'E'다. 실천 가능한 과제를 정하고 과제 실천의 점검 과정을 통해 목표에 집중할 수 있어, 단시간 안에 원하는 결과를 극대화하는 데 매우 유용한 코칭이라고 할 수 있다.

④ GROW 모델은 목표 설정 'G', 현실파악 'R', 실행 가능한 대안 탐색 'O', 실행의지 'W'를 확인해 행동의 변화를 추구하는 4단계로 구성되어 있다. GROW 모델은 각 단계에서 강력한 질문을 하는데, 이를 통해 피코치(자신)의 성찰과 책임감을 높여 코칭 효과를 극대화한다. 이러한 과정에서 피코치(자신)가 인지적으로 변하고 행동의 변화로 이끄는 것이 가장 큰 특징이라 할 수 있다(Whitmore, 2002).

인지와 행동 2가지가 접목된 코칭은 시간이 지나도 지속해서 유지

될 수 있는 수행 능력을 키워주고 웰빙도 증진시켰다. 또 삶의 질과 목표 성취가 향상되었다고 주장했다. 인지행동코칭은 문제해결 지연, 자기주장 부족, 직장이직 결정, 발표 불안 같은 스트레스와 불안 등의 심리적인 부분을 주요하게 다루며, 문제를 극복하는 데 도움을 줄 수 있고, 특히 우울증에 효과가 입증되었다(Palmer, 2007).

크리스천 인지전환 셀프코칭을 위한 인지행동코칭의 적용 모델

크리스천 인지전환 셀프코칭은 인지행동이론(열등감과 무기력을 일으키는 아론 벡의 '자동적 사고'와 엘리스의 '비합리적 믿음'을 바꾸어 행동과 정서에 변화가 일어나도록 인지전환을 유도)과 성경적 인지전환(Biblical Cognitive Transition)의 절충으로, 우리가 살면서 만들어온 인지방식을 전면 수정하는 작업이다. 인지변화(Cognitive Change)라 하지 않고 인지전환(Cognitive Transition)이라 부르는 것은 인지변화가 한 번으로 완성되지 않기 때문이다. 같은 상황에서 기록지 작성을 통해 수십 수백 번 자기 생각을 바꾸고 마음을 수정해야 겨우 그 변경된 믿음을 의지하는 존재가 인간이기 때문이다. 그러기에 사고전환 인지행동코칭 프레임을 따라 상황에 맞게 많은 기록을 해야 전환을 넘어 변화가 있게 된다.

앨버트 엘리스(Albert Ellis)의 ABCDE ——

A(Antecedent Events): 스트레스를 유발하는 사건(취직시험에 떨어진 사건)

B(Beliefs): 선행된 사건에 대한 의미를 해석하는 인지적 과정

(난 바보 멍청이인가 봐, 다음에 또 떨어지겠지.)

C(Consequence): 해석(B)의 결과로 나타난 정서와 행동 상태

(어차피 또 떨어질 걸 공부해서 뭐 하겠어.-우울, 분노, 불

안, 무기력)

D(Disputation): 왜곡된 해석인 B를 바꾸기 위해 신념이 잘못되었

다고 논박하는 과정

(시험에 떨어진 사람은 모두 바보이고 멍청이인가? 다음

시험에 또 떨어진다는 근거는 무엇인가?)

E(Efficient Philosophy): 새로 생겨난 믿음

(시험에 떨어질 수 있다. 조금 슬프긴 하지만 더 열

심히 공부해서 다음에 합격하면 된다.)

비합리적인 생각과 왜곡된 신념인 B를 바꾸는 일이 셀프코칭의 핵심이다. B를 B`(새롭고 균형 잡힌 건강한 신념)로 변경하기 위해서는 내담자(피코치)의 비합리적인 생각과 신념이 잘못되었다고 논박해야 하는데 이것이 D이다. 논박이 많을수록 효과가 크다. 내담자의 믿음에 대해 강력한 반대 증거를 대면 댈수록 잘 설득된다. 논박 후 원래 가지고 있던 비합리적인 신념은 새로운 신념(B`)으로 대체되고, 내담자는 더 합리적인 신념을 갖게 된다. 그 새로운 신념이 E다.

REBT의 A-B-C-D-E 모형

Stimulation 자극(S) **A**ctivating Event	Organism 유기체 매개요인(O) Irrational **B**elief	Reacting 반응(R) **C**onsequence
사건	비합리적 생각	부적절한 정서적/ 행동적 결과
선행 사건인 A가 정서적 결과를 초래하는 것이 아니라	A에 대한 믿음인 B가 **사건(A)과 결과(C) 사이에 신념(B)**	C인 정서적 반응과 신체적 반응을 초래한다는 것입니다.

신념은
rB와
iB가 있다

피코치(자신)의 부정적 정서와
행동을
E 적절하고 효과적인
정서와 행동으로 변화시키는
것이
REBT 상담입니다.

이때 비합리적인 사고를 D인 논박을 통해 **D**ispute	합리적 사고로 바꿔서(의미) Rational Belief	**E**ffect
논박	합리적 생각	효과(적절한 인지 /정서/행동 결과)

- 피코치(자신)는 자신의 신념이 비합리적인 것을 자각하지 않음.
- 신념(B) 때문이 아니라, 어떤 사건(A)으로 일어난 결과(C)를 가지고 옴.

아론 벡의 인지 치료(CT: Cognitive Therapy)

엘리스의 행동치료는 다소 지시적이지만, 아론 벡의 인지치료는 소
크라테스 식 우회대화를 통해 스스로 잘못된 신념을 찾을 수 있게 돕
는다. 치료자는 답을 주는 게 아니라 계속해서 질문한다. 이런 방식으
로 환자에게 질문하면서 모든 원인이 자기 마음에 있음을 환자 스스

로 느낄 수 있도록 유도한다. 특히 대화의 첫 단계에서 자동적 사고를
찾아내야 한다.

비합리적 사고란

우리의 삶은 외부 사건에 의해 결정되며, 우리는 통제할 수 없다고
생각한다. 언어적 표현은 '반드시 ~해서는 안 된다'는 형태 속에 드러
나 있으며, '나는 중요한 사람들에게 인정받고 이해받고 사랑받아야만
한다'는 문장을 가지고 있다.

인지오류 12가지

① 이분법적 사고(Dichotomous Thinking)

흑백논리(양극화 이론)로 현실을 파악하는 것. 교회 안 다니는 사람
은 불쌍한 사람이라는 것.

② 극대화와 극소화(Magnification & Minimization)

한두 번 지각했다고 게으르다고 평가하는 것. 어려운 시험에 합격
했는데 운이 좋았다고 깎아내리는 것.

③ 과잉 일반화(Overgeneralization)

한 가지 사건으로 전체를 평가함. 인사 잘하는 사람은 모두 예의가
바르다고 단정하는 것.

④ 비약적 단정(Arbitrary inference)

내가 보낸 문자에 답하지 않는 경우 그 사람이 나를 피한다고 생각
하는 것.

⑤ 개인화(Personalization)

모든 문제를 자기와 연관 지어 생각하는 것. 내가 속상하게 해서 내 여자친구가 큰 병에 걸렸다고 생각하는 것.

⑥ 선택적 추론(Selective abstraction)

30평짜리 아파트에 사는 사람이 큰 평수 아파트를 부러워하며 자기는 가난하다고 우울해하는 것.

⑦ 파국적 예상(Catastrophizing, negative exaggeration)

개에 물려 광견병으로 곧 죽을 거라고 두려워하는 경우.

⑧ 정서적 추론(Emotional reasoning)

자주 눈물 흘리는 사람이 자신은 너무 심약하여 쓸모없는 사람이라고 여기는 것.

⑨ 평가절하(Disqualifying the positive)

내가 승진한 것은 실력이 아니라 그냥 운이 좋았기 때문이라고 생각하는 것.

⑩ 잘못된 명명(Inexact labeling)

한 번 약속을 어겼다고 '믿을 수 없는 사람'이라는 꼬리표를 붙이는 경우.

⑪ 비난(Blaming)

언제나 다른 사람의 잘못을 찾는 경우.

⑫ 반드시(Should, Must statement)

엄격한 자기 규칙이 있는 경우. '예수 믿는 사람이 저러면 돼?' '나는 내가 아는 모든 사람에게 친절해야 해.'

합리적 사고

고객이 부정적인 사건에 대해 무조건 좋게 느끼는 Feel Better가 아니라 실제로 더 나아지게(Get Better)하는 것이다. 엘리스(Ellis)는 자기에게 유익하거나 도움이 되는 생각을 '합리적 생각', 자신을 파괴적으로 몰고 가는 생각을 '비합리적 생각'이라고 명명했다.

특성/갈래	합리적 사고	비합리적 사고
논리성	논리적으로 모순이 없다.	논리적으로 모순이 많다.
현실성	경험적 현실과 일치한다.	경험적 현실과 일치하지 않는다.
실용성	삶의 목적 달성에 도움이 된다.	삶의 목적 달성에 방해가 된다.
융통성	융통성이 있다. 경직되어 있지 않다.	절대적 극단적이고 경직되어 있다.
파급효과	적절한 정서와 적응적 행동에 영향을 준다.	부적절한 정서와 부적응적 행동을 유도한다.

박경애, 인지 정서 행동 치료, 1997

성경적 사고

성경말씀에 기반을 둔다. 현재 집중되어 있고 왜곡된 인식을 피한다. 우리의 영, 혼(생각, 감정), 육을 양육하고 갈등을 접할 때 해소하도록 도와준다. 올바른 사고가 가장 필요한 영역은 그리스도인으로서 우리의 정체성을 이해하는 부분이다. 문제를 바라보지 말고 하나님의 약속에 집중하면 하나님이 자신의 생각과 마음을 새롭게 해준다.

비합리적 사고	합리적 사고	성경적 사고
나는 내가 아는 중요한 사람 모두에게 사랑받고 인정받아야 한다.	자신이 먼저 사랑을 베풀고 창조적이며 생산적인 사람이 되고자 노력하는 과정에서 다른 사람의 인정과 사랑을 받게 된다.	하나님은 독생자를 주실 만큼 나를 사랑하신다. 모든 사람에게 다 인정받지 못한다 해도 마음 상할 필요는 없다. 하나님이 나를 사랑하시며 기뻐하시기 때문이다.
어떤 실수도 없이 완벽하고 성공해야만 가치 있는 인간이다.	이 세상에 완벽한 인간은 없다. 누구나 실수할 수 있고, 인간의 가치는 성공 여부로 가름할 수 없다.	인간은 실수와 연약함을 통해 하나님을 믿고 의지함을 배워간다.
나는 고통 없이 항상 평안해야만 한다.	고통 없이 얻을 수 있는 것은 아무것도 없다. 그러므로 내가 비록 이것을 좋아하지 않아도 나는 이런 불편을 참아내고 견딜 수 있어야 한다.	주님이 주신 고통에는 다 뜻이 있다. 사건을 구속사적 시각으로 바라보고 기뻐하겠다.

비합리적 사고, 합리적 사고, 성경적 사고의 비교

여기서 간과하지 말아야 할 것은 인지코칭은 합리적 사고로 변화를 추구하는 과정에만 머물지 않고, 성경적 사고로 나아가는 데 있어 합리적 사고를 무시하고 성경적 사고를 하는 것이 아니라, 합리적 사고뿐 아니라 성경적 사고까지 해야 함을 기억해야 한다. 부정적 생각에서 긍정적인 생각으로 바뀌어야 올바른 그리스도인의 인격을 소유하게 된다. 크리스천의 건강한 자기 대화인 크리스천 인지전환 셀프코칭은 필수다.

일상의 인지전환 사례

시선을 바꾸어 뒤집어서 보고, 고정관념을 깨뜨리고, 순서를 바꾸면 새롭게 보이기 시작한다. 이것을 발상의 전환이라 하고 패러다임 시프트(paradigm shift)라고 한다.

다르게 바라보기	
소심하다	신중하다
집중력이 없다	관심사가 다양하다
설친다	에너지가 넘친다
까다롭다	꼼꼼하다
융통성이 없다	일관적이다
독선적이다	자기주관이 있다
Impossible	I'm possible
나는 항상 실패만 한다	나는 스펙을 쌓고 있는 중이다

① 호주의 재플슈츠(JAFFLECHUTES)

호주 식 명칭으로 재플은 샌드위치, 슈츠는 낙하산이다. 샌드위치 가게가 7층에 위치할 뿐 아니라 간판, 테이블, 의자, 주문받는 사람도 없다. 불편해서 누가 이런 가게에 갈까 싶지만 인기가 최고라고 한다. 온라인에서 미리 계산하고 정한 시간에 받을 장소에 서 있으면 샌드위치를 꼬마 낙하산에 매달아 7층에서 아래로 던져주는데, 맛도 맛이지만 기발한 배달 광경을 구경하려고 많은 구경꾼이 몰리고, 그들이 새로운 고객이 되는 것이다. 안 된다고 생각한 계단 건물 7층에 위치한 샌드위치 가게 재플슈츠. 생각을 뒤집어 단점을 장점으로 바꾼 역발상의 성공 사례다.

② 경남 사천 앞바다를 지나는 케이블카

산 중턱을 지나다 내려다본 사찰 지붕 위로 "부처님 위로 케이블카 타는 자는 평생 재수 없다"는 대형 현수막이 걸려 있다. 사찰 측이 소음과 사생활 침해 등을 이유로 케이블카 공사 중지 소송에 나섰으나 패소하자 항의 차원으로 다섯 달째 내걸고 있는 것이다. 대다수 관광객은 불쾌감을 표시하지만, 일부에서는 '대입에 재수가 없다'는 뜻으로 해석해 수능이 있던 달부터 수험생 50여 명이 다녀가기도 했다 (2022. 12. 28. MBC 뉴스투데이, 이종승).

성경 속 인지전환
① 요셉: 버려짐 vs 심겨짐(뿌려짐)

형들에 의해 노예로 팔려가 억울하게 감옥생활을 했으나 오히려 전화위복이 되었다. "당신들이 나를 이 곳에 팔았다고 해서 근심하지 마소서 한탄하지 마소서 하나님이 생명을 구원하시려고 나를 당신들보다 먼저 보내셨나이다"(창 45:5).

② 홍해: 죽음, 절망 vs 하나님의 행하심 보기, 믿음

홍해를 앞에 두고 이제 모두 죽게 되었다고 원망할 때 모세가 지팡

이를 들고 하나님의 행하심을 보라고 이야기한다.

③ 광야: 아무것도 없음 vs 만나, 메추라기, 생수, 구름기둥, 불기둥

출애굽한 이스라엘 백성이 광야에서 만난 것은 없음, 없음, 없음이었다. 그러나 믿음의 사람은 있음, 있음, 있음이다.

④ 다윗과 골리앗: 두려움 vs 용기

"사울과 온 이스라엘이 블레셋 사람의 이 말을 듣고 놀라 크게 두려워하니라"(삼상 17:11), "또 다윗이 이르되 여호와께서 나를 사자의 발톱과 곰의 발톱에서 건져내셨은즉 나를 이 블레셋 사람의 손에서도 건져내시리이다 사울이 다윗에게 이르되 가라 여호와께서 너와 함께 계시기를 원하노라"(삼상 17:37).

⑤ 가나안 정탐: 메뚜기 신드롬 vs 우리의 밥

열두 정탐꾼 중 10인은 부정적으로 보고했다. "우리는 능히 올라가서 그 백성을 치지 못하리라 그들은 우리보다 강하니라 하고 이스라엘 자손 앞에서 그 정탐한 땅을 악평하여 이르되 우리가 두루 다니며 정탐한 땅은 그 거주민을 삼키는 땅이요 거기서 본 모든 백성은 신장이 장대한 자들이며 거기서 네피림 후손인 아낙 자손의 거인들을 보았나니 우리는 스스로 보기에도 메뚜기 같으니 그들이 보기에도 그와 같았을 것이니라"(민 13:31-33).

그러나 열두 정탐꾼 중 2인(여호수아, 갈렙)은 긍정적으로 보고했다. "다만 여호와를 거역하지는 말라 또 그 땅 백성을 두려워하지 말라 그들은 우리의 먹이라 그들의 보호자는 그들에게서 떠났고 여호와는 우리와 함께 하시느니라 그들을 두려워하지 말라 하나"(민 14:9).

⑥에스더: 죽으리라 vs 이때를 위함

아말렉 족속의 후손인 하만으로 인해 이스라엘 민족이 멸할 상황에 빠지게 되자 모르드개는 왕후가 된 에스더에게 도움을 요청한다. "남녀를 막론하고 부름을 받지 아니하고 안뜰에 들어가서 왕에게 나가면 오직 죽이는 법이요 왕이 그 자에게 금 규를 내밀어야 살 것이라"(에 4:11). "이 때를 위함이 아닌지 누가 알겠느냐 하니"(에 4:14).

⑦ 빌립보 감옥의 바울: 죄수 vs 찬송가

바울은 로마 감옥에서 언제 처형될지 모르는 절망적인 상황에 있었다. 그러나 바울의 감정 및 행동(Consequence)은 기쁘고 감사했다. 바울은 확실하게 말했다. "주 안에서 항상 기뻐하라 내가 다시 말하노니 기뻐하라"(빌 4:4). 바울 사도는 가장 힘든 상황을 지내면서 어떻게 기뻐할 수 있었는가? 바로 성경적 사고(Belief)를 했기 때문이다.

인지전환 기록지의 효과성(적자생존의 법칙: 글로 적는 자는 살아난다)

주변에서 어려움을 호소하는 사람을 보면, 부정적인 생각이나 행동을 반복하는 경우가 있다. 부정적 생각인 '안 될 거야' '해서 뭐해'를 반복해서 말하다 보면 깊은 수렁에 빠지는 자신을 보게 된다. 이러한 부정적이고 반복적인 표현을 16단계의 성경적 인지전환 프레임에 꾸준히 기록하면 무엇이 문제인지 정확히 알게 되고, 자신의 비합리적인 사고의 내용이 무엇인지, 반복적으로 범하는 부적응적인 행동은 무엇인지, 많이 사용하는 인지오류는 어떤 것인지 발견하고, 인지오류에서 벗어나 새롭게 변하고자 하는 마음이 들 것이다. 그러한 마음은 효과적으로 변화된 행동을 실행하는 방법을 배우게 한다. 좀 더 쉽게 자신의 목표를 성취하게 할 것이다. 크리스천 인지전환 셀프코칭의 효과 여부는 단순, 반복, 지속적인 기록지 작성에 달려 있다고 해도 과언이 아닐 것이다.

크리스천 인지전환 셀프코칭을 위한 프레임 기록법
(박승호, "성경적 인지치유"에서)

	구분	내용
1	상황	마음이 불편했던 상황(누가, 언제, 어디서, 무엇)을 기록한다.
2	행동적 반응	상황에 어떻게 반응했는지 기록한다(신체적, 행동적 반응).
3	느낌(기분)	감정을 섬세하고 정확하게 기록한다. (가장 강한 느낌에 표시 또는 1~100% 강도로 표시한다.)

4	비 합 리 적 사 고	자동적 사고 (이미지)	느낌과 연결된 자동적 사고를 찾아 기록한다(이미지, 상상 기억 등도 포함).
5		인지오류	비합리적 사고가 어떤 인지오류에 해당하는지 분석하여 기록한다(비합리적 사고가 상황의 사실이나 의미를 어떻게 왜곡했는지 알아본다).
6		중간신념	비합리적 사고에 내재된 규칙, 태도, 가정, 의도, 욕구는 무엇인지 기록한다(~해야 한다, ~하지 않으면 안 된다, 만약 ~ 라면 ~한 것이다 등의 언어적 형태).
7		핵심신념	비합리적 사고를 하게 하는 가장 깊숙한 곳에 있는 신념군이 무엇인지 기록한다(동조성, 강박성, 통제성).
8		논박	비합리적 사고를 논리적으로 반박하여 쓴다(주로 질문의 기법을 사용). *비합리적 신념체계가 얼마나 유용한지 스스로 평가하도록 돕는 기법
9		사실	상황을 객관화해 기록한다(생각이나 느낌을 제외하고 사진 찍듯이, 기자가 사건 현장을 보도하듯이).
10		사연	비합리적 사고의 원인이 될 수 있는 것을 기록한다(부모의 양육방식, 어릴 적 경험, 충격적 사건).
11	사 고 의 변 화	합리적 사고 (균형 잡힌 사고)	비합리적 사고를 논박해 얻은 전환된 사고를 기록한다.
12		성경적 사고	현재 상황에 어떤 성경말씀을 주시는지 알맞은 구절을 찾아 기록한다.
13		구속사 지향적 사고	하나님의 섭리를 통해 상황을 보고 구속사 관점으로 사건을 해석하여 기록한다(주어는 하나님으로).
14		감사	상황 속에서 성장하게 하시는 하나님의 의도와 역사하심을 보고 감사를 기록한다.

15	결과	결단 (미래적)	사고의 전환을 통해 비슷한 상황에 대한 반응(행동)을 어떻게 변화시킬지 결단을 쓴다.
16		(현재) 정서적 변화 행동적 변화	비합리적 사고로 인해 들었던 느낌이 현재 얼마나 조절되었는지 기록한다. 비합리적 사고로 인해 일어났던 반응(행동)이 어떻게 변화되었는지 기록한다.

크리스천 인지전환 셀프코칭의 사례

이름: 번호: 날짜: 20   .   .   .

	구분	내용
1	상황	아내가 운전면허 도로주행시험 만료 20일을 남겨두고 도로주행 시험을 보는 날, 시동거는 방법과 자동변속기 사용법을 알려주었는데 지금 긴장되니 아무 말 말라고 하고서는 시험을 보았다. 결국 시동을 걸지 못해 탈락해서 아까 말할 때 뭐 들었냐고 하면서 짜증을 냈다.
2	반응(행동적)	아니 시험 보러 온 사람이 자동차 시동 거는 법도 모르다니, 아까 설명할 때 안 듣더니 이게 뭐냐고 짜증을 냈다.
3	느낌(기분)	짜증(80%), 어이없음(90%), 불안(90%)

4	비 합 리 적 사 고	자동적 사고 (이미지)	1. 이러다 자동차 운전면허시험을 처음부터 다시 시작해야 하는 것 아니야? 2. 왜 이렇게 항상 마지막까지 미루는지…. 3. 설명할 때 잘 듣지 않더니 저렇게 되었네.
5		인지오류	1. 파국적 예상 2. 과잉 일반화 3. 비약적 단정
6		중간신념 (규칙, 태도, 가정, 의도,욕구)	1. 시험 준비는 미리 해야 한다. 2. 시험은 철저하게 준비하고 치러야 한다. 3. 모르는 것은 아는 사람이 설명해 줄 때 잘 들어야 한다.
7		핵심신념	강박성, 통제성
8		논박	1. 시험에 떨어지면 처음부터 다시 시작하면 되지 않는가? 2. 일부러 마지막까지 미룬 것이 아니라 시간이 없어서 그러지 않았나? 3. 긴장되면 다른 사람의 이야기가 잘 들리지 않을 수 있지 않은가? 4. 시험 볼 때마다 완벽하게 준비할 수 있는 것은 아니지 않는가? 5. 지금 시험에 떨어져 제일 속상한 사람은 아내가 아닌가?
9		사실	아내가 자동차 시동을 걸지 못해 운전면허시험에 떨어졌다.
10		사연	완벽주의 부모님 밑에서 무슨 일이든지 미리 준비해야만 평안한 생활을 할 수 있었다.

11	사 고 의 변 화	합리적 사고 (균형 잡힌 사고)	1. 운전면허 시험을 처음부터 다시 시작한다고 해서 큰 문제가 있는 것은 아니다. 2. 시간이 부족한 가운데서도 열심히 하니 보기 좋다. 3. 모든 일에 완벽이라는 것은 없다. 4. 시험 결과보다는 아내의 속상한 마음을 위로해 주는 것이 더 중요하다. 5. 또 시험 볼 수 있으니 그때 합격하면 된다.
12		성경적 사고	"너희 염려를 다 주께 맡기라 이는 그가 너희를 돌보심이라"(벧전 5:7)
13		구속사 지향적 사고	하나님은 이 일을 통해 늘 일 중심이고 결과 중심인 마음에서 사람 중심과 마음 중심으로 살아가는 것이 더 중요함을 알게 하시고, 그렇게 살아가기로 결단하게 하셨다.
14	결 과	감사	1. 아내가 옆에 있으니 감사 2. 상황과 형편에 마음을 빼앗기는 것이 아니라 사랑하는 아내에게 초점을 맞추게 하시니 감사
15		결단 (미래적)	상황이 아니라 마음을 읽고 마음에 집중하는 방향으로 나아가야겠다.
16		(현재) 정서적 변화 행동적 변화	짜증(20%), 어이없음(10%), 불안(20%) – 운전면허시험 합격보다 아내가 더 소중함을 생각하니 마음이 평안해진다. – "다음 번에는 틀림없이 합격할 거야 걱정 하지 마!" 하고 말했다.

참고문헌

- 김병완.『생각의 힘』. 서울: 프리뷰, 2014.
- 박경애.『인지 · 정서 · 행동치료』. 서울:학지사, 1997.
- 박승호.『성경적 인지치유』. 서울:그리심, 2018.
- 유경상.『크리스천 씽킹』. 서울: 카리스, 2015.
- 정동섭.『어떻게 사람을 변화시킬 수 있는가?』. 서울: 요단출판사, 1996.
- 오윤주. "자전거타기 인지행동코칭 프로그램이 중년여성의 자아존중감과 생활만족도에 미치는 효과", 석사학위논문, 숭실대학교 교육대학원, 2021
- 노아 세인트 존.『어포메이션』. 황을호 역. 서울: 나비스쿨, 2021.
- 데니스 그린버거, 크리스틴 페데스키.『기분 다스리기』. 서울: 학지사, 2022.
- 마릴리 애덤스.『삶을 변화시키는 질문의 기술』. 정명진 역. 서울: 김영사, 2018.
- 마크 맥민.『기독교 상담과 인지 요법』. 정동섭 역. 서울: 두란노, 1996.
- 스티븐 팔머, 앨리슨 와이브로.『코칭심리학: 응용가능한 11가지 심리학적 접근』. 정석환 외 역. 서울: 코쿱북스, 2016.
- W. 휴 미실다인.『몸에 밴 어린시절』. 이종범, 이석규 역. 서울: 가톨릭출판사, 1987.
- Michael Neenan, Stephen Palmer(2012). *Cognitive Behavioural Coaching in Practice*. NY: Routledge, 2012.

최인철

한국코치협회 KAC 코치

KCCA 한국기독교코칭학회 이사

World Mission University 겸임교수

Asia Leadership Group 위원

R4-ing Coaching, 7 Habits 4.0, Transformation Coaching

DISC Coaching, 성경적 내적치유, 성경적 인지치유, 공감소통대화 강사

Harrison Assessment 디브리퍼

한일신학대학원, 실천신학대학원대학교 Th.M

05

크리스천 강점 코칭

_ 서성미

———————◇———————

사랑하는 자들아 너희는 너희의 지극히 거룩한 믿음 위에 자신을
세우며 성령으로 기도하며 하나님의 사랑 안에서 자신을 지키며 영생
에 이르도록 우리 주 예수 그리스도의 긍휼을 기다리라 _ 유 1:20-21

크리스천 강점 코치가 되기 위한 여정 —

크리스천 코치가 되기 전 나는 세 자녀를 키우며 제약회사 연구원
으로 일하고 교회학교 교사로 섬기는 평신도 워킹맘이었다. 정규직 워
킹맘으로 일하랴, 아이 키우고 살림하랴, 주말에 교회 봉사하랴, 결혼
후의 내 삶은 광야였다. 끝은 보이지 않고 속박과 의무로 가득 채워져
답답한 현실 앞에 좌절감만 더해갔다. 인격적인 하나님을 다시 만난
시기는 둘째아이가 돌 될 무렵이었다. 모태신앙이 아닌 나는 친구 전

도로 다니게 된 주일학교에서 하나님을 알게 되었고, 중고등부 시절 예수 그리스도를 영접했다. 대학생활이 시작되면서 떠났던 하나님을 가장 처절한 워킹맘이 되어 다시 찾게 되었다.

다시 만난 주님 앞에서 나는 한 마디로 '거지'였다. 믿음 소망 사랑도 바닥이 드러났고, 시간과 열정, 체력마저 거지였다. 나 자신과 내 삶에 대한 믿음도 기대에 찬 소망도 사랑으로 풀어나갈 여유가 없던 시기였다. 게다가 자녀양육을 핑계로 퇴사하고 싶은 열망이 가득 차 무리하게 투자했다. 맞벌이하며 모아둔 돈이며 아이들 돌잔치 치르고 받은 축하금, 아이들 미래를 위해 저축한 적금까지 사기당해 자신에 대한 실망감과 자책감으로 암흑 같은 시간을 보내고 있었다. 10년 넘게 하나님을 떠나 있었지만, 나약해지고 힘든 시간을 마주하게 되니 자연스럽게 하나님을 다시 찾게 되었다. 다시 만난 하나님은 위로의 하나님이었다. 하나님을 다시 알아가는 시간, 그분의 성품을 인정하면 인정할수록 믿음이 회복되고, 그 믿음 안에서 나와 하나님의 관계에 소망이 생겨나기 시작했다.

하나님의 자녀 된 정체성을 회복해 가던 중 다양한 자기계발 서적과 강의, 워크숍에 참여하면서 미션과 비전을 세워갈 수 있었다. 그렇게 제약회사 연구원이라는 본업이 있는 상태에서 자기계발 강사와 전문코치라는 비전을 품고 병행경력을 감사와 기쁨으로 준비해 갔다. 자기계발 교육을 넘어 처음 코칭에 입문하고 강점코칭 전문가 과정을 밟으며, 마음 속 깊이 올라오는 환희를 맛볼 수 있었다. 나다움을 통해 하나님께서 영광 받고자 하신 사명을 발견한 환희였다. 연구원으로 17년간 훈련시키셨고, 이제는 사람과 삶의 문제를 연구해 성경적 원리로 해답을 찾아가는 여정에 도움을 줄 수 있는 크리스천 코치로 세워주신 하나님께 감사드린다.

하나님은 미션과 비전을 확립해 가는 여정의 첫걸음을 자기분석과 자기인식으로 훈련시키셨다. '나는 누구인가'라는 의문에 내가 살아온 여정, 현재 그리고 소망을 품게 하신 미래를 통해 내가 누구인지 깨달았다. 어떤 삶을 살 때 항상 기뻐하고 쉬지 말고 기도하며 범사에 감사할 수 있는지, 특히 강점을 통해 성찰과 확신의 마음을 주셨다. 내 사명은 삶의 문제에 속박된 사람들이 성경적 관점으로 탐구하고 해결책을 발견하는 일에 헌신하는 것이다. 그러기 위해 3년, 5년, 10년 단위의 비전로드맵을 세웠다. 미션과 비전, 중장기 플랜과 연간 월간 주간 단위의 플랜까지 한 방향으로 정렬된 삶을 구축하기 위해 기도하며 치열하게 고민하고 검증하는 시간을 보냈다. 강점코칭으로 도움 받은 부분을 함께 나누며, 크리스천 코치로서 강점이라는 도구를 어떻게 함께 쓰면 좋을지 나누고자 한다.

본업과 함께 비전 업무인 전문코치의 여정을 병행할 때, 고객으로 만나는 사람들에게 해준 말이 있다. 코칭을 받아 도움이 될 수도 있지만, 셀프코칭으로 스스로 도움 받을 수 있다는 말을 함께 전했다. 나 역시 전문인증 코치가 되기 전 일상생활 속에서 종종 자각과 성찰의 시간을 보냈다. '뼈 맞았다' '현타(현실자각타임) 왔어'라는 표현을 사용한 순간으로 말이다. '현타'의 사전적 의미는 "헛된 꿈이나 망상 따위에 빠져 있다가 자기가 처한 실제 상황을 깨닫게 되는 시간"이다. 내가 생각하는 자기분석, 자기인식을 통해 얻을 수 있는 유익을 소개하겠다.

첫째, 자기주도적인 삶을 살 수 있게 도와준다. 소그룹 코칭 혹은 강의를 진행할 때, 나는 내 소개와 수강생들의 자기소개를 조금 특별하게 진행한다. 과거에 있었던 일 중 특별히 기억에 남는 것 10가지를 떠올려 보게 한다. 그리고 살아가면서 만들어가고 싶은 것도 10가지 떠올려 보게 한다. 그러고 나서 지금까지의 삶을 동물, 색깔, 자연물에 비유해 보고, 미래의 모습도 동일하게 비유해 보라고 요청한다. 이렇게 자기를 소개하려면 시간이 꽤 많이 필요하지만, 소그룹 강의이기에 이때 형성된 라포가 이후 강의 진행에 큰 도움이 되고 서로 기억하는 데도 이미지로 각인되어 기억에 오래 남는다. 자기인식을 불러일으키는 강렬한 활동이다. 정체성을 되돌아보고 지금껏 내 삶을 기반으로 앞으로는 어떤 삶을 살겠다는 자기주도성 훈련도 하게 된다. 자신에 대한 이야기를 공유하고 나누다 보면, 마음과 마음이 연결되어 공감대가 형성되는 것을 목격할 수 있다.

둘째, 나다움의 정체성을 확립할 수 있다. 기본적인 성향이 호기심이 많고 도전에 겁내지 않는 긍정적인 기질이라, 나다움을 찾기 위해 제법 여러 가지를 시도했다. 나다움을 발견해 나간 여정을 첫 책인『체인지UP하라』(바이북스)에 담았다. 제법 나다움이 뭔지 알았다고 생각해 쓴 책인데, 책이 출간된 후에도 여정은 계속 되었다. 나다움의 정체성을 찾아간 여정을 크게 의식적으로 확인한 부분과 신앙적인 관점에서 잠재력으로 남아 있는 미지의 영역까지 탐구한 부분이다. 정체성의 사전적 의미는 "변하지 않는 존재의 본질을 깨닫는 성질 또는 그 성질을 가진 독립적 존재"라고 한다. 사춘기 때도 별 생각 없이 살았는데, 아이 셋을 낳고 나라는 존재가 소멸되어 간다고 느껴질 때 '난 누구지?' 하는 질문을 던지게 되었다. "인생에서 가장 중요한 두 날은 당신이 태어난 날과 그 이유를 알게 된 날이다."『톰 소여의 모험』을 쓴 작가 마크 트웨인의 말이다. 나를 알아가는 시간을 통해 나다움의 정체성을 확립했기에 선택에 있어 기준과 지향점이 명확해졌다.

셋째, 자존감이 올라가고 행복한 삶을 살 수 있다. 자존감이 올라가는 메커니즘에 대해 학습한 적이 있다. 가장 밑바탕에 깔려 있는 작동 기재가 '경청'을 통해 존중과 배려를 느끼는 것이라는 설명에 공감했다. 반대로 자존감을 낮추는 작동 기전은 내 이야기가 '경청'되지 않을 때 무시당했다 생각되어 올라오는 모멸감, 수치심으로 시작된다고 한다. 자기인식을 한다는 것은 내면의 소리에 귀 기울여주는 경청이 시작되었다는 이야기다. 지금 여기에 집중해서 느끼는 감정, 생각, 욕구 등을 알아차려준다는 말과 같다. 자존감을 저해하는 요인에는 인정욕구, 완벽주의, 감정 부조절, 자기 비하와 불신 등이 있다. 나는 다른 요인보다 인정욕구가 충족되지 못했을 때 자존감이 떨어지는 것을 크게 느낀다. 나 스스로 내 태도, 성품, 일이 되어가는 과정에서 강점이 발휘되는 순간을 알아주고 인정해 주려는 자기인식을 하게 된 후, 자존감이 올라가고 행복의 빈도가 높아졌다.

현재 시점에서 자기인식을 할 수 있는 방법 ——

조하리의 창이라는 자기인식의 공개/피드백 모델이 있다. 조셉 루프트(Joseph Luft)와 해리 잉햄(Harry Ingham) 두 사람의 이름을 따서 이름 붙여진 이 모델은 4가지 창에 대해 설명한다. 공개 영역인 Open

창은 나도 알고 남도 아는 영역이다. 둘째, Blind 영역은 자신에 대해 나는 모르지만 타인은 알고 있는 영역이다. 셋째, Hidden 창이 있다. 자신에 대해 나는 알지만 타인은 모르는 영역이다. 마지막으로, 미지의 영역 Unkown 창이 있다. 나에 대해 나도 타인도 모르는 영역이다. 내가 자기인식에 도움 받은 다양한 방법에 대해 알아보겠다.

성격유형검사 1. 에니어그램

'작심삼일'이라는 팟캐스트 방송에서 공동MC를 맡아 시즌1을 진행한 적이 있다. 방송 내용은 4인의 공동MC가 다양한 자기계발 챌린지를 직접 수행하고 경험한 내용과 성찰을 나누는 것이다. 필요에 따라 전문 분야 게스트를 초대해 MC들의 궁금증을 풀어내기도 했다. 나는 에니어그램을 이 팟캐스트 방송을 통해 처음 알게 되었다. 전문 강사님이 내 프로파일 분석을 어찌나 똑떨어지게 설명하는지 소름 돋는 경험을 했다. 이후 한국에니어그램교육연구소 일반강사 과정을 밟을 정도로 배움을 이어갔다. 배우자마자 주변 사람들에게 진단도구를 소개하고 진단결과를 디브리핑해 주는 재미에 한동안 빠져 있기도 했다. 힘의 중심, 9가지 유형, 날개, 하위 유형, 성숙도에 따른 발현 모습을 알아갈수록 나에 대해 깊이 이해할 수 있었다. 가장 가까운 가족인 남편과 아이들 그리고 부모님과 직장동료에 대한 이해와 수용의 범위가 넓어지는 것을 느낄 수 있었다. 내가 나를 이해하는 만큼 타인을 존재 그 자체로 이해할 수 있었다. 상호성장 전략과 타인을 대할 때 유형에 따른 주의사항도 자각하게 되어 배려할 수 있게 되었다. 내 감정적 사고적 행동적 습관이 격정과 고착으로 동일시 될 때 왜곡되는 약점을 인지했기에, 자각하고 관리하는 데 도움을 받을 수 있었다.

성격유형검사 2. TA교류분석

TA교류분석은 미국 정신과 의사 에릭 번(Eric Berne)이 창안한 인본주의적 인간관에 기반을 둔 성격이론인 동시에, 개인의 성장과 변화를 위한 체계적인 상담이론이다. 행동분석을 위한 기초로 의사소통자의 자아상태(부모, 성인, 아이)의 3원적 자아구조를 제안한다. 이 역동모델은 개인의 내면이 부모 기능을 하는 자아와 어른 역할을 하는 자아 그리고 아동기의 자아가 복합적이고 역동적으로 프레임워크를 형성한다고 제안한다. 개인적으로 TA교류분석을 통해 내가 메시지를 발신할 때 수신자가 어떤 기대감을 갖는지 특징을 파악할 수 있었다. 교류하는 방식이 사람마다 다를 수 있다는 다양성을 받아들이는 데 도움이 되었다. 내 교류방식은 포용하고 수용하고 지지하는 부모 자아 특징이 제일 두드러진다. 원리원칙을 알려주고 잘못을 따지고 공정해야 하는 비판적 부모 자아 특징이 가장 낮다는 2차 특징도 알게 되었다. 이런 교류방식을 통해 내가 수용하는 만큼 타인에게 인정받고 지지받고자 하는 기대가 크다는 것과 비판하고 따지고 드는 것을 꺼린다는 성향도 알게 되었다.

성격유형 검사 3. 강점 진단

새로운 것에 호기심이 많은 나는 강점 전문코치 여정 역시 한곳에서 배우지 않고 다양한 방법론을 탐구했다. 미국 갤럽 강점전문가 과정을 수료하고 인증코치가 된 후 다른 강점 진단도구는 없는지 알아보던 중 한국형 강점 진단도구인 태니지먼트(탤런트+매니지먼트 합성어) 강점코치, 강점 액셀러레이터 과정까지 마스터하고 인증전문가가 되었다. 코칭을 만났을 때의 희열 못지않게 강점을 알게 되었을 때도 올레를 외쳤다. 내가 잘 할 수 있는 일로 즐겁게 나답게 할 수 있는 것을 발견했기 때문이다. 유한한 이 땅의 삶에 의미와 가치를 더해 줄 미션과 비전을 수립하는 데 강점을 활용할 수 있게 되었다는 기대감의 발견이었다. 나의 나다움을 강점처럼 잘 설명해 줄 수 있는 게 있을까 싶을 정도였다. 강점에 대한 이야기는 강점코칭 3단계에서 자세하게 다룰 것이다.

실전 강점코칭 3단계 —

강점코칭 1단계. 파악하기

강점 진단은 온라인을 통해 질문에 답하는 것으로 빠르고 손쉽게 확인할 수 있다. 갤럽 스트렝스 파인더 검사나 태니지먼트 강점 진단이 대표적이다. 강점의 힌트를 통해 스스로 찾아갈 수도 있다. 내가 끌리는 분야나 일, 몰입했던 일, 순간적 기량이 좋았던 일, 빠른 학습이 가능했던 일, 답답함을 느끼는 일을 통해 자기 강점의 힌트를 발견할 수 있다. 진단을 통해 확인한 강점 결과는 재능을 발견한 수준이라 볼 수 있다. 다른 사람과 차별화 된, 자기가 생각하고 느끼고 행동하는 특징이다. 강점리포트에서 표현되는 설명문을 읽으며, 자기의 강점에 대한 인식 수준을 1차적으로 확인하는 것부터 접근해 볼 수 있다. 의도적인 활용과 개발에 대한 투자에 따라 강점의 강점다움을 더 많이 목격하고 수용하게 된다.

강점코칭 2단계. 받아들이기

강점 진단을 하고 난 후 진단 결과를 파악하는 것은 심층이해 가이드를 읽고 혼자서도 할 수 있다. 인증된 강점코치가 크게 기여하는 때는 둘째 단계인 강점 받아들이기 단계다. 사실 내 경우 강점 진단 결과 리포트를 확인하고 크게 실망했다. 그러나 이제는 강점코칭을 할 때 내 강점을 받아들이고 활용해 성과로 연결된 사례를 고객에게 소개하면, 내 강점을 부러워하는 고객의 반응을 보게 된다. 어떻게 실망이 자부심으로 바뀌었는지 알아보자.

① 약점마저 수용하기

강점의 두 얼굴

약점의 다른 말은 강점의 과발현이다. 강점의 빛과 어둠까지 파악하고 받아들일 수 있어야 강점개발을 통한 탁월함과 성숙 두 마리 토끼를 다 취할 수 있다. 약점 보완을 위해 한정된 자원을 투자하라는 말이 아니다. 강점의 어두운 면을 자각만 해도 관리할 수 있다는 이야기다. 강점테마에 설명된 약점과 주변인들에게 들었던 발전적 피드백 내용을 떠올려보면 공통점을 발견할 수 있다. 인식된 약점이 생활 속에서 드러날 때, 자각하고 조절할 수 있게 관리하자는 것이다.

약점 관리 방안

약점을 보완하면 실패의 위험이 줄어들 수 있다. 반면, 강점에 집중하면 성공 가능성을 높일 수 있다. 우리에게 자원이 무한하다면 강점도 강화하고 약점도 보완하면 좋겠지만, 한정된 자원으로 우선순위를 정해 사용해야 한다면 강점을 강화시켜 탁월해지는 데 활용하자는 것이다. 처음에 강점테마 순서 34개가 나열된 리포트를 받으면 대체로 비슷한 행동을 보인다. 상위 강점테마를 확인할 때 순서대로 보는 것이 아니라, 상위 10개 정도 확인하고는 34위 테마로 어느새 눈길이 가 있다. 어려서부터 약점보완 전략으로 지도받아온 영향이 작용하기 때문이다.

서성미의 약점관리 사례

나와 주변을 힘들게 하는 강점테마가 있는지 살펴보니, 상위 Top 5가 모두 과발현될 때 주변에서 힘들었을 거라는 성찰이 올라왔다. 연결성테마는 오지라퍼, 긍정테마는 비현실주의자, 발상테마는 몽상가, 공감테마는 무원칙주의자, 적응테마는 자기합리화로 부정적으로 쓰인 경험이 떠올랐기 때문이다. 반대로 강점이 강점답게 발현된 사례를 떠올려보면 밸런스 조절이 필요함을 저절로 수용하게 된다. 탁월함만 추구한다면 비성숙한 태도를 보일 수 있다. 약점의 자각과 관리로 성숙한 강점발현이 가능해진다.

Top 5 강점 상호작용

과거 성공사례를 떠올려보면 내 강점테마가 하나 혹은 그 이상의 조합으로 상호작용했다는 것을 알 수 있다. 상위 Top 5 강점테마 중 몇 가지를 대표하는, 영향력이 큰 강점테마를 뽑아볼 수도 있다. 내 경우 기본적인 세계관, 가치관이 '우리는 연결되어 있다'는 마인드다. 지상계에서 동물과 식물, 자연과 사람이 모두 연결되어 있다는 마인드인 것이다. 하나님과의 관계 속에서도 우리는 모두 형제자매라고 인식한다. 이 연결성 테마가 나머지 2~4위 강점테마보다 영향력이 큰 테마다. 연결성과 공감이 상호작용할 때의 모습과, 연결성과 발상이 상호작용할 때의 모습이 다르다. 도전 과제가 있을 때 이왕이면 강점테마를 단독으로 활용하는 것보다 시너지를 낼 수 있는 상호작용 전략을 쓰는 것이 도움이 된다.

강점선언문 작성

강점 기반 강점선언문은 긍정선언문보다 더 파워풀하다. "나는 나를 사랑한다. 나는 내가 좋다. 나는 날마다 모든 면에서 성장하고 있다." 이런 긍정선언문을 선포하라는 자기계발서 메시지를 접한 경험이 있는가? 긍정선언문도 아침 기상 직후 큰소리로 외치면 에너지 레벨이 올라가는 것을 확인할 수 있다. 강점 진단 결과 팩트에 기반한 강점선언문은 단순 긍정선언문보다 파워풀한 에너지를 짧은 시간에 선사해 준다. 강점테마와 행복, 성공경험을 떠올리고 받아들인 후 선언하는 강점선언문은 읽기만 해도 가슴 벅찬 자부심을 느끼게 한다.

서성미의 사례

내 Top 5 강점을 상호작용 분석한 후 만든 강점선언문이다. "나는 긍정의 에너지와 다각적 아이디어로 목표 달성을 위해 선택과 집중을 도모하는 연결자다. 나는 유대감을 소중히 여기며 다양한 방법과 감성적 소통으로 현실에 충실한 긍정가다. 나는 흥미로운 훈련과 학습에 관심이 있으며, 타인을 활동에 참가시키는 유연성이 뛰어난 발상가다. 나는 타인과의 연결고리를 통해 소통하며, 긍정적 열정을 다양한 아이디어로 풀어내는 공감가다. 나는 새로운 도전에 있어 다양한 시도로 열정을 전이시켜 타인을 움직이게 만드는 적응가다." 이렇게 읽고 나면 '맞아, 정말 이렇게 살면 원이 없겠다'는 생각에 자발적 동기부여가 촉진된다.

③ 강점 받아들이기 고객의 사례

책임테마가 너무 싫다던 고객

책임테마가 상위에 있는 고객은 대면으로 코칭을 진행할 때 동성일 경우 양해를 구하고 가만히 안아준다. 이 테마로 인해 자기 몸을 혹사시키면서 영혼도 갈아 넣어 신뢰의 끈을 놓지 않으려 살아왔을 터라, 위로와 인정의 표현 차원에서 안아주는 것이다. 미국 갤럽 통계자료에 따르면, 한국 CEO와 임원의 경우 강점 진단 결과 Top 1이 화합테마, Top 2가 책임테마라고 한다. 대개 책임테마가 상위에 있는 고객은 본

인도 책임테마가 있을 것 같다고 이야기한다. 책임테마에 대한 첫 소감이 대개는 부정적이다. 코칭대화를 통해 책임테마가 성과로 이어졌던 성공경험을 떠올려 받아들이면 자부심을 느끼는 테마로 바뀌는 것을 볼 수 있다.

전략적 사고 테마가 강한 고객

전략적 사고에 영향을 미치는 테마는 끼리끼리 몰려다니는 경향이 있다. 지적 사고, 심사숙고, 배움, 수집, 분석, 체계 테마 등이다. 전략적 사고 강점이 있는 고객은 생각을 많이 하고, 이것저것 다 따져봐야 해서 피곤을 느낄 때가 많다고 한다. 남들이 보면 도통 무슨 생각인지 모르겠다는 피드백도 받는다고 한다. 머리로는 그 일을 이미 다 한 것 같은 상태로 옵션별 시뮬레이션을 다 돌리고, 생각의 끝단까지 갔다 왔는데 억울한 노릇이다. 성격유형과 같이 본다면 에니어그램 5번 사색가 유형에 가까운 경우다. 내재적 자원과 정보가 부족하다는 불안이 정보를 수집하고 수집된 정보로 심사숙고와 지적 사고 유희를 즐기는 유형이다. 사람을 사귀더라도 깊게 알아가면서 사귀는 공통된 경향이 있다.

영향력 테마가 강한 고객

갤럽 통계자료에 따르면, 한국이든 다른 나라든 영향력 테마가 Top 5 강점일 확률은 가장 낮은 것으로 나온다. 존재감, 자기 확신, 주도력 같은 테마는 그룹 강점 코칭을 할 때도 정말 드물게 나오는 테마다. 영향력에 강점이 있는 경우 자기주도성이 높고 주변인에게 주눅 들지 않으면서 당당하게 영향력을 끼치는 고객이 많다. 대체로 활발하고 긍정적이고 당당한 특징을 보였다.

강점테마가 내 삶에 끼친 긍정적 영향, 부정적 영향, 상호작동 모습을 인지하고 성찰하는 시간을 가짐으로 어느덧 수용하고 있음이 느껴진다. 강점테마는 좋고 나쁨이 없이 중립적이다. 받아들이는 자신이 좋고 나쁘게 해석할 뿐이다. 내 강점을 탁월하고 성숙하게 발전시켜 나가기 위해서는 받아들이기 단계가 필수다. 자각하고 의도적으로 사용하고 관리한다면 아직 만나지 못한 자기 안의 거인을 만날 수 있다.

강점코칭 3단계. 목표하기

주방 소형가전제품 하나를 사더라도 제품 사용설명서가 들어 있다. 그런데 평균 100년을 사용하는 자기 사용 매뉴얼은 가지고 있는가? 강점 진단을 통해 자기에 대한 분석과 파악, 수용 단계까지 도달했다면, 이제는 적극적으로 활용하고 개발할 목표를 정해야 한다. 강점과 관련해 파악된 장점과 약점을 어떻게 개발하고 관리할 것인지에 대한 부분이다. 사용설명서가 존재하는 이유는 오작동으로 인한 사고의 위험을 줄이고, 제품을 최상의 상태로 사용하기 위해서다. 자기 사용설명서 만들기, 10년 단위 비전보드 만들기, 강점피드백 셀프코칭 방법을 통해 자기의 강점을 활용해 원하는 상태를 살아가는 방법을 알아보겠다.

저는 이럴 때 최상으로 몰입합니다

강점의 힌트를 떠올려본다. 어떤 강점테마와 상호조합이 발현될 때 최상의 몰입도를 발휘할 수 있을지 문장으로 표현해 본다. 집중테마가 있다면 집중 업무시간을 확보하는 것이 도움이 될 수 있다. 승부테마가 있다면 적절한 비교지표가 있을 때 몰입에 도움이 될 수 있다. 주도성, 자기확신의 테마가 있다면 의사결정의 발언 기회 혹은 주도력에 힘을 실어주는 분위기에서 강점을 잘 발산할 수 있을 것이다. 과거 성공경험을 통해 받아들인 강점은 최상의 몰입상태에 대한 명료화에 도움을 줄 수 있다.

저와 협업할 때는 이런 것이 필요합니다

협업과 소통방법에서 커뮤니케이션의 오류를 줄이고 상생 시너지를 내는 방법에 대한 설명이다. 체계와 정리의 강점이 있다면 구조화한 정보의 안내와 업무분장을 명확하게 하는 것이 오해의 소지를 줄일 수 있는 일하는 방식이 될 수 있다. 스스로 시너지를 낼 수 있는 소통방식과 협업방식을 정의하고, 함께 일하는 동료에게 공유하는 것도 추천한다. 필요사항을 안내하고 요청하는 것이니, 수용되지 못할 때 어떻게 차선책을 취할 수 있을지 고민해서 옵션을 생각해 두면 스트레스 받을 상황을 줄일 수 있다.

저는 이런 부분에 어려움이 있습니다

약점이 과도하게 발현되지 않고 자각해서 관리하는 방법에 대한 설명이다. 내 취약성을 먼저 드러냄으로 진정성 있는 모습을 보여주고 관리방법을 공유한다. 약점을 자각하지 못해 약점에 휘둘리는 것이 아니라 자각하고 관리하는 모습을 보여줌으로 신뢰를 돈독히 쌓아 나갈 수 있다.

② 10년 단위 비전보드 만들기

핵심가치 반영하기

전 세계에서 공통적으로 추구하는 미덕의 단어를 소개하는 버츄카드가 있다. 각각의 미덕은 개별적으로 보면 하나하나 소중하지 않은 것이 없다. 그러나 랜덤으로 두 가지씩 뽑아 상대비교를 해보면, 둘 중 본인이 더 선호하는 미덕이 있음을 알 수 있다. 핵심가치도 각각의 소중한 가치를 상대비교하여 우선순위, 선호도로 가려낸 가치다. 평소 존경하는 분의 삶의 가치에서 힌트를 얻을 수도 있고, 결이 맞지 않다고 생각하는 사람의 안 좋은 가치관에서 힌트를 얻을 수도 있다.

강점 인프라 고려하기

10년 단위의 되고 싶은 모습, 비전보드를 만들 때 핵심가치 다음으로 내재적 자원인 강점자원도 고려한다. 되고 싶은 모습을 명확하게 그릴 때, 추구하는 가치와 강점을 기본 재료로 활용한다면 나다움의 기준과 원칙이 된다. 나열된 자기 강점테마만 보아도 든든하다는 느낌을 받을 수 있다. 자연스럽게 사고하고 느끼고 행동하는 달란트를 의도적으로 활용하고 개발한다면 원하는 자기 모습에 도달하는 것이 먼 일처럼 느껴지지 않는다. 강하게 발달한 강점의 스펙트럼을 넓혀나간다면 더 든든할 것이다.

10대 뉴스로 비전보드 만들기

10년짜리 비전보드를 만드는 일을 1년 단위로, 자기만의 빅뉴스를 만든다 생각하면 이해하기 쉬울 것이다. 올해 만들 빅뉴스 하나, 내년, 후년 … 이렇게 10년 단위 10대 뉴스로 되고 싶은 자신의 모습을 그려본다. 10년 뒤 자기의 모습을 단번에 떠올리는 게 어렵다면, 한 해 한 해 업그레이드해 가면서 되고 싶은 모습을 그려보는 것도 좋다. 10년 후 되고 싶은 모습을 먼저 찍고, 거꾸로 5년 후, 3년 후, 올해 모습을 떠올려 보는 것도 방법이다. 이때 자신의 강점을 활용한다면 약점 보완 전략보다 성공기회를 높일 수 있다.

③ 강점피드백 셀프코칭

강점테마 개발 목표하기

강점 인증코치 중 해마다 집중적으로 개발할 강점테마를 하나 선택해서 훈련하는 코치님이 있다. 어떤 일을 계획하거나 시작하기에 앞서 '나의 ○○ 강점테마를 어떻게 활용할 수 있을까?' 하고 수시로 묻는다고 한다. 굳이 1년 단위가 아니더라도 1주일, 1개월, 분기로 자기의 강점을 받아들이고 활용해도 좋다. 강점테마를 개발하기 전 자기의 모습과 이후의 모습을 성과와 성숙 면에서 셀프 피드백해 본다. 기대한 바, 실제로 얻은 결과, 얻지 못한 결과 등을 파악해 보고 성찰과 새로운 다짐으로 마무리해 볼 수 있다.

셀프코칭하기

"이 강점테마가 내 삶에 어떤 영향을 끼치는가?" "이 일에 내 강점테마를 어떻게 활용하고 싶은가?" "최종적으로 얻고 싶은 결과는 무엇인가?" "강점 활용의 만족도를 100점 만점 척도로 평가한다면 몇 점을 주겠는가?" "강점을 활용하는 데 제약이 있었다면 무엇인가?"

질문거리도 직접 생각해 보고 질문에 대한 답을 정리하면서, 올라오는 자각과 성찰을 기록으로 남겨본다. 스스로 인정, 지지하는 부분을 떠올려보고 감사한 일, 아쉬운 일도 생각해 본다. 다음에 더 잘 활용하고 개발할 목표도 생각해 본다. 이런 반복을 통해 탁월함과 성숙함을 더해 갈 수 있다.

서성미 사례

Top 5 강점테마를 파악하고 받아들이고 목표하는 단계를 의도적으로 훈련하고 있다. 강점 진단리포트를 반복해서 읽으며 그때그때 다르게 떠오르는 성찰을 잡아낸다. 과거의 성공경험, 근래 강점이 발휘되었던 사건 등을 떠올리고 분석한다. 뛰어넘어야 할 과제와 이슈가 있을 때 내 강점을 사용한다면 어떤 시도를 해볼 수 있을지 셀프코칭도 한다. 매주 삶의 당위성을 되돌아보는 시간에 감사한 일을 떠올리면 여지없이 강점이 발휘된 것을 알 수 있다.

실현하고 싶은 핵심가치, 미션과 비전이 담긴 강점기반 '나 사용설명서'를 통해 튼튼한 내구성을 자랑하며 오래도록 쓰임받을 수 있다. 나뿐 아니라 주변사람들과도 함께 사용할 수 있다. 강점을 파악하고, 받아들이고, 목표하는 단계를 통해 든든한 내편을 만들라. 잘하는 일로 즐기면서 자기답게 행복한 삶을 살아가는 중요한 자원이자 든든한 지원군이 되어줄 것이다.

하나님과의 관계에서 주신 달란트인 강점에 기반하여 자신의 미션과 비전을 세우고 소망을 품고 기도할 때, 고난과 역경을 만나도 마음과 생각을 지키며 소망을 품고 나갈 수 있다. 하나님께서 모태 이전부터 계획하시고 예비하신 달란트로 자신을 지키고, 하나님께 영광 돌리는 곳에 쓰임받기를 축복한다. 강점코칭에 대한 이야기가 크리스천 코치로 전도와 양육에 활용될 수 있기를 기도한다.

서성미

한국코치협회 KPC 코치, KCCA 한국기독교코칭학회 이사
임파워링코칭, 인터널코칭, 마음코칭, 스마트코칭 FT
미국 갤럽 강점 인증코치, 태니지먼트 강점코치/엑셀러레이터
에니어그램 코칭강사(We심리아카데미), 레고 시리어스 플레이 인증코치
마들렌 그림책 안산고잔센터장, 행복한일 연구소 존중리더십 코칭/상담 전문위원

저서 『체인지UP하라』(바이북스, 2018)
　　　『위대한 나의 발견』(공저, 바이북스, 2022)

06

회복탄력성이 코칭에 작동하는 원리

_ 김강산

⎯⎯⎯◇⎯⎯⎯

회복탄력성(Resilience)의 경험 ⎯

나는 자녀가 다섯 명이다. 선교사로 평생 살아왔기에 한 생명 한 생명이 하나님이 주신 귀한 선물이다. 가끔 친구 목사들이 "아이 하나 키우려면 돈이 얼마나 많이 드는데, 선교사가 돈도 없이 그렇게 많이 낳았어?" 하고 묻는다. 그러면 나는 장로교 목사니까 성경말씀대로 따른 거라 말한다. 하나님이 세상을 창조하시고, 아담과 하와를 만드시고, "생육하고 번성하여 땅에 충만하라"고 명령하셨기 때문이다. 부연설명을 하자면 생육과 번성이라는 출산의 의무를 우선적으로 주셨다는 뜻이다. 남녀 간의 즐거움은 보조수단이라고 해석해도 될 듯하다.

다섯 자녀 중 위부터 세 명은 거의 한 살 터울이다. 그래서 경쟁심도 많다. 사춘기 때 세 명을 모아놓고 훈계하거나 야단치는 경우가 종종 있었다. 그러면 어떤 아이는 몇 주 동안 슬슬 피하면서 말도 잘 안하는데, 어떤 아이는 30분도 안 되어 곁에 붙어 앉아 "아빠~ 아빠!" 하면서 뭘 사달라고 조른다. 같은 부모 아래서 태어나고 같은 환경에서 자라는데도 이렇게 확연하게 차이가 나는 이유가 무엇일까? 바로 회복탄력성의 차이 때문이다. 같은 부모 아래서 회복탄력성에 차이가 나는 것을 내 박사논문에서는 '유전자의 회오리'라고 표현했다. 물론 자라는 양육환경도 상당한 영향을 줄 것이다.

회복탄력성의 개념 —

회복탄력성이라는 용어는 20세기 초에 미국의 심리학자 보리스 시륄니크(Boris Cyrulnik)가 처음 사용했다. 그러나 회복탄력성에 대한 연구는 이보다 훨씬 오래 전부터 있어 왔다. 회복탄력성의 개념은 신경학, 생물학, 심리학, 사회학 등 다양한 분야에서 발전해 왔다. 예를 들면, 신경과학에서는 어려운 상황에서도 생존할 수 있도록 뇌의 생리적 생물학적 적응 기전에 대한 연구를 진행해 왔다. 또 심리학 분야에서는 어려운 상황에서 어떻게 대처하는 것이 최선의 방법인지, 어떤 요인이 회복탄력성을 향상시키는지 등에 대한 연구가 있었다. 특히, 미국의 심리학자 마틴 셀리그만(Martin Seligman)이 1990년대 초반에 '긍정심리학'(Positive Psychology)이라는 분야를 제시하면서 회복탄력성에 대한 연구가 더욱 활발해졌다. 이후 다양하게 연구하면서 회복탄력성의 개념과 향상 방법에 대한 이해도가 높아지고 있다. 요약하자면, 회복탄력성이란 어려운 상황에서도 문제를 극복하고 복구하며 성장해 나가는 능력을 의미한다. 이는 다양한 분야에서 연구되어 온 개념으로, 최근 긍정심리학의 발전과 함께 더욱 중요하게 다루어지고 있다.

회복탄력성은 심리학, 정신의학, 간호학, 교육학, 유아교육, 사회학, 커뮤니케이션학, 경제학 등 다양한 분야에서 연구되는 개념으로, 극복력, 탄성, 탄력성, 회복력 등으로 번역되기도 한다. 회복탄력성은 크고 작은 다양한 역경과 시련과 실패에 대한 인식을 도약의 발판으로 삼아 더 높이 뛰어오르는 마음의 근력을 의미한다. 물체마다 탄성이 다르듯 사람에 따른 탄성도 다르다. 역경으로 밑바닥까지 떨어졌다가도 강한 회복탄력성으로 다시 튀어 오르는 사람은 대부분의 경우 원래 있던 위치보다 더 높은 곳까지 올라갈 수 있다(김강산 2019. 연세대학교 논문, "한국 선교사 자녀들의 스트레스 경험에 대한 연구"). 지속적인 발전이나 커다란 성취를 이룬 개인이나 조직은 대부분의 경우에 실패나 역경을 딛고 일어섰다는 공통점이 있다. 불행한 사건이나 역경에 어떤 의미를 어떻게 부여하고 인식하는지에 따라 행복과 불행의 기로에 서게 된다. 세상 일을 긍정적인 방식으로 받아들이는 습관을 구축하면, 부정적으로 상황을 인식해 과소비되는 감정적 에너지를 문제해결을 위한 집중에 더 유용하게 사용할 수 있어 회복탄력성은 놀랍게 향상된다. 회복탄력성이란 인생의 바닥에서 바닥을 치고 올라올 수 있는 힘, 밑바닥까지 떨어져도 꿋꿋하게 다시 튀어 오르는 비인지능력 혹은 마음의 근력을 의미한다(김주환, 『회복탄력성』, 위즈덤하우스, 2011).

회복탄력성의 역사 ―

워너(Werner, 1989)는 회복탄력성이라는 용어를 처음 소개하면서 회복탄력성에 대한 연구를 진행했다. 또 워너와 스미스(Smith, 1992)의 *Overcoming the Odd: high risk children from birth to adulthood*는 회복탄력성을 처음 소개한 책으로 평가받고 있다. 이 연구는 하와이의 카우아이 섬에서 1955년에 출생한 505명을 대상으로 35년 동안 진행되었으며, 유년기의 가난과 유전적 건강 문제를 비롯한 다양한 삶의 역경이 성인기에 미치는 영향과 성공적 성인이 되는 데 필요한 보호적 요소들을 분석했다. 워너와 스미스는 505명 중 72명에게 회복탄력성이 있다고 보았으며, 그들이 지니고 있던 요인을 '기질적 특성'(temperamental characteristics)과 '양육 환경'(caregiving environments)으로 구분했다. 이들의 연구는 회복탄력성이 선천적이면서 동시에 양육환경에 따라 후천적으로 개발될 수 있는 특성임을 시사한다(위키백과).

이 지역에는 자연재해, 전통문화의 붕괴, 인종차별, 사회불안, 부모의 알코올 중독 등 다양한 스트레스 요인이 존재했으며, 이 요인은 아이들의 성장과 발달에 부정적인 영향을 끼치고 있었다. 이 지역에서 태어난 아이들 중 일부 아이들은 위기 상황에서도 긍정적으로 대처하는 모습을 보였다. 좀 더 구체적인 사례를 보면, 어떤 아이들은 청소년 엄마 아빠에게서 태어나 부모가 모두 가출해도, 할머니나 할아버지 혹은 이모나 삼촌 등 가족 중 한 사람이라도 지지하고 격려해 주면 건강하게 자라나는 것을 확인할 수 있었다. 이러한 아이들의 회복탄력성을 조사하기 위해 지속적인 관찰과 인터뷰를 수행했다. 그 결과 회복탄력성을 높인 요인으로 몇 가지가 나타났다.

첫째, 자기 효능감이다. 어려운 상황에서도 자신감을 가지고 자기의 능력을 향상시키기 위해 노력하는 모습을 보였다. 둘째, 유대감이다. 친구나 가족의 유대감이 높은 아이들은 어려운 상황에서도 사회적 지지를 받을 수 있었으며, 이는 회복탄력성을 높이는 데 중요한 역할을 했다. 셋째, 긍정적인 태도다. 어려운 상황에서도 긍정적인 태도를 유지하고, 자신이 겪은 어려움을 긍정적으로 해석하는 모습을 보였다. 넷째, 창의성과 융통성이다. 문제를 창의적으로 해결하고, 새로운 방법을 시도하는 모습을 보였다. 다섯째, 미래 지향적 태도다. 미래에 대한 희망과 계획을 가지고 목표를 세우는 모습을 보였다. 이러한 요인은 아이들이 어려운 상황에서도 적극적으로 대처할 수 있는 능력을 키워주며, 회복탄력성을 높이는 데 중요한 역할을 한다.

회복탄력성에 대한 이해 ──

외상 후 성장(Post-Traumatic Growth, PTG)

스트레스 장애(PTSD)에 대해서는 많이 알려져 있지만, 외상 후 성장은 잘 알려지지 않았다. 극심한 역경을 지나온 사람들은 PTSD, 즉 매우 심한 우울증과 불안 증세를 보인다. 그러나 이것을 잘 극복하면 그들은 성장한다. 니체가 "나를 죽이지 못한 것은 나를 더욱 강하게 만든다"고 주장처럼 그들의 심리기능이 더욱 강해진다. 마틴 셀리그만은 그의 책 『플로리시』(*Flourish*, 물푸레 역간)에서 외상 후 성장을 위한 다섯 가지 요소를 제안한다(카렌 레이비치 외, 『회복력의 7가지 기술』, 우문식 역, 물푸레: 2014, p.6).

첫째, 트라우마 자체에 대한 반응을 이해하는 것이다. 트라우마 사건을 접할 때 보통 자신과 타인의 미래에 대한 믿음이 산산이 부서진다. 예를 들면, 친구의 죽음에 대한 슬픔을 해석할 때, 그것을 트라우마나 PTSD로 해석하지 않고 정상적인 애도의 절차로 보자는 것이다. 그것을 이해시키고 나면 심리상태의 추락이 연쇄적으로 일어나는 것을 막을 수 있다. 둘째, 불안감 감소다. 심각한 사건 사고를 경험하고 나면 그 사건에 공포감을 느끼고, 사건 후에도 지속적으로 재경험하며 고통을 겪는다. 이 요소는 불쑥불쑥 떠오른 생각과 이미지를 통제하는 기법을 알려줘 불안감을 줄여준다. 셋째, 건설적인 자기 노출이다. 트라우마를 감추는 것은 심리적 신체적 증상을 악화시킬 수 있다(『회복력의 7가지 기술』, 우문식 역, p.6). 따라서 트라우마를 털어놓도록 격려해야 한다. 넷째, 트라우마 사건을 서술하면서 그 트라우마를 역설에 대한 인식을 높여주는 갈림길로 여기게 한다. 잃어버린 것과 슬픈 것이 있으면 얻은 것과 감사할 일도 있다. 그다음에 자신의 어떤 강점을 활용했는지, 인간관계가 얼마나 개선되었는지, 영적으로 더욱 성장했는지, 얼마나 더 감사하는지, 어떤 새로운 문이 열려 있는지 자세히 살펴본다. 마지막으로, 도전에 당당하게 맞서는 생활태도다(『회복력의 7가지 기술』, 우문식 역, p.7).

회복력의 7가지 기술

세상 모든 사람에게는 역경이 있다. 그러나 사람에 따라 대응방식이 다르다. 어떤 사람은 조금만 어려워도 PTSD로 고통 받다가 삶을 포기하기도 하고, 어떤 사람은 상상하기 어려운 역경도 잘 극복해 PTG로 남은 생애를 아름답게 살아가기도 한다. 회복력은 역경 후 용수철처럼 움츠렸다가 솟아오르는 탄력성이 있기 때문이다. 우리 주변에도 그런 주인공이 많다. 그러한 내면의 힘은 무엇일까? 회복력은 바로 역경을 이겨내는 힘이고, 내면의 심리적 근육을 단련해 주는 도구다. 회복력을 높이기 위해서는 상황에 잘 대처하는 생각이 우선이다. 때로 지나친 긍정과 낙관이 문제를 정확하게 판단하지 못하게 할 수 있기 때문이다.

회복력의 7가지 기술은 감정 조절, 충동 통제, 낙관성, 원인 분석, 공감, 자기 효능감, 적극적 도전이다. 회복력의 기술은 개인이 좌절을 딛고 일어서도록 도와주기도 하지만, 적극적으로 도전하고 뻗어나가 더 행복하고 성공적인 삶을 살게 하기도 한다(『회복력의 7가지 기술』, 우문식 역). 회복력의 기술을 적용해 인생의 중대한 변화에 올바르게 대처하고, 학생과 부모, 선교사들에게 이 문제가 생겨도 예전처럼 고통 속에서 살아가지 않도록 해야 할 것이다.

회복탄력성 키우기

주변에서 회복력이 강한 사람을 종종 볼 수 있다. 그들에게는 어떤 트라우마나 역경에 직면해도 솟아오르는 힘이 있다. 새롭고 도전적인 경험을 찾아 한계에 부딪혀 싸워 이겨내야만 내면이 성장하고 확장된다는 것을 깨달았기 때문이다. 그들은 성공하지 못했다고 부끄러워하지 않는다. 또 스스로 활력을 불어넣고, 신중하고 철저하며, 열성적으로 문제를 해결한다. 회복력은 연습만 한다면 누구나 다 갖출 수 있다. 회복력을 조절해 가면서 살 수 있고 스스로 가르칠 수도 있다.

회복력은 선교사와 선교사 자녀 사이에서 발생하는 스트레스를 해결하는 데 도움을 주고, 복잡한 문제를 우아하고 해학적이며 낙관적인 자세로 처리하는 능력을 보장한다. 무기력감을 자신감으로 바꾸어 놓으며, 희생자를 생존자로 바꾸고, 그 생존자를 성공하는 사람으로 변화시킬 수 있다. 회복력이 강한 사람은 살면서 장애물을 만났을 때 두려워하지 않는다(『회복력의 7가지 기술』, 우문식 역, p.22). 회복력을 키우기 위해서는 각자의 노력이 필요하다. 그리고 본인이 자기 자신과 다른 사람들을 어떻게 바라보는지 제대로 정확하게 알아야 한다. 책임을 회피하는 습관을 버리고 주도권을 잡고 사건을 해결해 나가야 한다(『회복력의 7가지 기술』, 우문식 역, p.23).

회복탄력성과 코칭의 관련성 —

앞에서 이야기했듯이, 회복탄력성은 어려운 상황이나 스트레스 상황에서도 쉽게 꺾이지 않고 다시 일어날 수 있는 능력을 말한다. 이는 정신적인 강도와 대처 능력을 나타내며, 인간의 삶에서 매우 중요한 역할을 한다. 코칭은 개인이나 조직의 성취를 돕기 위해 누군가를 지도하고 지원하는 과정이다. 코치는 자신이 코칭하는 사람들의 잠재력을 깨우치고, 그들이 원하는 목표를 달성할 수 있도록 지원한다.

이 둘 사이에는 밀접한 관계가 있다. 회복탄력성을 향상시키기 위해서는 스트레스 상황에서 빠르게 복구할 수 있는 능력을 갖추어야 한다. 이를 위해서는 적극적이고 건강한 대처방법을 사용하고, 자신의 생각과 감정을 잘 관리할 수 있어야 한다. 이러한 능력은 코칭에서도 중요한 역할을 한다. 코치는 개인이나 조직이 마주하는 어려운 상황에서 이를 극복하도록 지원하고, 그들이 자신의 감정과 생각을 관리하고 적극적인 대처방법을 사용할 수 있도록 돕는다.

또 코칭은 개인이나 조직의 회복탄력성을 개선하는 데도 유용하다. 코치는 자신이 코칭하는 사람들에게 적극적인 대처방법을 가르치고, 그들이 감정과 생각을 잘 관리하도록 도와준다. 이를 통해 개인이나 조직은 어려운 상황에서 더 쉽게 복구되고 회복탄력성이 향상될 수 있다. 따라서 회복탄력성과 코칭은 서로 긴밀한 관련이 있으며, 코칭은 개인이나 조직의 회복탄력성을 향상시키는 데 큰 역할을 한다.

회복탄력성은 다양한 요소가 결합되어 형성되므로 어떤 하나를 가장 중요한 요소로 꼽기는 어렵다. 그러나 연구결과를 종합해 보면, 다음과 같은 요소가 회복탄력성에 가장 중요한 역할을 하는 것으로 나타난다.

첫째, 긍정적인 마인드셋이다. 긍정적인 마인드셋을 가진 사람은 어려운 상황에서도 긍정적인 생각과 감정을 유지할 수 있어 문제를 극복하고 성장할 수 있는 능력이 높아진다. 둘째, 사회적 지지다. 사회적인 지지는 어려운 상황에서 도움 받을 수 있는 기회를 높이고, 자신이 느끼는 스트레스와 불안을 줄일 수 있다. 셋째, 유연성과 적응력이다. 유연하게 상황에 대처하고 적응하는 능력은 어려운 상황에서 대처하는 능력을 키워준다. 넷째, 자기 효능감이다. 자기 효능감이 높은 사람은 문제를 스스로 해결할 능력이 있기에, 어려운 상황에서도 자신감을 유지하며 대처할 수 있다. 다섯째, 긍정적인 감정 조절이다. 어려운 상황에서도 긍정적인 감정을 유지하면서 부정적인 감정을 조절하는 능력은 회복탄력성을 높이는 데 중요한 역할을 한다. 이러한 요소는 상호작용하는데, 개인마다 중요한 요소와 그 중요도가 조금씩 다를 수 있다.

지지와 격려가 회복탄력성을 높인다

회복탄력성을 향상시키기 위해서는 지지와 격려가 중요한 역할을 한다. 이와 관련해 코칭에서는 어떻게 지지와 격려가 작동하는지 살펴볼 수 있다. 지지(Support)는 개인이나 조직이 어려운 상황에서 자신을 지켜내는 데 필요한 것 중 하나다. 코치는 자신이 코칭하는 사람들에게 지지를 제공하여, 그들이 어려운 상황에서 자신을 지켜낼 수 있도록 돕는다. 예를 들면, 코치는 개인이나 조직이 마주하는 문제를 듣고 이를 해결하기 위한 방법을 제시한다. 이를 통해 개인이나 조직은 어려운 상황에서 스스로 자신을 지켜내는 데 필요한 능력을 향상시킬 수 있다.

격려(Encouragement)는 지지와 마찬가지로 회복탄력성을 향상시키는 데 중요한 역할을 한다. 코치는 개인이나 조직이 마주하는 어려움을 극복하도록 격려한다. 예를 들면, 코치는 자신이 코칭하는 사람들이 실패해도 실패를 인정하고 그로 인해 배우는 것이 있음을 강조한다. 이러한 격려는 개인이나 조직이 어려움을 극복하고 회복탄력성을 향상시키는 데 큰 도움이 된다.

따라서 코칭에서는 지지와 격려가 회복탄력성을 향상시키는 데 중요하다. 코치는 자신이 코칭하는 사람이 자신의 능력을 인식하고 어려운 상황에서 자신을 지켜내는 데 필요한 능력을 갖도록 지원한다. 그리고 개인이나 조직에 어려움을 극복할 수 있는 능력이 있음을 강조하고 격려한다.

인정과 칭찬은 회복탄력성을 현저하게 높인다

코칭에서 인정(Concede)과 칭찬(Compliment)은 회복탄력성을 향상시키는 데 중요한 역할을 한다. 인정과 칭찬은 개인이나 조직이 자신의 노력과 성과를 인식하고, 그것을 이어갈 수 있도록 돕기 때문이다. 이에 대한 연구결과도 많다.

인정은 개인이나 조직이 자신의 능력과 역량을 인식하고, 그것을 적극적으로 활용하도록 돕는다. 코치는 자신이 코칭하는 사람들이 가진 능력과 역량을 인식하고, 그것을 인정하는 것이 중요하다. 인정은 개인이나 조직이 자신을 긍정적으로 인식하게 만들어 자신감을 높이고, 목표달성을 위해 노력하는 데 큰 도움이 된다. 인정받은 개인이나 조직은 자신의 성과를 이어갈 수 있게 되어 회복탄력성을 향상시키는 데 도움을 준다.

칭찬은 인정과 마찬가지로 회복탄력성을 향상시키는 데 중요한 역할을 한다. 칭찬은 개인이나 조직이 자신의 성과를 인식하고, 자신의 노력이 보상받는다는 것을 인식하게 만든다. 코치는 자신이 코칭하는 사람들의 노력과 성과를 인식하고 칭찬함으로써, 그들이 목표를 달성할 수 있도록 돕는다. 칭찬은 개인이나 조직이 성취감을 느끼게 하여,

다음 목표에 대한 자신감을 높이는 데 도움을 준다. 이러한 자신감은 어려움에 직면했을 때 회복탄력성을 높이는 데 기여한다.

따라서 인정과 칭찬은 회복탄력성을 향상시키는 데 중요하다. 코치는 자신이 코칭하는 사람들의 노력과 성과를 인식하고, 그것을 인정하며 칭찬하는 것이 중요하다. 인정과 칭찬을 받은 개인이나 조직은 자신의 능력과 역량을 인식하고, 그것을 활용해 어려운 상황에서도 자신을 회복해 나간다.

좋은 코칭은 회복탄력성과 긍정적 마인드셋을 만들어낸다

코칭과 회복탄력성은 밀접한 관련이 있다. 코칭은 개인이나 조직이 목표를 달성하기 위해 필요한 역량을 개발하고, 문제를 해결하며, 성취하도록 돕는 활동이다. 이러한 코칭활동은 회복탄력성을 향상시키는 데 도움을 준다. 먼저, 코칭은 개인이나 조직이 어려운 상황에서 성취할 수 있는 능력을 개발하는 데 도움을 준다. 이는 회복탄력성을 높이는 데 중요한 역할을 한다. 코치는 개인이나 조직이 가진 문제를 분석하고, 그들이 목표를 달성하기 위해 필요한 역량을 파악하여, 그것을 개발하고 강화하는 방법을 제시한다. 이렇게 개인이나 조직이 스스로 문제를 해결할 수 있도록 돕는 것은, 어려운 상황에서도 적극적으로 대처할 수 있는 능력을 개발하는 데 큰 도움이 된다.

또 코칭은 개인이나 조직이 목표를 달성하는 데 필요한 동기부여를 제공하는 데 도움을 준다. 코치는 개인이나 조직이 가진 문제를 해결하고 목표를 달성할 수 있는 방법을 제시함으로써, 그들의 성취를 인식하고 그것에 대해 인정하고 칭찬해 주는 것이 중요하다. 이러한 인정과 칭찬은 개인이나 조직이 목표를 달성하고, 어려운 상황에서도 자신을 돌아보면서 적극적으로 대처할 수 있는 자신감을 높이는 데 도움을 준다. 이는 회복탄력성을 높이는 데 중요한 역할을 한다.

마지막으로, 코칭은 개인이나 조직이 어려운 상황에서도 긍정적인 태도를 유지할 수 있도록 돕는 데 도움을 준다. 코치는 개인이나 조직이 가진 문제를 해결하고 성취하도록 돕는 과정에서 긍정적인 마인드셋을 강조한다. 코칭에서 긍정적인 마인드셋은 삶을 긍정적으로 바라보고, 문제 상황에서도 긍정적으로 대처할 수 있는 태도를 의미한다. 이는 개인이나 조직이 어려운 상황에서도 긍정적인 방식으로 생각하고 대처하도록 돕는 데 중요한 역할을 한다. 긍정적인 마인드셋을 가진 개인이나 조직은 다음과 같은 특징을 보인다.

첫째, 가능성에 초점을 맞춘다. 긍정적인 마인드셋을 가진 개인이나 조직은 실패나 문제에 집중하지 않고, 가능성과 기회에 초점을 맞춘다. 그들은 문제가 생길 때 이를 도전으로 바라보고, 해결책을 찾아나갈 수 있는 가능성을 찾기 위해 노력한다. 둘째, 실패를 배움의 기회로 삼는다. 긍정적인 마인드셋을 가진 개인이나 조직은 실패를 실패로만 받아들이지 않고 배움의 기회로 바라본다. 그들은 실패에서 교훈과 지식을 얻어 더 나은 결정을 내리거나 더 나은 결과를 얻을 방법을 찾아낸다. 셋째, 해결책에 집중한다. 긍정적인 마인드셋을 가진 개인이나 조직은 문제가 생겼을 때 해결책에 집중한다. 문제에 대한 부정적인 생각이나 불안에 빠지는 대신 문제를 해결할 방법을 찾고 실행해 나간다. 이를 통해 문제해결에 대한 자신감을 강화하고, 긍정적인 결과를 얻게 된다. 넷째, 미래에 대한 긍정적인 기대를 갖는다. 미래에도 좋은 일이 일어날 것이라 믿고 긍정적인 결과를 예상한다. 이는 개인이나 조직이 어려운 상황에서도 희망을 잃지 않고 적극적으로 대처할 수 있는 능력을 강화하는 데 도움을 준다. 이러한 긍정적인 마인드셋은 회복탄력성을 향상시키는 데 큰 도움을 준다. 아무리 어려운 상황에서 고통당하는 내담자라 하더라도 코치가 지지하고 따뜻하게 수용하며 인정해 준다면, 내담자는 건강하게 일어서서(회복탄력성) 행복한 생애를 살아갈 것이다.

김강산

KCCA 한국기독교코칭학회 국제이사
한국코치협회 KAC 코치

전)국제OM선교사, 대한예수교장로회 목사
전)국제기아대책기구(FHI) 아프가니스탄 책임자
전)한민족복지재단 태국 미얀마 라오스 책임자

연세대학교 상담코칭학박사 Ph.D

"평안을 너희에게 끼치노니 곧 나의 평안을 너희에게 주노라
내가 너희에게 주는 것은 세상이 주는 것 같지 아니하니라
너희는 마음에 근심도 말고 두려워하지도 말라"

_요 14:27

CHRISTIAN COACHING
PATHFINDER

PART 3

선교적 코칭

확장되는 리더십

07

선교 코칭

_ 김소영

⸻◇⸻

의인의 입은 지혜로우며 그의 혀는 정의를 말하며 그의 마음에는 하
나님의 법이 있으니 그의 걸음은 실족함이 없으리로다 _ 시 37:30-31

선교 코칭, 하나님이 사용하시는 선교의 도구 ⸻

선교지에서 자발적 또는 비자발적으로 철수하는 선교사들이 늘어
가고 있다. 게다가 지난 몇 년간 코로나로 선교지에도 큰 변화가 있었
다. 많은 선교사들이 사역을 그만두거나 그대로 놓아두고 귀국해, 온
라인으로 선교 사역을 해나가고 있다. 바울이 서신으로 선교했다면,
온라인으로 선교하는 경우라 하겠다. 이런 시대에 코칭은 선교에 아주
필요하고 효과적인 도구다.

한국상담코칭진흥원의 리서치에는 12가지의 코칭 종류가 나열되

어 있는데, 선교 코칭은 찾아볼 수 없다.

Research Field
한국상담코칭진흥원

현재 많은 선교사가 코칭을 배우고 있는데, 아직 선교 코칭이 없다
는 것은 좀 의외라고 할 수 있다. 이 책에 소개되는 선교 코칭은 시대
적인 요구와 필요의 결과다.

선교 코칭을 하게 된 계기 ―

한국기독교코칭학회에서 TSL, FT과정을 공부하면서, 학회의 비전이 코칭선교사를 전 세계에 파송하는 것임을 알게 되었다. 그 비전을 듣고 선교 코칭이 선교사에게 매우 좋은 선교의 도구가 될 수 있다는 확신이 들었다. 코칭을 배우면서, 내가 선교지에서 복음을 전하고 성경공부를 하고 맨토링과 상담할 때, 여러 코칭 질문을 부분적으로 사용해 왔음을 알게 되었다. 오랫동안 양육하고 가르쳐도 변화되지 않는 성도들의 모습을 보고 실망하고 지쳐갈 무렵, 그리고 새로운 돌파구의 필요성을 느끼던 시기에, 몇 년 전부터 알던 뉴질랜드 선교사의 초대로 코칭을 배우게 되었다.

나와 남편은 미국에서 유학을 마친 후 어린 세 자녀를 데리고 선교지로 향했다. 당시 아이들은 다섯 살과 네 살이었고, 막내딸은 생후 100일이었다. 처음 2년간은 언어를 열심히 배웠고, 하나님께서 만나게 하신 현지인들과 좋은 관계를 유지했다. 그리고 어느 정도 말할 수 있게 되자 복음을 전하기 시작했다. 가정교사 두 사람에게 먼저 복음을 전했고, 그들의 친구들도 초대해 전도했다. 자연스럽게 성경공부가 시작되었고, 참석자 수가 15명이 되었을 때 첫 가정 교회를 세웠다.

우리 부부를 통해 복음을 들은 500명 이상의 현지인들이 예수 그리스도를 자신의 구주로 받아들였다. 그때부터 양육과 전도훈련과 제자훈련이 시작되었다. 우리 가족과 양육된 60명의 동역자들이 열심히 복음을 전하면서 교회는 배가되고 재생산되어 전국 10개 도시에 교회가 세워졌다. 우리 가족이 한국으로 나오게 되면서 모든 사역이 온라인으로 진행되고 있다. 코칭은 우리의 선교 사역에 중요한 도구로 사용되고 있다. 나는 선교와 복음전파를 위해 선교 코칭이 어떻게 사용되는지에 중점을 두고 기술할 것이다.

선교란 무엇인가

선교(mission)는 헬라어 아포스텔로(apostello: 보내다)에 해당하는 라틴어 미토(mitto)에서 파생했다. 이는 특별한 목적을 위해 누군가를 보내는 것을 뜻한다(Krim 한국선교연구원).

인도 선교사였던 도널드 맥가브란(Donald A. McGavran)은 "선교란 예수 그리스도를 따르지 않는 사람들에게 전도하기 위하여 복음을 들고 문화의 경계를 넘는 것이며, 사람들을 권하여 예수를 주와 구주로 영접하여 교회의 책임적인 회원이 되게 하고, 성령이 인도하시는 대로 전도와 사회 정의를 위한 일을 하며, 하나님의 뜻이 하늘에서 이룬 것 같이 땅에서도 이루어지게 하는 것"이라고 말했다. "주의 도를 땅 위에, 주의 구원을 모든 나라에게 알리소서 하나님이여 민족들이 주를 찬송하게 하시며 모든 민족들이 주를 찬송하게 하소서"(시 67:2-3).

존 파이퍼는 예배는 선교의 목적이라며 "선교는 예배가 존재하지 않기 때문에 존재한다"고 말했다. 미국의 선교 신학자 하워드 스나이더(Howard A. Snyder)는 "선교는 교회의 본질인 DNA"라고 말했다. 선교는 교회 사역의 여러 가지 항목 중 하나가 아니고, 교회가 존재하는 본질이고 이유다. 이 말은 선교하지 않는 교회는 본질을 잃어버린 교회이고, 예수 그리스도의 DNA가 없는 교회라는 의미다.

선교사는 누구인가 —

선교사는 하나님의 부르심을 받고 언어와 문화가 다른 나라에 가서 그곳 사람들에게 복음을 전하는 사람이다(Dr. W. Shin). 크리스천의 인생은 선교사의 인생이다. '파트타임 선교사로 살 것인가, 풀타임 선교사로 살 것인가' '나가는 선교사로 살 것인가, 보내는 선교사로 살 것인가'의 차이만 있을 뿐 모든 크리스천은 선교사다.

선교의 주된 사역은 복음을 전하는 것이다. 그리고 복음을 받아들인 사람을 성경으로 양육하고, 주님의 제자로 삼고, 교회를 설립해 하나님나라를 확장하고 하나님을 예배하는 것이다. 선교의 영역은 온 세상(마 28:19)이고, 온 천하(막 16:15)이고, 모든 족속(눅 24:47)이고, 땅 끝까지(행 1:8)다.

선교 코칭은 크리스천 코칭과 마찬가지로, 코칭 대상자(고객)가 성령이 원하시는 방향으로 나아갈 수 있도록 돕는 것이다. 코치는 성경적이고 선교적인 세계관을 가지고, 세계관을 터치하는 질문을 사용해 고객이 스스로 하나님이 원하시는 방향과 답을 찾아갈 수 있도록 돕는다. 성령은 선교의 주체이고 코칭의 주체다.

선교 코칭의 목표는 복음사명의 완수에 있다. 선교사들이 선교를 잘 하도록 돕는 코칭이고, 선교지에서 변질되지 않는 복음을 전하고, 복음을 받은 자들이 성경적인 가치관과 세계관 안에서 복음의 능력으로 살도록 돕는 코칭이다.

선교 코칭의 대상은 선교사와 선교지 성도들, 그리고 아직 복음을 접하지 못한 전도 대상자들이다. 교회 안에서 선교부를 섬기는 성도나 선교에 관심 있는 성도도 여기에 포함된다. 선교 코칭을 잘 하려면 먼저 선교지의 상황과 선교사의 상황을 잘 이해할 필요가 있다.

선교지는 영적 전투가 심하다. 악한 영들의 지배를 받고 있는 영역이 많고, 가족과 이웃 간, 사회공동체 안에 관계적인 문제가 심각하다. 성경을 모르기 때문에 문제해결을 위한 방법과 기준이 없고, 복음을 모르기 때문에 성령의 도움도 받을 수 없다. 정치적 경제적 사회적으로 혼란하고 빈곤하며, 정부의 부정부패가 심하고, 거짓과 속임과 강포함이 가득하다(내전중인 선교지는 더욱 심하다). 종교에 대한 핍박과 안전상의 위험이 있고, 현지인들이 오랫동안 살아온 방식과 신념과 샤머니즘이 강하게 뿌리내리고 있다. 사람들 안에는 무지와 교만과 죄악과 상처가 가득하다.

또 스트레스가 많고, 언어와 현지 적응에 어려움이 있다. 영육 간에 지쳐 있으며, 걱정과 두려움, 복음전도와 사역에 어려움이 많다. 재정적 어려움, 건강 상의 문제(질병)가 있다. 또 현지인들에게 받은 상처가 많다. 파송 교회와 후원 교회, 그리고 후원자들이 기대하고 요구하는 것에 대한 부담도 크다. 현지 동역자들과 관계적인 면에서 갈등이 있고, 자녀교육에도 어려움이 있다. 도처에 있는 위험과 위협에 위축되어 있고, 안전 상의 두려움이 있다. 보안지역 선교사는 비자를 받기도 어렵고 비자 연장도 쉽지 않아 현지 체류가 불안정하다. 그리고 핍박에 대한 두려움과 트라우마가 있다. 마음을 열고 진심을 나눌 대화 상대가 없고, 보안을 유지해야 하는 강박감에 눌려 있다(특히 10-40창 지역에서 선교하는 선교사들). 고국의 지인들에게 잊혀져가는 소외감과 고국의 발전에 따라가지 못하는 뒤처짐이 있다. 부부 문제와 자녀 문제도 있다.

선교 코칭의 가장 중요한 요소, 질문 —

세계관을 터치하고 깨뜨리는 질문은 선교지의 특수한 상황과 강력한 영적 전투에서 큰 반전을 낳는다. 세계관을 터치하는 질문은 전도대상자나 양육자나 성도(고객)가 스스로 문제의 해결점을 찾도록 돕는다.

선교사의 상태와 선교지 상황에 적합한 질문이 필요하다. 상대(고객)를 깨울 수 있는 질문, 잠재력을 끌어낼 수 있는 질문, 세계관을 깨뜨리는 질문, 성령이 인도하시는 질문이 필요하다. 그러므로 선교 코칭을 할 때 성령의 도우심을 구하는 기도는 필수 요소다. 내가 선교 코칭할 때 주로 사용하는 질문은 다음과 같다.

선교 코칭의 질문(대상: 선교사)

- 최근 복음을 증거한 것은 언제입니까?
- 기도하고 있는 전도대상자는 누구입니까?
- 앞으로 새롭게 시도해 보고 싶은 전도방법이 있다면 무엇입니까?
- 하나님과 좋은 관계를 세우기 위해 개선해야 할 것이 있다면 무엇입니까?

- 복음 증거에 효과적이고 유용한 방법에는 어떤 것이 있습니까?
- 최근 복음을 증거할 때 하나님의 구체적인 인도와 특별한 은혜를 체험한 것이 있습니까?
- 요즘 기도와 QT를 할 때 성령께서 강하게 감동을 주시고 인도하시는 것이 있습니까?
- 건강을 위해 어떤 운동을 합니까?
- 자녀를 위한 기도제목에는 어떤 것이 있습니까?
- 부모님이 모두 예수를 믿으십니까? 가족 중 복음전도가 필요한 분이 있습니까?
- 복음을 증거할 때 자신의 탁월한 강점은 무엇입니까?
- 재정 상태를 개선하기 위한 방법에는 어떤 것이 있습니까?
- 후원 교회와 후원자 계발은 어떤 방식으로 지속하십니까?
- 자기계발과 재교육은 어떻게 하십니까?
- 교회 동역자들의 신학훈련은 어떻게 합니까?
- 교회 안에서 치리는 어떻게 합니까?
- 리더십 이양은 어떤 방식으로 준비되고 있습니까?

  …… (메타포 질문을 추가하면 좋다)

복음 사역에 대한 반대

복음을 전할 때 우리는 복음에 대항하는 여러 반대에 직면한다.

- 기독교는 배타적이고 독선적이어서 나는 기독교가 싫습니다.
- 나는 다른 종교에도 구원이 있다고 믿습니다(종교다원주의자).

- 나는 일과 돈 버는 것에 관심이 있고, 종교 같은 것에는 관심 없습니다(무관심주의자).
- 나는 눈에 보이지 않는 것은 존재하지 않는다고 믿습니다(무신론자).
- 나는 과학적으로 증명되지 않는 것은 믿지 않습니다(과학주의자).
- 나는 내가 옳다고 여기는 것만 받아들입니다(포스트 모더니즘). 그러니 신앙을 강요하지 마십시오.
- 종교는 나약한 자들에게나 필요한 것입니다.
- 우리나라 미풍양속인 조상제사를 우상숭배라고 금하기 때문에 나는 예수를 믿지 않습니다.
- 나는 다른 종교를 믿습니다. 서로 각자의 종교를 존중하면 좋겠습니다.
- 죽으면 모든 것이 끝나는데, 종교 같은 것은 쓸데없습니다.
- 나는 예수 믿으면 세상 즐거움을 포기하고 취미생활을 못하게 될까 두렵습니다. 인생을 무슨 재미로 삽니까?
- 내가 살고 싶은 대로 산 다음 인생의 맨 마지막에 믿든지 하겠습니다.
- 가족이 모두 예수를 안 믿으니, 가족의 평화를 위해 나도 믿지 않으려고 합니다.
- 교회도 지도자도 모두 타락해 예수를 믿지 않습니다.
- 나는 너무 바빠서 예수 믿을 시간도 여유도 없습니다.
- 왜 내가 우리나라의 신을 두고 서양의 신을 믿어야 합니까?

이런 여러 반대와 질문에 적절한 답을 제시할 수 있어야 복음을 전할 수 있다(출처: W. Shin. *Personal Evangelism Made Easy*. Tulsa: Word & Spirit, 2023).

선교 코칭에서 많이 사용하는 성경구절 (대상: 선교사)

고린도전서 9장 14절, 11장 1절, 마태복음 5장 11-12절, 6장 33절, 잠언 3장 5절, 15장 23절, 이사야 41장 10절, 43장 18-19절, 고린도후서 12장 10절, 로마서 8장 28절, 빌립보서 4장 19절, 요한1서 2장 16절, 디모데후서 4장 8절.

선교 코칭의 사례

세계관을 터치하는 질문으로 시작한다. 이때 기도하면서 성령님의 도우심을 구한다. 복음을 전할 때 우리는 이런 종류의 사람을 종종 만난다. "나는 눈에 보이지 않는 존재는 믿지 않습니다. 눈에 보이는 것도 믿을 수 없는데, 눈에 보이지 않는 존재를 어떻게 믿습니까?"

이런 사람에게 어떻게 복음을 전할 것인가? 코칭 질문은 상대방이 스스로 자신의 생각과 신념에 문제가 있음을 인지하고 답을 찾도록 도와주는 질문이다.

선교 코칭 질문 사례 1 (코치: A, 코칭대상자: B)

A: 눈에 보이지는 않지만 실재하는 것들이 있는데, 어떤 것이 있을까요?

B: 음 … 바이러스처럼 너무 작아서 보이지 않는 것들이 있겠지요.

A: 그렇지요. 작아서 보이지 않는 것에는 어떤 것이 있을까요?

B: 바이러스, 전파, 공기, 원자 등 많네요.

A: 그리고 또 어떤 것이 있을까요?

B: 너무 멀리 있어도 안 보이겠네요. 참 너무 가까이 커다랗게 있어도 전체 형태가 안 보이구요. 생각해 보니 많네요.

A: 그렇습니다. 눈에 보이지 않지만 존재하는 것이 참 많습니다.

……

"그가 내 앞으로 지나시나 내가 보지 못하며 그가 내 앞에서 움직이시나 내가 깨닫지 못하느니라"(욥 9:11). 그는 복음에 대해 듣고 싶다 말했고, 성경을 통해 복음의 핵심 내용을 듣고 예수님을 자신의 구주로 영접했다(출처: W. Shin, 2023).

선교 코칭 질문 사례 2

어느 날 성경공부 시간에 아주 영리한 명문대 교수가 남편에게 질문했다.

B: 성경은 하나님과 재물을 겸하여 섬기지 못한다(마 6:24)고 하는데, 지금은 시대가 많이 변해서 신앙과 물질 둘 다 가질 수 있다고 생각합니다. 맞지요?

A: 그럼 예수님이 잘못 말씀하신 것이 되네요?

B: 예수님 말씀이 틀렸다기보다 이제 시대가 바뀌었다는 것이지요.

A: 하나님 말씀은 시대가 바뀌어도 틀리지 않는 진리인데, 집사님

은 그렇게 믿지 않나 보군요. 성경은 세상의 방향과 하나님나라의 방향이 정반대라고 말합니다. 집사님 잠깐 일어나 보세요. 집사님의 왼발을 왼쪽으로 뻗으세요. 그리고 오른발을 오른쪽으로 뻗으세요. 왼쪽은 세상의 방향이고, 오른쪽은 하나님나라의 방향이라고 전제합니다. 이렇게 계속 양쪽으로 뻗어가면 그 결과가 어떻게 될까요? 만약 서로 다른 방향의 두 가지를 동시에 추구하면 어떤 결과가 나올까요?

B: 아, 제가 잘못 생각했습니다. 이제 확실히 이해했습니다. 정말 감사합니다.

이 명문대 교수는 우리에게 제자훈련을 받고서, 나중에 학생들을 전도해 가정교회를 세웠다(출처: W. Shin, 2023). "이는 세상에 있는 모든 것이 육신의 정욕과 안목의 정욕과 이생의 자랑이니 다 아버지께로부터 온 것이 아니요 세상으로부터 온 것이라"(요일 2:16). "세상과 벗된 것이 하나님과 원수 됨을 알지 못하느냐 그런즉 누구든지 세상과 벗이 되고자 하는 자는 스스로 하나님과 원수 되는 것이니라"(약 4:4).

선교 코칭 질문 사례 3

어느 날 미국에서 월마트에 생필품을 사러 갔다가 일본여자와 결혼한 한국인을 만나게 되었다. 잠깐 인사를 나누는데, 남자가 자기를 통일교 전도사라고 소개했다. 나는 예상치 못한 상황에 당황했지만, 이 만남에도 하나님의 뜻이 있다고 생각해 속으로 성령님의 도우심을 구했다.

A: (그 사람을 똑바로 바라보며) 당신 마음속에 평안이 있나요?

B: (깜짝 놀라면서) 그것을 어떻게 알았나요? 저는 요즘 마음이 불안해 잠을 못 자고 있습니다.

A: (확신에 찬 음성으로) 저는 예수를 믿습니다. 저는 예수 안에 있는 평안을 누리며 살고 있습니다. 혹 이 평안을 얻기 원하시나요?

"평안을 너희에게 끼치노니 곧 나의 평안을 너희에게 주노라 내가 너희에게 주는 것은 세상이 주는 것과 같지 아니하니라 너희는 마음에 근심하지도 말고 두려워하지도 말라"(요 14:27). 그 후 3년이 지나 교회연합 집회 때, 그 사람이 나를 찾아와 기쁜 얼굴로 감사하다고 말했다.

B: 그때 그 질문을 해주어 정말 감사합니다. 저는 그 후 아내와 함께 교회를 찾아가 3년째 신앙생활을 잘하고 있습니다. 저는 지금 평안과 기쁨이 있습니다.

우리는 선교 코칭으로 많은 사람에게 복음을 전하고 계속해서 교회를 재생산해 가고 있다. 선교 코칭의 응용 영역은 타문화 영역 안에서 복음전도, 제자양육, 목회상담, 교회 개척, 주일학교 교육, 성경공부, 중보기도 사역, 리더십 훈련 등 폭넓게 사용할 수 있다.

선교 코칭 프로세스 —

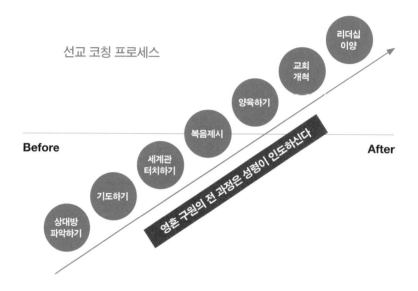

선교 코칭 프로세스

리더십 이양

교회 개척

양육하기

복음제시

세계관 터치하기

기도하기

상대방 파악하기

영혼 구원의 전 과정은 성령이 인도하신다

Before　　　　　　　　　　　　　　　　**After**

상대방 파악하기

상대방을 파악할 수 있는 기본적인 질문과 상대가 부담 없이 대답할 수 있는 질문을 한다.

- 어떤 일을 하고 계신가요?
- 최근에 관심을 가지고 있는 것은 무엇인가요?
- 좋아하는 취미가 무엇인가요?

기도하기

기도로 상대의 마음이 열리도록 성령의 도우심을 구한다.

• 축복기도를 해드리고 싶은데 괜찮으신가요?

세계관 터치하기

질문을 통해 상대방이 가장 가치를 두고 있는 것이 무엇인지 빠르게 파악할 수 있다.

• 당신에게 중요한 것 3가지는 무엇인가요?
• 3가지 중에서 가장 중요한 것은 무엇인가요?
• 우선순위로 3가지를 적어본다면 어떤 순서가 될까요?

복음 제시

• 왜 많은 사람이 예수님을 믿는지 궁금하지 않으신가요?
• 성경을 읽어본 적이 있나요?
• 예수님에 대해 전해 드리고 싶은데 듣기를 원하시나요?
• 50분 정도 시간이 있으신가요? (안 된다고 하면 축복기도로 마무리하고, 시간이 된다고 하면) 핸드폰을 50분간 꺼주실 수 있나요?

양육하기

대상: 선교사
• 성도를 양육할 때 중점을 두는 부분은 어떤 것인가요?
• 특별한 양육철학이나 방법이 있나요?
• 사용하는 양육교재의 장점은 무엇인가요?
• 성도의 신앙성장을 위해 새롭게 시도해 볼 만한 것이 있다면 무엇이 있을까요?

(중립적 질문과 메타포 질문도 사용하면 좋다.)

대상: 교인

- 성경에 대해 좀 더 배우고 싶은가요?
- 기도는 어떤 방식으로 하고 있나요? 교회의 중보기도회에 참석하기 원하나요?
- 교회에서 섬기고 싶은 부서가 있다면 어떤 부서인가요?
- 어떤 봉사를 할 때 가장 기쁘고 즐거우신가요?
- 전도훈련을 받고 싶으신가요?

교회 개척

대상: 선교사

- 교회 개척 경험이 있으신가요?
- 교회 개척을 위해 준비할 것이 있다면 무엇이 있나요?
- 어느 지역에서 개척할 계획인가요? (도시, 시골, 지역)
- 개척시기는 언제쯤으로 생각하고 있나요?
- 타깃그룹은 어떤 분들로 생각하고 있나요? (학생, 회사원, 어린이, 주부)
- 교회 개척에 참여하는 맴버는 어떤 사람들인가요?
- 어떤 예배형식을 가진 교회를 개척하고 싶은가요?
- 목회철학에서 가장 중요시하는 가치는 무엇인가요?

리더십 이양

- 시작할 때부터 끝을 생각하면서 사역해 왔나요?
- 리더십 이양의 적절한 시기를 언제로 생각하나요?
- 리더십을 이양할 동역자를 어떻게 양육하고 있나요?
- 어떤 방식으로 이양할 계획인가요? (몇 년간 함께 동역 또는 완전 이양)
- 주위에서 리더십 이양을 잘한 분들을 본 적이 있다면 어떤 점을 닮고 싶으신가요? (닮고 싶은 모델)
- 리더십 이양 후에는 어떤 사역을 계획하고 있나요?
- 유종의 미를 거두는 리더십 이양은 어떤 것일까요?

선교는 거부할 수 없는 주님의 명령이고, 선교의 주체는 시작부터 끝까지 성령이시다(W. Shin).

제언 —

선교 코칭은 하나님이 사용하시는 이 시대의 필요이며 효과적인 선교의 도구다. 선교지마다 문화와 역사와 언어가 다르고, 복음전파를 방해하는 많은 요소와 영적 전투가 있다. 자신이 속한 선교지의 상황과 섬기는 사람들에게 더 적합하고 효과적인 선교 코칭의 방법과 기술이 계속해서 개발되어야 할 것이다.

참고문헌

- 신후. 『누구나 전도』. 서울: 두란노, 2023.
- 안점식. 『세계관과 영적전쟁』. 서울: 죠이선교회출판브, 1995.

   _____. 『세계관을 분별하라』. 서울: 죠이선교회출판부, 1998.
- 이광순. 『선교학개론』. 서울: 한국장로교출판사, 1993.
- 한국기독교코칭학회. 『크리스천 코칭 디스커버리』. 서울: 아가페, 2022.
- 게리 콜린스. 『코칭 바이블』. 양형주, 이규창 역. 서울: 한국기독학생회출판부, 2011.

   _____. 『크리스천 코칭』. 정동섭 역. 서울: 한국기독학생회출판부, 2004.
- 데이빗 브라이언트. 『무너진 성벽을 막아서라』. 안진원, 김명희 역. 서울: 죠이선교회출판부, 1992.
- 도널드 맥가브란, 『하나님의 선교전략』. 이광순 역. 서울: 한국장로교출판사, 1993.
- 로버트 플러머. 『바울의 선교 방법들』. 조호형 역. 서울: CLC기독교문서선교회, 2016.
- 로저 그린웨이. 『가서 제자 삼으라』. 안영수 역. 서울: 포도원, 2001.
- 폴 히버트. 『선교현장의 문화이해』. 김영동, 안영권 역. 서울: 죠이선교회출판부, 1997.

   _____. 『선교와 문화인류학』. 김동화 외 역. 서울: 죠이선교회출판부, 1996.

   _____. 『성육신적 선교사역』. 안영권 역. 서울: CLC, 1998.
- 허버트 케인. 『선교 신학의 성서적 기초』. 이재범 역. 서울: 나단, 1988.
- C. S. 루이스. 『순전한 기독교』. 장경철, 이종태 역. 서울: 홍성사, 2018.
- W. Shin. *Personal Evangelism Made Easy*. Tulsa: Word & Spirit, 2023. 2023.

김소영

KCCA 한국기독교코칭학회 국제이사

로고스교회 사모, 2004년부터 C국 선교사

Apples of Gold 여성성경공부 강사

국제 교회와 일본인 교회 포함 10개 도시 20개 교회 개척

Columbia in't Univ. (CIU) MA Bible

08

사역 도구로서 코칭

_ 강진영

━━━◇━━━

코칭으로 초대하신 하나님 ━

누구나 인생을 살아가다 만나는 장벽이 있을 것이다. 나 역시 사역 현장에서 넘어서지 못할 것 같고 더는 전진할 수 없을 것 같은 내면의 크나큰 장벽을 만났을 때, 주님은 코칭을 만나게 하셨다. 담임목사님 찾아가기를 어려워하는 성도들이 먼저 손을 내미는 곳이 사모라는 자리라, 참 많은 사람들의 이야기를 들어주고 조언을 하게 되었던 것 같다.

그러던 중 내면에서 나를 힘들게 하는 음성이 있었다. '나는 더 이상 성도들에게 좋은 말, 좋은 길을 안내할 수 없어. 나는 그런 사람이 못 돼.' 이 소리는 나를 점점 힘들게 했고, 결국에는 대화를 요청하는 성도들을 피해 뒷걸음질 치며 도망 다니게 되었다. 이런 내 모습을 보면서 괴로운 내면의 아우성을 크게 듣고 있던 터에, 하나님께서 코칭이라는 새로운 산 길을 열어주셨다.

최소 2-3시간, 길게는 7시간까지 사람들과 이야기를 나누었는데, 체력적으로 강하지 못한 내게는 참으로 힘든 일이었다. 코칭을 만나고 좋은 것 중 하나가 프로세스의 힘이다. 코칭에서는 프로세스에 따라 고객을 질문이라는 마차에 태워 움직이게 하기에, 충분하고 풍성하게 대화를 나누면서도 대화의 초점을 잃지 않고 두 시간 안에 대화의 결과물이 도출된다.

성악을 공부한 사람으로서 목소리를 애지중지하던 내게 하나님은 찬양하는 사모보다 기도하는 사모가 되기를 원하셨다. 하나님의 감동하심에 따라 결단하고 기도의 삶을 살던 내게, 어느 날부터 성대에 문제가 생겨 목소리를 내는 것 자체가 어렵게 되었다. 이런 내게 코칭대화의 비율이 2대 8이라는 것 또한 엄청난 유익이었다. 내가 경청하면서 2에 해당하는 부분을 질문으로 던지고, 고객이 8의 비율로 자신을 표현할 수 있도록 말하다 보면, 그야말로 스스로 가져가야 할 것을 자신 안에 담아가는 현장을 보게 된다. 그때마다 코칭이 매직처럼 신기하게 느껴졌다.

또 내가 어떤 좋은 말이나 좋은 길을 제시하거나 충고하거나 조언하는 것이 아닌, 이미 고객 안에 답이 있다고 보고 출발하는 코칭철학이 내게 자유를 선물해 주었다. "사람의 속에는 영이 있고 전능자의 숨결이 사람에게 깨달음을 주시나니"(욥 32:8). 전능자가 고객에게 깨달음을 주신다는 믿음과 고객을 존중하는 마음으로, 대화의 현장 가운데 함께 존재하는 것만으로도 충분한 역할을 감당하게 된다. 또 고객이 깨달아 담아가는 선물의 기쁨을 동일하게 때로는 더 크게 느끼고 누리는 것도 큰 에너지를 받는 선물 같은 일이다.

코칭으로 회복시키신 하나님 ——

코칭이 복음은 아니다. 그러나 복음 같다. 이런 이유로 실제 코칭교육의 현장에서는 코칭교육이 그냥 교육이 아닌 마치 부흥회 같은 경험을 하게 된다. 질문에 진지하고 진솔하게 대답해 가며 반응하기 때문에, 코칭으로 맺어진 관계는 상당히 *끈끈하고* 강력하다. 코칭을 접한 사람들은 코칭을 좋아하게 된다. 좋은 것에는 원리가 있는데, 하나님 생명의 원리와 창조의 원리가 흐르고 있기 때문이다.

코칭대화가 우리에게 유익한 이유는 코칭의 기능 중 우리 삶의 조화, 질서, 균형을 돕는 코칭 식 대화법을 통해, 하나님의 사랑 같은 고객을 향한 존중과 사랑, 신뢰의 마음으로 대화를 주고받으며 창조 상태로 회복하고, 하나님의 형상으로 회복하도록 돕는 기능이 있기 때문이다.

크리스천 코칭은 개인과 집단이 현재의 지점에서 하나님이 원하시는 지점으로 이동할 수 있도록 구비시키는 기술이자 실천이다. 그러므로 성경적 근거와 원리를 가지고 영적 정신적 물질적 세계를 다루게 된다. 우리의 마음은 영적 정신적 물질적 만족이 있을 때 조화, 균형, 질서로 마음이 충만해진다. '예수가 죽었다'는 것을 역사로만 알고 말하느냐 '그 예수가 나를 위해 죽었다'는 신앙고백으로 이어지느냐는 마치 크리스천 코칭에서 자신 안에 이미 넣어주신 자원을 발견하는 것이 하나님으로부터요, 깨달음을 주시는 분이 하나님이시고, 감사를 발견하게 하시는 분이 하나님이셨음을 고백하는 것과 참 닮아 있다. 모든 창의적 아이디어를 공급해 주시는 주체가 하나님임을 고백하게 되는 것이다. 그렇기 때문에 자신에 대한 이해가 커질수록 나를 지으신 하나님의 나를 향한 선하신 계획을 알게 되고, 하나님을 향한 고백이 깊어지고, 하나님과의 관계가 가까워질 수밖에 없다.

크리스천 코칭은 결국 코치와 고객이 모두 기독교인이라는 것과 삼위 하나님이 함께 춤을 추듯이 '네가 내 안에 내가 네 안에' 있는 상태를 말한다. 성령님과 코치와 고객이 삼위일체 되어 예수 그리스도의 십자가 구원의 복음을 유능하고 탁월하게 증거해, 하나님나라를 땅 끝까지 확장하는 증인 된 삶을 살도록 변화시키는 데 초점을 둔다.

트리니티 코칭 리더십 교육 중 받은 "당신의 정상은 어디입니까?"라는 질문에서, 나는 아주 오랜만에 가장 진지하게 하나님과 대면하게 되었다. '정상' 하면 자연스레 최고의 성공 장면을 떠올리게 된다. 그러나 내가 가장 큰 성과를 내고 열매를 얻었을 때는 믿을 수 없게도 내가 가장 연약할 때였다는 결론에 도달하면서, 어떤 이유였는지 한 단계 더 들어가 생각해 보게 되었다. 약할 때가 곧 강함이라 말씀하신 것처럼 하나님을 깊이 만나고 붙잡는 시간이었기에, 내 힘으로 안 될 때 그분이 일하신 것이다. 그때의 질문이 시간이 지난 지금도 낯설고 두려운 일들 앞에서 도전의 마음을 부어주고 있는 것 같다.

코칭은 '의미의 창조 작업'이다. 코칭은 '코치와 고객이 협력하여 액자 속에 넣을 그림을 그리는 것'이라고 표현할 수 있다. 코치는 사람들의 새로운 이야기를 탄생시키고, 중요한 시점에 변화를 촉진시키는 산파다.

코칭대화는 고객과의 대화에서 고객이 어느 부분을 삭제 왜곡 일반화하는지 경청해 주고 찾아내 반영하여 질문으로 되돌려주는 작업이다. 결국 고객 의식의 확장, 관점의 전환을 일으킨다고 하는 것 안에는 이러한 작업이 포함된다.

사역자의 자아성찰을 위한 도구로서 코칭 —

사역자에게 기도는 아주 익숙하고 자연스러운 것이다. 그러나 그 기도 가운데서도 스스로 깨닫고 들은 것이 자기 내면의 욕망인지 하나님이 주신 마음의 소원인지는 분별이 필요하다. 하나님의 음성을 잘 듣고 분별하여 주님 뜻대로 따라가지 못하면 환경을 넘어서지 못하고 불순종의 길로 갈 수밖에 없다. 육신을 입고 있는 우리는 결정적인 순간에 가장 큰 소리를 쫓아가게 되는데, 코칭의 성찰적 기능을 통해 내면 성찰 훈련을 도움받을 수 있다. 개인마다 갖는 경건의 시간에 무엇을 어떻게 해야 하는지 미세한 하나님의 음성을 들어야 하는 셀프코칭 시간이 될 수도 있다.

"우리의 마음은 우리가 자주 품는 생각으로 물들기 마련이다." _마르쿠스 아우렐리우스, 로마 황제

"너희 안에 이 마음을 품으라 곧 그리스도 예수의 마음이니" _빌 2:5

1. 요즘 당신의 마음에는 어떤 단어들이 있나요?

2. 그중에서 가장 자주 찾아오는 마음의 단어는 어떤 것인가요?

3. 자신의 마음이 어떤 마음으로 물들기 원하나요?

4. 이번 한 주 주님을 위해 어떤 마음이 스며들게 하고 싶은가요?

5. 그 마음으로 하나의 행동을 시도한다면 무엇인가요?

6. 그것을 잘 실행해낸 것을 누가 어떻게 확인할 수 있나요?

7. 오늘 나눔에서 기억하고 적용하고 싶은 정리된 마음이 있다면 무엇인가요?

일대일 돌봄의 도구로서 코칭 —

일대일 코칭 현장에서는 깊이 대화할 수 있다는 것이 참 좋다. 그야말로 일대일 맞춤식의 돌봄이 가능하다. 코칭은 씨앗에 물을 주어 꽃을 피우게 하는 일이다. 그 사람만의 독특한 씨앗에 담긴 잠재력, 그러니까 원래 내면에 잠재되어 있는 파워를 끄집어내어 마음껏 성장하고 활짝 꽃 피울 수 있도록 돕는 작업이다. 자신이 누구이고, 잠재된 파워를 어떻게 계속 활용할 수 있을지 현재 상황과 여건에 맞도록 도와주고 지원해 주는 소통 과정이다. 스스로 지금 어느 씨앗에 물을 주고 있으며, 의식의 표면에 무엇이 올라오고 있는지 알아차리게 한다. 자신이 원하는 삶을 살기 위해 어느 씨앗에 물을 주어야 할지 선택하도록 도와준다.

코칭은 질문을 통해 새로운 시각을 갖게 함으로써 가능성을 찾게 하는 기법을 체계화해 놓은 것이다. 모든 사람은 자기만의 길을 걸어가고, 그 길은 그 사람만의 고유한 삶을 만든다. 자신은 그냥 존재가 아닌 귀하고 특별하게 선택되고 지음받은 존재임을 발견하게 되는 것이다.

코칭 프로세스는 전화심방에도 동일하게 적용할 수 있어 좋다. 코칭에 갓 입문한 한 사역자가 코칭실습을 위해 교회 청년들에게, 자신이 코칭을 배우게 되어 실습 중이니 고객 역할을 한 번 맡아달라며 상황을 완전히 오픈하고 15분에 걸쳐 트리니티 대화모델에 따라 순서대로 진행했다. 그 현장에서 놀라운 반응을 경험했다는 고백이었다. 본인은 그냥 대화모델 순서에 따라 질문지를 보며 읽고 진행했을 뿐인데, 항상 목사님의 말씀을 듣는 입장이던 청년들은 목사님이 자신에게만 오롯이 집중해 들어주는 것이 너무 좋고 감격스러웠다는 피드백, 15분이라는 짧은 대화에서 대화의 결과가 도출되는 것, 목사님이 공감하며 경청해 주고 들은 것을 토대로 기도까지 해주어 큰 위로와 격려가 되었다며, 진짜 내면에 있는 것을 꺼내 진지하고 진솔하게 대화하면서 눈물까지 보이는 것은 15분 대화에서 있을 수 없고 기대하지 않았던 일이라며 놀라움을 금치 못했다. 이것이 코칭 프로세스가 주는 힘이고 코칭기술의 강점이다.

고객 1: 나**

4년간 운동해 오며 매번 체중 감량에 실패하는 식단조절에 관해 이야기하다가, 매일 식단을 트레이너에게 찍어 보내야 하는데 제대로 하지 못하고 있음을 무능하게 여겨 괴로워했다. "고객님은 4년이나 끈기 있게 운동해 오시고, 정직을 추구하는 분이기에 거짓으로 사진을 찍어 보내지 못하시는군요." 코치의 인정 피드백에 고객은 감동했고 에너지 반전이 일어났다. 4년이나 운동해 온 것은 자신이 끈기 있는 사람이었으며, 본인이 무능해서가 아니라 정직하고 싶은 욕구가 더 컸던 것을 새로운 시각으로 보게 된 것이다. 이후 체중 감량을 성공적으로 해내는 성취감을 맛보았고, 이것을 계기로 모든 일에 성취감을 느끼는 경우가 많아졌다고 고백했다. 코치의 직관과 통찰을 활용한 긍정의 피드백이 때로는 고객을 상자 밖으로 꺼내주기도 한다.

고객 2: 고**

트리니티 대화모델에만 있는 가장 강력하면서 독특한 것은 대화모델 안에 기도 부분이 프로세스로 들어가 있다는 것이다. 이 프로세스 하나가 참 다양한 기적의 현장을 보게 할 때가 많다. 신앙생활하는 고객이라면 발견한 감사가 무엇인지 묻고, 그 감사로 코치가 코칭 대화 가운데 들은 맥락적 내용을 가지고 기도해 준다. 믿지 않는 고객이라면 기도해 주는 대신 코치의 말로 응원 지지 격려해 주며 끝낸다. 이 고객은 대화 가운데 지금의 상황이 재해석되어 어릴 적 다니던 교회생활을 고백하고, 대화 가운데 하나님이 자신을 부르시는 것 같다며 다시 교회에 나가겠노라 결단하면서 감사기도로 마쳤다. 코치가 기도하는 내용은 이미 고객이 대화 가운데 말한 것인데, 어떻게 자신의 마음을 그렇게 다 알고 기도를 정확하게 해주냐며 기도 후에 한 번 더 감동하는 고객을 자주 만난다. 대체로 사람들은 이 기도 부분을 대단히 좋아하고 성찰을 일으키며 영향을 받는다. 이런 경험을 할 때마다 하나님이 동행하시는 현장임을 더욱 느낀다.

고객 3: 오＊＊

평소 안정추구 성향이 강한 고객으로 이미 한 직장에 오래 다녔는데, 이직을 놓고 어떤 결정을 내려야 할지 오랫동안 고민해 왔다. 고민하는 고객에게 이직했을 때 펼쳐질 멋진 일들을 충분히 상상하게 하는 방을 설정하게 한 후, '현실주의자의 방'을 상상하게 하고 현실적인 목표나 행동을 이야기하게 했다. 그다음 '비판가의 방'으로 가게 하여 꿈꾸는 상상을 논리적 이성적으로 비판해 보게 했다. 모든 방을 나오게 한 후 어느 방을 재조정해 보고 싶은지 점검했다. 상상공학(Imagination Engineering)이라는 기법의 여러 질문으로 객관적 사실을 인식하고 판단하게 한 후, 마지막 질문으로 "사람이 인생을 살면서 후회가 없을 수는 없겠지만, 고객님이 5년 후나 10년 후 그래도 덜 후회할 것 같은 결정은 무엇인가요?" 하고 물었다. 그 질문에 고객은 이직 결단을 내렸다. 그 후 정말 원하는 것이 무엇인지 묻고 구체적으로 실행계획을 세워 보게 했다.

고객 4: 이＊＊

고객이 느끼는 불안이라고 하는 부정적 감정을 다루는 날이었다. NLP기법 중 자신을 분리해서 주관적 경험을 철저히 배제하고, 제3의 시각에서 멀리서 객관적으로 바라보게 하는 객관적 관조(Dissociation)라는 질문기법을 사용해, 자신이 느끼고 있는 불안의 크기를 줄여가는 작업을 해보았다. 크기를 축소 화면으로 바꾸고 멀리서 바라보게 한 것이다. 영화관 스크린-TV 화면-노트북 화면-엽서-명함-우표 크기 등으로 줄이고 줄여 가장 작게 줄어들었을 때, 마치 다음 질문을 아는 것처럼 고객 스스로 "코치님, 발로 뻥 차버릴 수 있겠는데요" 하고 말했다. 고객의 그런 반응이 놀라웠다. 내가 던진 추가질문은 "어디까지 차 버리시겠어요?"였다. 고객은 저 멀리 바다까지 차버려 다시는 자기에게 돌아오지 않게 해야겠다며 자신의 부정 감정을 스스로 해결했다.

고객 5: 김**

앞의 사례와 동일하게 불안이라는 부정 감정을 다루었다. 앞의 경우처럼 크기를 줄여가다가 마지막 크기 정도에 이르러서, 작아진 그 불안을 눈에 보이지 않게 어떻게 처리하겠느냐는 질문에, 불안이 꼭 나쁜 건 아닌 것 같다며 아예 없애버리는 것을 오히려 불안해했다. 이유를 묻자 불안이 의지가 될 것도 같다고 말했다. 그 불안을 의지로 바꾸어 어떻게 하고 싶은지 다시 물으니 "등에 붙여 볼래요. 등에 붙이면 안보이니까…"라고 답했다. 이 경험을 어떻게 마음에 적용할지를 물으니, 의지로 바꾸어 붙였으니까 자신을 오히려 앞으로 나아가게 밀어줄 수 있을 것 같다며 새로운 방향으로 의식의 전환을 일으켰다.

같은 기법을 적용한 코칭대화라 해도 고객에 따라 진행과 결과가 다를 수 있다. 또 다루는 이슈의 처리방법도 고객마다 다를 수 있음을 경험했다. 응용편으로 '객관적 관조'라는 기법을 부정 감정의 단어를 처리하는 대신 긍정 단어로 바꿔, 크기를 점점 키워보는 상상을 통해 효과를 본 경우도 있다.

고객 6: 이**

이 고객은 동화에 상당한 긍정 에너지를 느꼈다. 그래서 고객이 느끼는 동화의 힘에 관련된 특징에 대해 여러 범주로 표현하게 하고, 그 특징을 고객이 원하는 목표와 하나하나 연결시켜 어떤 생각이 연결되는지 탐색하자, 대단한 의식의 확장과 에너지가 일어났다. 코칭대화 가운데 유독 에너지를 느끼는 단어나 상황을 발견해, 그것의 특징과 (또는 임의의 단어나 물건을 선택해 관련된 아이디어를 모으고) 그 아이디어를 주제와 강제로 연결하는 방법인 '임의 단어법'(Random word)이라는 도구를 적용한 대화다. 고객이 전혀 다른 세계에서 생각해 볼 수 있게 하는 좋은 의식 확장의 기법이라고 생각한다.

코치는 철저한 '구조화'로 준비하되 코칭할 때는 모든 것을 내려놓고 비워낸 후 오직 성령님이 개입하실 공간을 열어드리는 '반구조화'로 고객 앞에 서는 것이 필요하다. 그랬을 때 성령께서 추게 하시는 춤을 고객과 함께 추게 된다.

큐티, 성경 나눔을 위한 도구로서 코칭 —

소그룹을 인도하는 셀리더들이 가장 두려워하는 것은 자기가 잘 할 수 있을까 하는 것이다. 모임의 도입부터 마무리까지 리더들에게 주문하는 것은, 가르치려 하지 말고 토크쇼를 진행한다 생각하라고 이미 지화해 주고, 반구조화 코칭적인 접근으로 질문하는 것을 훈련시킨다.

질문하는 것이 훈련된 리더는 탁월하게 셀원들의 집단지성을 이끌어 내며 셀모임을 풍성하게 이끌어간다.

1. 성경 스토리의 본문을 정하고 마음에 다가오는 단어를 선택하고 그 가운데
2. 아이스브레이크 격의 질문을 창의력 있게 만드는 훈련부터
3. 본문에 대한 열린 질문을 만들고 던지는 방법
4. 그러한 질문으로 셀원들을 나눔 가운데 초청하는 방법
5. 서로의 알아차림을 묻고 취합하여
6. 한주의 적용까지 뽑아내도록 안내하는 역할까지다.

"나아만이 노하여 물러가며 이르되 내 생각에는 그가 내게로 나와 서서 그의 하나님 여호와의 이름을 부르고 그의 손을 그 부위 위에 흔들어 나병을 고칠까 하였도다 다메섹 강 아바나와 바르발은 이스라엘 모든 강물보다 낫지 아니하냐 내가 거기서 몸을 씻으면 깨끗하게 되지 아니하랴 하고 몸을 돌려 분노하여 떠나니 그의 종들이 나아와서 말하여 이르되 내 아버지여 선지자가 당신에게 큰 일을 행하라 말하였더면 행하지 아니하였으리이까 하물며 당신에게 이르기를 씻어 깨끗하게 하라 함이리이까 하니 나아만이 이에 내려가서 하나님의 사람의 말대로 요단 강에 일곱 번 몸을 잠그니 그의 살이 어린 아이의 살 같이 회복되어 깨끗하게 되었더라"(왕하 5:11-14). 코치의 시선으로 몇 가지 기술을 이 이야기 속에서 찾아본다면 간단하게는 신념 다루기, 강력한 질문, 적극적 경청, 머물기, 침묵, 신뢰관계 등의 코칭기술을 볼

수 있다.

신념 다루기 "내 생각에는…"에서 나아만이 틀에 갇혀 있는 것과, 그로 인해 선지자의 말에 순종하지 못하고 행동하지 못하는 부분이 드러난다. 언제나 이러한 부분은 코치가 눈여겨보아야 할 부분이다.

강력한 질문 종들이 나아만에게 "선지자가 당신에게 큰 일을 행하라 말하였더면 행하지 아니하였으리이까"라고 말한 것은 나아만의 생각과 행동에 변화를 가져다주었다.

적극적 경청 종들의 경청은 나아만이 행동하지 못하게 하는 부분을 반영한 질문을 던져주었다.

머물기, 침묵 본문의 행간에서 상상할 수 있듯, 종들이 강력한 질문을 던지고 나아만이 생각할 수 있도록 머물러 기다려주는 부분이 있었기에, 치유의 은혜를 맛볼 수 있는 행동의 결단을 할 수 있었다.

신뢰관계 종과 주인의 관계에도 불구하고 종들이 강력한 질문을 던질 수 있었던 것은, 주인을 "내 아버지여"라고 부를 만큼 서로 간에 깊은 신뢰관계와 애정관계가 형성되어 있었음을 알 수 있다.

1. 평소 좋아하는 숫자는 무엇입니까? 그 이유는 무엇인가요?("일곱 번 몸을 잠그니"에 힌트: 친밀감 형성 질문)
2. 자기를 기분 좋게 하는 호칭이 있다면 무엇입니까?("내 아버지여"에 힌트: 친밀감 형성 질문)
3. 자기 안에 강하게 가지고 있는 신념에는 어떤 것이 있습니까?("내 생각에는"에 힌트)

4. 그 신념이 긍정적으로 발휘된 경험이 있다면 언제입니까?(신념에
   서 확장시킨 질문)
5. 자기 생각을 내려놓도록 결단하는 데 도움을 준 말씀이 있다면 무
   엇입니까?
6. 그 영향력은 삶에 어떤 변화를 가져왔나요?
7. 나눔 가운데 정리된 생각이 있다면 무엇인가요?(알아차림 질문)
8. 정리된 생각을 적용해 한 주 동안 실천해 볼 것이 있다면 무엇인
   가요?

성경 속 주님의 한 말씀 한 말씀은 이미 탁월한 최고 코치의 모습을 보여준다. 말씀마다 생생한 코칭대화의 현장을 보고 있는 듯한 느낌을 갖게 한다. 유용한 코칭기술을 성경 안에서 하나하나 만난다. 성령과 함께하는 코칭대화가 강력할 수밖에 없는 이유가 여기 있다.

심방 도구로서 코칭 ─

2023년 받은 말씀카드로 성도들의 가정을 심방하면서, 담임목사님이 코칭적 질문으로 말씀 나눔 안에 성도들을 초대했다. 함께함의 역동이 인상적이고 풍성한 말씀 선포와 함께 적용되었다. 보통 심방은 목사님의 권면의 말씀과 축복기도가 주를 이루고, 성도는 수동적으로 듣기만 한다. 그런데 본문 말씀 안에서 만들어낸 라포(친밀감) 형성 질문으로 성도들의 말문과 마음을 열고 동참시키면서, 말씀을 들은 후

느낀점이나 적용점, 새롭게 알게 된 것을 질문했다. 말씀을 들은 성도들이 어떻게 느끼고 해석하는지 표현할 기회를 주고, 함께 들은 성도들에게도 덧붙여 해주고 싶은 이야기를 물어 풍성한 축복까지 더해지는 현장을 경험했다. 코칭에서도 고객이 자신을 더 잘 표현하도록 질문하는 것이 중요한 것처럼, 성도들에게도 말씀에 어떻게 반응할지를 결정하고 표현할 수 있게 기회를 주는 것은 삶의 영향력으로 연결되어 나타난다.

라포 질문

- 어떤 일을 할 때 함께하고 싶은 사람은 어떤 사람인가요?
- 자신의 강점은 무엇인가요?
- 자신이 편하고 쉽고 재미있게 하는 일에는 어떤 것이 있나요?

마무리 질문

- 들은 말씀이 어떻게 다가왔나요?
- 나눈 말씀에서 새롭게 정리된 것이 있다면 무엇인가요?
- 삶에 적용해 본다면 어떤 생각이 떠오르나요?

더하기 질문

- 이 가정에서 나눈 말씀을 함께 들으면서 무엇을 느꼈나요?
- 함께 나눈 말씀에 더 해줄 말이 있다면 어떤 것이 있나요?
- 함께 들으면서 더 해줄 축복의 말씀이 있다면 나눠주시겠어요?

코칭으로 꿈꾸게 하시는 하나님 ──

코칭을 만나고 나서 그 전에는 한 번도 받아보지 못한 질문에 답해 나가면서, 그동안 알지 못했던 나 자신을 알게 되어 나 자신에 대한 이해가 커졌다. 그로 인해 나를 지으시고 나를 향한 계획이 있으신 하나님에 대한 이해도 커졌다고 고백하고 싶다. 그 회복은 나로 하여금 주님 안에서 또 다른 꿈을 꾸게 해주었다.

크리스천 코칭은 개인의 영적 여정을 안내한다. 셀프코칭 적용이 가능해지기 때문에 내면의 성장을 불러일으킨다. 또 성경을 읽고 해석하는 시선과 깊이가 달라진다. 하나님께 계속 질문하기 때문이다.

크리스천 코칭은 변화를 효과적으로 관리하게 한다. 유연하게 사고하도록 돕기에 순발력 있는 대처가 가능해진다. 코칭은 사역자와 은퇴 후 인생 2막을 준비하는 사람들에게 평생 경험해 온 것이 그냥 묻히거나 쓸모없는 것이 아닌, 지나온 삶의 모든 경험이 통합적인 사용의 현장이 된다는 것을 알게 한다.

크리스천 코칭은 비전을 명확히 하도록 자극한다. 또 열정과 강점을 찾고 계발하게 한다. 내가 기뻐서 하고 좋아서 하는 것, 이미 주신 것들을 코칭을 통해 더 선명히 알게 되었다. 코칭을 만나고 삶에 오아시스를 만난 듯 기뻤다. 이 기쁨을 나만 가지고 있을 수 없어 연약하지만 나누기 시작했고, 사역자로서 필요하고 갈급했던 부분을 코칭을 통해 크게 도움 받았다. 이는 사역자들에게 코칭을 나누는 일로 자연스럽게 흘러갔다. 의도하지는 않았지만 개인적으로 이런 배경이 있기에 지금도 목회자나 선교사, 특별히 사모님들과 주로 함께하고 있다.

나를 코칭으로 이곳까지 이끄신 하나님 안에서 꿈을 꾸어본다. 하나님나라를 위하여 나와 연결해 주시는 전 세계의 모든 사역자를 품고, 사역 도구로서 코칭을 나누는 세계를 품은 허그코치이고 싶다. 내가 사랑하는 복음과 코칭, 사역자이면서 크리스천 코치인 내게 코칭은 평생 해온 사역과 복음에 코칭어를 입히고 경청의 온도를 높여, 영혼을 세우고 살리는 따뜻한 허그를 선물해 주고 돕는 도구가 아닐까 한다. 영혼을 뒤흔드는 적극적인 경청과 강력한 질문을 통해, 내면에 있는 이미 허락된 보물을 발견할 수 있도록 돕는 대화를 하게 된다면, 우리의 사역과 관계 안에 그리고 자기 안에 어떤 변화가 찾아오게 될지 참으로 기대되는 일이 아닐 수 없다.

코카콜라 회사의 사장은 "인류 모든 사람의 혈관 속에 코카콜라가 흐르게 하고 싶다"고 말했다. 나는 적어도 나를 만나는 모든 사역자에게 코칭대화를 할 수 있는 크리스천 코치가 되고 싶다. 같은 꿈을 꾸는 필요한 코칭 동역자를 하나님은 때마다 허락하셨고 앞으로도 계속 허락하실 것을 믿는다.

참고문헌

• 박창규. 『임파워링하라』. 서울: 넌 참 예뻐, 2015.
• 한국기독교코칭학회. 『크리스천 코칭 디스커버리』. 서울: 아가페, 2022.
• 한기채. 『예수님의 위대한 질문』. 서울: 교회성장연구소, 2018.
• 홍삼열, 송두호. 『공동체 계발 ISP』. 서울: 좋은땅, 2019.
• 게리 콜린스. 『코칭 바이블』. 양형주, 이규창 역. 서울: 한국기독학생회출판부, 2012.

- 조나단 패스모어. 『마스터 코치의 10가지 중심이론』. 김선숙 외 역. 서울: 한국코칭 수퍼비전아카데미, 2019.

강진영

한국코치협회 KPC 코치

트리니티 허그 코칭센터 대표, 세계를 품은 교회 사모

KCCA 한국기독교코칭학회 국제이사, 미주본부장

All new 트리니티 FT, 국제코치훈련원 가족코칭전문가

인성심리코칭 상담사, 진로인성지도사, DISC 전문강사

PTSA 미주장로회신학대학 코칭석사 과정 중

09

사명과 코칭

_ 양은선

———◇———

　나는 사모다. 코치가 되기 전에는 주로 만나는 대상이 교회 안의 성도들이었다. 그리고 신앙의 가정에서 자랐기에 성장기에도 주위의 많은 사람이 크리스천이었다. 그래서 기독교적 언어 사용이 편했고, 영적인 이야기가 익숙했으며, 영성에 관심 갖는 것을 당연하게 여겼다. 그런데 코치가 되고 소위 코칭필드에 들어오면서 익숙한 듯 낯선 경험을 하게 되었는데, 그것은 많은 코치들이 효과적인 코칭을 하고 자기계발의 궁극적인 목적을 이루기 위해 영적인 것에 관심을 갖고 있다는 것이었다. 그리고 실제 코칭 현장에서 영적인 부분을 터치하기 위해 다양한 코칭과 접근법을 사용하고 있었다. 종교가 없는 사람들은 유한한 삶에 시선을 두고 영적인 것에는 그다지 관심이 없을 줄 알았던 내 편견을 깨는 부분이었다. 이것은 내가 크리스천 영성코칭에 더 관심을 갖게 했다.

　현대 사회의 영성 운동(movement)에 대해 김성민은 다음 4가지로 정리했다. 첫째, 기독교 이외의 종교, 특히 동양 종교에서 영성을 찾으려는 운동이다. 둘째, 종교 이외의 분야에서 영성을 찾으려는 운동이다. 셋째, 세계 종교를 통합하려는 운동, 그리고 마지막으로 기독교 전통에서 새롭게 영성을 찾으려는 운동이다. 이러한 영성 운동의 흐름 가운데 크리스천 코치는 영성을 어떻게 보아야 하는가? 하나님은 사람을 그의 영 '루아흐'[30]와 '네페쉬'[31]로 지으셨기에 크리스천이든 아니든 영적(spiritual)인 존재인 것은 당연하다. 그렇다면 그들이 이해하고 바라보는 영성과 기독교인이 바라보는 영성은 같은 것일까? 다르다면 무엇이 어떻게 다른가? 또 크리스천 코치는 어떤 영성을 추구하여 일반코칭이 영성코칭이 되도록 해야 하는가? 마지막으로 영성코칭이 지향하는 바는 무엇인가? 이런 질문에 답을 찾아가며 크리스천 코치로서 내 걸음과 방향은 자연스럽게 크리스천 영성코칭으로 향하게 되었다.

---

30 "땅이 혼돈하고 공허하며 흑암이 깊음 위에 있고 하나님의 신은 수면에 운행하시니라"(창 1:2, 개역한글)는 말씀에서 "신"(神)으로 번역된 단어가 '루아흐'인데, 원어의 의미가 '영, 호흡, 힘, 기운, 숨, 공기, 바람, 폭풍, 생기, 생령, 정신, 의지, 하나님의 영, 성령'이고, 아람어로 '마음, 바람, 영, 성령' 등으로 풀이된다.

31 "여호와 하나님이 땅의 흙으로 사람을 지으시고 생기를 그 코에 불어넣으시니 사람이 생령이 되니라"(창 2:7). 한글 성경에서 "생령"으로 번역된 단어는 히브리어 원어로 '네페쉬 하야'다. 히브리어 '네페쉬'는 우리말로 '혼'이고 '하야'는 '살아 있는'이라는 뜻이다. 히브리어 네페쉬는 사람에게만 혼 즉 네페쉬가 있는 것이 아니고, 사람을 포함해 모든 생명체에 네페쉬가 있다고 성경은 말한다.(마태복음 강해 261, "예수 그리스도의 십자가 대속의 죽으심")

영성에 대한 이해와 영성코칭 —

나는 코치이며 상담사다. 조력전문가(People Helping)로 사는 사람들의 간절한 기대와 바람은 고객의 치유와 회복 그리고 변화와 성장이다. 그러기 위해 다양하고 깊이 있게 공부하고, 도움이 될 만한 접근법을 사용해 정성을 다해 고객(내담자)[32]에게 다가간다. 때로는 그들에게 많은 도움이 되기도 한다. '영성'이라는 단어는 매우 포괄적이고 영성을 연구하는 많은 사람 또한 영성에 대해 다양한 정의를 내리고 있다. 영성에 대한 다양한 정의를 여기에 모두 소개할 수는 없고, 신학자세 명의 정의만 소개하고자 한다.

> 넓은 의미에서 영성은 인간 행위를 유발하는 어떤 태도나 정신으로서, 구체화 된 종교적 또는 윤리적 가치를 총칭한다. … 크리스천의 영성은 믿음과 사랑과 이 밖에 다른 덕행들로 말미암아 작용하는, 은총의 내적 생활을 통해서 그리스도의 신비에 참여하는 것이다. _ 카톨릭 신학자 오만

> 기독교 영성은 인간과 하나님 사이의 관계 수립을 통하여 인간이 하나님의 능력 안에서 살고, 하나님의 본질을 역사 속에서 창조적으로 수립하는 것이다. _ 개신교 신학자 홈즈

---

32 클라이언트를 상담에서는 주로 내담자로 칭하며, 코칭에서는 고객 혹은 피코치, 코치이로 칭한다. 본문에서는 코칭에 대해 주로 언급하므로 고객으로 표현한다.

기독교 영성은 성령에 의하여 예수 그리스도 안에서 하나님 경험을 통하여 실현되는 것으로서 인간의 자기 초월적인 지식, 사랑, 헌신의 능력과 관계된다. 영성은 하나님의 말씀과 성령 안에서 하나님의 은혜의 방편인 기도, 묵상, 침묵 등 영적 실천을 통하여 형성되고 성숙된다. _ 최창국

영성에 대한 정의는 기독교인의 수만큼이나 다양할 수 있으나, 영성에 대한 공통적인 부분은 다음과 같지 않을까 생각해 본다. 영성은 그리스도인의 성화의 과정과 관련이 있다. 영성은 성령의 도우심과 인도 안에서 형성되고 재형성되는 하나님의 사역이다. 영성은 하나님과의 친밀한 관계를 통해 형성된다. 그리스도인의 영성은 때로는 고난과 삶의 역경을 통해 더욱 깊어진다. 영성은 부르심과 사명을 따라 걸어가는 여정 가운데 깊어진다. 마지막으로 영성은 전적으로 하나님이 주시는 은혜의 영역이다. 그렇다면 이 기독교 영성을 코칭에서는 어떻게 바라보고 영성코칭을 할 수 있는가, 역경지수와 사랑지수로 영성코칭을 만나보고자 한다.

AQ(역경지수) '문제를 다루다' ─

사람의 능력을 과학적으로 측정하는 방법이 많이 소개되었다. 지적 능력을 평가하는 IQ(지능지수), 감정과 느낌을 통제하고 조절할 줄 아는 EQ(감성지수), MQ(도덕성지수), CQ(창조성지수), PQ(열정지수),

SQ(사회성지수) 그리고 SQ(영성지수) 등 다양하다. AQ(Adversity Quotient, 역경지수)는 수많은 역경에도 굴하지 않고 끝까지 도전해 목표를 성취하는 능력을 의미하는 것으로, 그러한 능력을 IQ처럼 지수화한 것이다. 역경지수는 역경을 만났을 때 반응하고 대처하는 사람을 세 그룹으로 나눈다.

- 퀴터(quitter): 어려움이 닥쳤을 때 포기하는 사람
- 캠퍼(camper): 어려움이 닥쳤을 때 안주하는 사람
- 클라이머(climber): 어려움이 닥쳤을 때 극복하는 사람

AQ는 IQ나 EQ보다 AQ가 높은 사람이 성공하는 시대가 될 거라는 것으로, 영국의 커뮤니케이션 이론가 폴 스톨츠(Paul G. Stoltz)가 처음으로 주장했다. 스톨츠는 역경을 마주했을 때 인간의 대처방식을 등산가로 비유하며 설명한다. 첫째, 포기하는 자(quitter)는 타협하는 삶을 산다. 그들은 부정적인 사건들로 쉽게 절망하고 성공을 포기한다. 장벽을 극복하기 위한 시도를 빠르게 중단하고 문제해결 의지가 약하다. 둘째, 안주하는 자(camper)는 어느 정도까지 싸울 준비가 되어 있지만 집요하게 노력하지 않는다. 그들은 편안한 삶을 선호하고 부정적인 경험을 마주하는 것을 두려워한다. 마지막으로, 극복하는 자(climber)는 성취자를 의미한다. 그들은 자기 동기부여가 되고 노력에 일관성이 있다. 직면한 어려움에 상관없이 희망을 잃지 않는다.

최고의 실학자 다산 정약용은 귀양간 유배지에서 "드디어 책을 읽을 수 있는 시간이 생겼다"며 오히려 좋아했다. 언제든지 사약을 받을

수 있는 상황에서 18년간 원망하거나 좌절하지 않고, 오히려 방대한 저술활동을 하며 척박한 유배지를 학문의 성지로 승화시켰다. 우리 역사에서 볼 수 있는 대표적인 극복하는 자다.

반대로 포기하는 자(quitter)의 이야기를 보자. 일본 최고의 대학인 도쿄대 고대를 최우수 성적으로 졸업한 젊은이가 마쓰시다 그룹 신입 사원 채용 입사시험에 응시했다. 시험을 만족스럽게 치른 이 학생은 우수한 성적으로 합격했을 거라 생각했다. 그런데 뜻밖에도 합격자 명단에서 자신의 이름을 발견하지 못했다. 그는 수치심과 분노와 좌절로 혼란스러워하다 결국 그날 밤 다량의 수면제를 먹고 자살했다. 그 다음 날 마쓰시다 그룹 인사팀에게서 전보 한 통이 도착했다. 수석합격인데 전산에 문제가 생겨 이름이 누락됐다는 내용과 이를 사과하는 내용이었다. 마쓰시다 그룹 임원들은 안타까운 인재를 전산장애로 놓치고, 그를 죽음에 이르게 한 것에 대해 안타까움과 분통한 마음을 가졌다. 그러나 이 소식을 들은 그룹 총수 마쓰시다 고노스케의 말은 매우 의외였다. "그가 젊은 나이에 세상을 떠나게 된 것은 참으로 애석한 일이고 미안한 마음을 금할 수 없다. 그러나 우리 회사의 입장에서는 다행스러운 일이라고 생각한다. 그 정도 좌절을 이겨내지 못하고 하루도 못 되어 목숨을 끊는 정신으로는 우리 회사의 중요한 일을 감당할 수 없다. 만약 전산장애가 없어 수석합격으로 입사했으면 그는 분명 중요한 요직에 배치되었을 것이다. 그런 중요한 자리에서 좌절할 상황에 처할 경우, 지금보다 훨씬 더 큰 비극을 초래할 가능성이 크기 때문이다."

위 사례는 지적 능력도 중요하지만 심리적 자질, 문제해결 능력, 갈

등 및 스트레스 관리, 회복탄력성 등 역경지수가 왜 필요하고 또 얼마나 중요한지를 보여준다. 고객은 더 나은 삶을 위해 코칭의 문을 두드린다. 현재 부딪히는 문제를 해결하고 싶어한다. 씨름하고 있는 과제를 해내기 원한다. 갈등하고 있는 관계가 회복되기를 원한다. 마음에서 빠져나와 삶 속으로 들어가기를 원한다. 시도하고 노력하지만 다시금 주저앉는 자신에게 도움의 손길을 내미는 것이다.

코칭을 하다보면 생각지도 못한 대안을 찾아내 스스로 동기부여가 되어 목표를 성취할 수 있는 힘이 생긴다. 그런데 희망으로 부푼 기대에 슬그머니 찾아오는 불청객이 있다. 그것은 두려움일 수도 있고 불안일 수도 있다. 또 다른 사람들의 부정적 피드백일 수도 있고 물리적인 장애요소나 방해, 좀처럼 변하지 않는 환경일 수도 있다. 코칭에서는 훌륭하고 실현 가능한 많은 대안을 찾는 것만큼이나 장애물을 극복하는 것이 중요하다. 즉, 이 역경을 얼마나 잘 다루느냐, 이 문제를 얼마나 잘 이겨내느냐, 이 어려움을 어떻게 극복하느냐에 따라 코칭의 효과가 달라진다.

AQ를 높이는 코칭질문
- 당신은 삶의 어느 부분에서 어려움을 느낍니까?
- 당신은 어려움을 만날 때 어떻게 반응합니까?
- 과거에는 어려움을 만났을 때 어떻게 극복했습니까?
- 어떻게 그 어려움을 이겨낼 수 있었습니까?
- 이로 보아 당신은 어떤 사람이라고 할 수 있습니까?
- 그 어려움이 당신에게 주는 교훈이나 메시지가 있다면 무엇입

니까?

- 당면한 문제를 다시 보니 어떻게 보입니까?
- 이 문제를 잘 이겨낸 미래의 당신이 지금의 당신에게 해줄 수 있는 말은 무엇입니까?
- 퀴터나 캠퍼가 되도록 당신을 붙잡고 있는 것은 무엇입니까?
- 그것에게 무엇이라고 이야기해 주겠습니까?
- 클라이머가 되기 위해 당신에게 필요한 것은 무엇입니까?
- 클라이머가 된다면 당신의 삶에는 어떤 변화가 있을까요?

AQ가 높은 사람은 다음과 같은 특징이 있다. 첫째, 자신에게 닥친 역경이나 어려움, 실패의 책임을 다른 사람에게 돌리거나 비난하지 않는다. 이들은 환경을 탓하거나 회피하지 않는다. 둘째, 역경이나 실패가 자신 때문이라고 스스로 비난하거나 비하하지 않는다. 이들은 자존감을 스스로 해치지 않고, 여전히 자신을 존중하고 아낀다. 셋째, 자신이 직면한 어려운 문제는 자신이 얼마든지 해결하고 헤쳐 나갈 수 있다고 긍정적으로 믿는다. 이들은 자신의 내면의 힘과 잠재력으로 다시 일어설 수 있는 힘을 가지고 있다.

코칭의 역할은 두 가지로 볼 수 있다. 하나는 고객의 AQ가 높아지도록 고객의 존재를 세워주는 것(being-focused), 또 하나는 AQ를 통해 문제를 해결할 수 있도록 함께하는 것(solution-focused)이다. AQ가 높으면 고객이 더 나은 성과를 내고 목표를 잘 이루며 자아를 실현할 수 있는 힘이 생길 것이다. 그렇다면 크리스천 영성코칭도 이것으로 다 설명될 수 있는가? 크리스천 영성코칭의 방향과 방법도 이것과 동일한가? 크리스천 코칭의 궁극적인 목적은 무엇인가? 그리고 그 궁극적인 목적을 이루기 위해 더 요구되는 것이 있다면 무엇인가, 아니 꼭 필요한 것은 무엇인가?

LQ(사랑지수) '사명을 품다' —

크리스천 영성코칭은 크리스천의 삶과 비슷한 여정을 걸어간다. 성도의 신앙생활의 궁극적인 방향과 여정은 '예수님을 닮아가는 것'이다. 그리고 그 길을 신학적으로는 '성화'(sanctification)라고 한다. 그 여정에서 우리에게 주어진 부르심, 즉 사명을 발견하고 그 사명을 이루어가며 자신의 삶이 하나님께 영광이 되기를 바란다. 그리고 그 길을 걸어가는 것이 그리스도의 장성한 분량에 이르는 길이라고 믿는다. "우리가 다 하나님의 아들을 믿는 것과 아는 일에 하나가 되어 온전한 사람을 이루어 그리스도의 장성한 분량이 충만한 데까지 이르리니"(엡 4:13).

이는 크리스천 영성코칭을 할 때도 동일하게 혹은 비슷하게 적용된다. 내가 만나는 고객이 오늘 직면한 문제를 통해 그리스도의 장성한 분량까지 자라가기를 원한다. 궁극적으로 그가 사명을 볼 수 있는 시각을 갖기를 바란다. 고객은 이번 달 마감인 과제를 위해 코칭을 받는다. 또 어떤 이는 연말까지 완결해야 하는 프로젝트를 위해 코칭을 받는다. 그리고 누군가는 지금 자기를 불편하게 하는 상황이나 사람으로 인해 코칭을 받는다. 그 코칭의 주제가 무엇이든지 간에 삶의 크고 작은 아젠다는 고객의 궁극적인 삶의 방향 및 태도와 연관되어 있다. 그리고 그것은 삶의 부르심과 연관된다.

사랑의 IQ, LQ

알리바바의 설립자 마윈(Jack Ma)은 이렇게 말했다. "성공하려면 EQ가 높아야 한다고 생각합니다. 빨리 잃고 싶지 않다면 IQ가 높아야 하고, 존경받고 싶다면 사랑의 IQ인 LQ(Love Quotient)가 높아야 합니다." EQ와 IQ, 그리고 LQ의 역할을 잘 표현한 문장이다. EQ(Emotional Quotient)는 감정 세계에 대한 이해와 그것이 우리가 의사소통하는 방식에 어떤 영향을 미치는지 알려준다. IQ는 우리에게 지적인 능력을 측정할 수 있는 수단을 제공한다. 마찬가지로 LQ는 우리의 사랑 능력을 이해하기 위한 도구라고 LQ를 개발한 크리스 와이즈(Chris Wise)는 말한다. 감성지수인 EQ와 사랑지수인 LQ는 다소 비슷해 보인다. 그러나 EQ는 주로 감정에 대한 인식, 특히 우리의 감정이 의사소통에 어떻게 영향을 미치는지에 대한 인식을 만드는 데 도움이 된 지적 추구다. 이에 반해 LQ는 훨씬 더 경험적이다. 사랑지수는 우리 자신과 다른 사람들에게 사랑을 표현하는 능력을 향상시키는 것이다. 지적으로 사랑을 연구하고 표현하고 정의할 수는 있지만, 사랑을 표현하지 않는다면 그는 사랑하는 사람이 아닌 것이다.

크리스 와이즈가 말하는 LQ의 지향점은 사람에 대한 사랑 표현에 국한되어 있다. 그러나 나는 크리스천 영성코칭에서 LQ를 사용해, 사랑의 대상을 사람과 사명으로 확장하고자 한다. 고객의 여러 아젠다는 목표나 문제이기도 하고 사람과의 관계이기도 하다. 그리고 목표나 문제라 하더라도 그것이 사명이 되어 궁극적으로 하나님나라를 확장하며 영혼을 향한 사랑으로 나타나야 한다고 생각하기 때문이다. 사람을 향한 사랑이 있을 때, 사명을 향한 강한 사랑이 있을 때, 고객은 역경을 넘어설 수 있는 초인적인 힘이 생긴다. 사랑은 두려움이 사라지게 하고 온전하게 하는 힘이 있다. "사랑 안에 두려움이 없고 온전한 사랑이 두려움을 내쫓나니 두려움에는 형벌이 있음이라 두려워하는 자는 사랑 안에서 온전히 이루지 못하였느니라"(요일 4:18).

크리스천 영성코칭에 대해 말하면서 사랑에 대해 이야기하는 이유는 다음 두 가지로 표현할 수 있다. 이는 일반 코칭과 크리스천 코칭의 분명한 차별성 중 하나라고 생각한다. 첫째는 코칭의 목표를 향해 가는 과정에서 사랑의 역할이고, 둘째는 코칭의 궁극적인 목적을 위한 사랑의 역할이다. 전자의 사랑을 '사랑으로'(by love)라고 표현한다면, 후자를 '사랑을 위해'(for love)로 표현하고 싶다.

사랑으로(by love)

내가 사람의 방언과 천사의 말을 할지라도 사랑이 없으면 소리 나는 구리와 울리는 꽹과리가 되고 내가 예언하는 능력이 있어 모든 비밀과 모든 지식을 알고 또 산을 옮길 만한 모든 믿음이 있을지라도 사랑이 없으면 내가 아무 것도 아니요 내가 내게 있는 모든 것으로 구제하고 또 내 몸을 불사르게 내줄지라도 사랑이 없으면 내게 아무 유익이 없느니라 사랑은 오래 참고 사랑은 온유하며 시기하지 아니하며 사랑은 자랑하지 아니하며 교만하지 아니하며 무례히 행하지 아니하며 자기의 유익을 구하지 아니하며 성내지 아니하며 악한 것을 생각하지 아니하며 불의를 기뻐하지 아니하며 진리와 함께 기뻐하고 모든 것을 참으며 모든 것을 믿으며 모든 것을 바라며 모든 것을 견디느니라 … 그런즉 믿음, 소망, 사랑, 이 세 가지는 항상 있을 것인데 그 중의 제일은 사랑이라 _고전 13:1-7, 13

앞서 코칭에서 중요한 역할을 하는 데 필요한 AQ에 대해 이야기했다. 아무리 역경지수가 높아도 그 목표를 이루어가는 과정이 선하지 못하다면, 즉 사랑이 없다면 성경은 아무것도 아니라고 말한다. 내가 세운 목표, 성취하고자 하는 과제가 나만의 유익을 위한 것이며 누군가를 짓밟는 것이어서는 안 된다. 목표 성취의 과정 또한 선하고 누군가를 사랑으로 세워줄 수 있는 것이라면 어찌 하나님께서 기뻐하시지 않겠는가. 목표를 이루기 위한 수단이나 방법이 아무리 탁월해도 선(善)을 이루지 못한다면 크리스천 영성코칭에서 지향하는 바가 아닐 것이다. 코칭의 시선이 결과 중심에 고정되어 있다면 과정을 함께 볼 수 있는 시야를 확보해야 한다. 하나님께서 우리에게 원하시는 것은 '청결한 양심'과 '깨끗한 손'이다. "여호와의 산에 오를 자가 누구며 그의 거룩한 곳에 설 자가 누구인가 곧 손이 깨끗하며 마음이 청결하며 뜻을 허탄한 데에 두지 아니하며 거짓 맹세하지 아니하는 자로다"(시 24:3-4).

사랑을 위해(for love)

성경에서 내가 예수님 다음으로 좋아하는 인물이 사도 바울이다. 나는 대학시절 바울서신을 나름 탐독하면서, 그의 헌신과 희생과 믿음에 감동받았다. 지금은 사용하지 않지만 예전에 사용했던 내 이메일 주소가 act202224였다. 사도행전 20장 22절부터 24절 말씀을 늘 마음에 새기고 싶은 생각에 만든 아이디였다. 사도행전 20장에는 사도 바울의 고별설교가 담겨 있다. 다시 말해, 바울의 유언 메시지다. 이 말씀은 내 인생의 말씀이기도 하고, 한때 선교를 꿈꾸게 했던 말씀이기도 하다. 코치로서 부르심을 따라 살아가야 하는 말씀이기도 하며, 크리스천 코치로서 고객과 영성코칭을 하는 방향이 되는 말씀이기도 하다. "보라 이제 나는 성령에 매여 예루살렘으로 가는데 거기서 무슨 일을 당할는지 알지 못하노라 오직 성령이 각 성에서 내게 증언하여 결박과 환난이 나를 기다린다 하시나 내가 달려갈 길과 주 예수께 받은 사명 곧 하나님의 은혜의 복음을 증언하는 일을 마치려 함에는 나의 생명조차 조금도 귀한 것으로 여기지 아니하노라"(행 2:22-24).

성령에 매여(compelled by the Spirit)

성령은 코칭하는 코치나 코칭받는 고객의 원동력이다. 그리고 성령은 코칭에서 고객과 코치를 연결해 주며 고객과 코치 각자에게 말씀하신다. 코칭 핵심역량에서 말하는 '적극적으로 경청하기'(Listens Actively)가 성령의 음성을 듣는 데까지 나아가는 것이다. 성령은 코치와 고객이 협력하여 선한 결과를 이끌어낼 수 있게 인도하신다. 그렇기에 특별히 크리스천 코치는 성령에 사로잡힌 자, 이끌림받는 자, 붙들린 자여야 한다. 또 그런 사람이 되도록 애써야 한다.

결박과 환난(prison and hardships are facing me)

고객이 문제해결을 위해 넘어야 할 장애물이고 역경이다. 아니, 어쩌면 고객의 아젠다가 어려움일 수도 있다. 이것은 코치가 만나게 되는 어려움일 수도 있다. 고객은 목표를 향해 갈 때 장애요소와 어려움을 만나게 되고, 또 그것을 인정해야 한다. 역경을 인정하지만 극복하고자 하는 의지를 가지고 목표를 향해 나아가야 한다.

내가 달려갈 길을 마치고(finish the race)

고객이 성취하고자 하는 목표다. 고객이 해결하고 싶은 과제이고 극복하고 싶은 문제다. 크리스천 영성코칭이라고 해서 영적인 부분에만 비중을 두고 실질적인 목표를 간과하면 안 된다. 많은 그리스도인이 여러 이유로 목회자를 만날 때 '기도합시다'라는 말에 맥이 빠지거나 상처를 입는 경우와 비슷하다. 고객은 눈에 보이는 변화를 통해 더 성취감을 가질 것이고, 더 깊고 높이 도전할 용기를 얻을 것이다.

주 예수께 받은 사명을 마치려(complete the task the Lord given me)

고객이 목표성취를 넘어 궁극적으로 이루어야 하는 사명이다. 문제해결과 과업성취에 머무르지 않고, 고객의 시선을 삶의 의미와 정체성, 부르심과 사명으로 옮겨야 한다. 물론 문제해결과 결과에만 머무를 수도 있다. 거기서 멈추고 만족할 수도 있다. 그것은 고객의 선택일 수 있으나, 크리스천 코치는 고객이 보지 못하는 것을 볼 수 있는 기회를 제공할 수 있어야 한다.

문제해결(AQ)을 넘어 사명으로(LQ)

크리스천 영성코칭은 일반 코칭과 마찬가지로 문제해결을 목표로 한다. 그러나 문제해결에 머무르지 않고 사명으로 시선을 이동한다. 우리에게 주신 지상명령으로 향한다. 각자에게 주신 부르심과 사명으로 더 큰 걸음을 옮긴다. 사명에 이르는 영성코칭을 실제적으로 할 수 있는 코칭모델을 보도록 하자.

문제를 넘어 사명으로 가는 'PRAY 코칭모델'

① Praying Attention 주목하기

예수님은 만나는 사람들을 '주목하여' 바라보셨다. 그럴 때 그들의 문제를 아셨고, 그들의 아픔을 아시며, 그들 마음의 소리를 들으셨다. 고객을 만나는 크리스천 코치는 예수님의 시선으로 고객을 '주목하여' 바라보아야 한다. 이 시간은 고객과 코치의 깊은 신뢰관계가 형성되는 과정이며, 코치가 고객의 삶으로 들어가는 공감의 단계다.

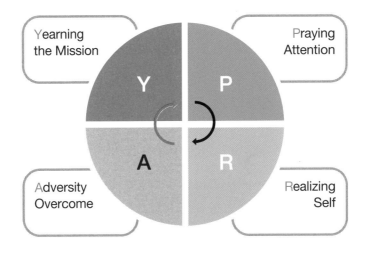

그림: PRAY모델, 양은선/ 작은숲세움상담코칭

② **R**ealizing Self 자신의 현실을 알아차리기

이 단계는 고객의 코칭 주제와 목표를 발견하는 단계다. 그리고 주
제를 안고 있는 고객의 현실을 마주하는 시간이다. 목표를 이루기 원
하는 이유, 현재의 상황, 과거의 경험, 미래의 소망을 알아차리는 단계
다. 또 고객의 강점과 자원을 탐색한다.

③ **A**dversity Overcome 어려움 극복하기

고객이 품은 목표를 스스로 성취할 수 있었다면 코치를 찾지 않았
을 것이다. 고객은 어려움을 느끼고 장애물을 극복하기 위해, 지혜와
동기부여와 대안을 찾고 싶어 코치를 찾았을 것이다. 목표를 실현하기
전에 반드시 먼저 다루어야 할 것이 무엇인가? 목표를 이루는 데 방해

가 되는 것은 무엇인가? 그것을 어떻게 극복할 수 있을까?(AQ코칭질문 참고) 이 단계는 앞선 질문 등을 통해 고객이 어려움을 만나도 예전처럼 넘어지지 않고 다시 일어설 수 있게 하는 역경극복 단계다. 또 어려움을 다른(새로운) 관점으로 볼 수 있게 하는 단계다.

④ Yearning the Mission 사명 갈망하기

마지막으로 목표를 이루고, 고객의 인생 주제를 다루며, 궁극적인 사명을 갈망하게 하는 단계다. 이 단계는 일반 코칭에서 대안을 찾는 단계, 즉 액션플랜(action plan)을 찾는 단계이면서 크리스천 영성코칭에서는 고객의 정체성과 사명이 어떤 연결선상에 있는지 돌아보는 단계다. 그리고 오늘의 이 작은 액션플랜이 그의 궁극적인 사명을 이루는 데 어떤 역할을 할 수 있는지 헬리콥터의 시각[33]으로 볼 수 있게 하는 과정이다. 결국 오늘의 작은 임무가 하나님께서 주신 내 삶의 미션을 이루어가는 하나의 퍼즐조각이 되고 연결점이 되며, 하나의 스텝이 될 수 있음을 인식하는 단계다. 이 단계에서 고객은 더 깊은 동기부여가 일어나고, 문제해결을 넘어 사명을 품을 수 있는 자리까지 나아가게 된다.

사명을 이루는 코칭 질문
- 지금 이 고민은 당신의 사명과 어떤 관계가 있습니까?

---

33 '코액티브 코칭'에서 통합적 시각(Meta-view), 고객과 함께 가상의 헬리콥터를 타고 고객의 삶을 내려다보는 것을 통해 고객이 다른 관점 혹은 넓은 시야를 가질 수 있는 기회를 제공하기 위해 표현한다.

- 당신이 가장 부러워하는 삶을 사는 사람은 누구입니까?
- 당신의 삶이 6개월밖에 남지 않았다면 그들이 어떻게 보일까요?
- 당신이 원하는 이상적인 직업환경(사역환경)에 대해 자세히 말해 보세요.
- 당신이 원하는 이상적인 하루 일과는 어떤 모습인가요?
- 돈에 신경 쓰지 않아도 된다면, 일생 동안 무엇을 하며 지내고 싶은가요?
- 당신이 지금보다 10배쯤 대담하다면 무엇을 해보고 싶은가요?
- 당신이 노인이 되었습니다. 문득 손자가 묻습니다. "인생에서 무엇이 가장 자랑스러우세요?" 뭐라고 답하시겠습니까?
- 이 세상에서 당신이 세 가지를 바꾸었다면 무엇인가요?
- 당신의 묘비명에 새기고 싶은 말이 있습니까?
- 먼 훗날 하나님 앞에 설 때 어떤 칭찬을 듣고 싶습니까?

글을 맺으며 ―

짧은 글을 통해 영성이 무엇인지, 내가 지향하는 크리스천 영성코칭의 방향이 무엇인지 나누었다. 스콧 펙(Morgan Scott Peck)은 삶은 끝나는 순간까지 성장의 기회와 가능성을 시험해야 하는, 여전히 "아직도 가야 할 길"이라고 말했다. 크리스천 코치로서 영성코칭의 길은 아직도 가야 할 길이다. 아니 한참 남은 길이다. 그럼에도 질문이 가득한 이 길을 가고 싶고, 누군가에게 함께 가자고 권하고 싶다. 돌아보면 나는 질문이 많은 사람이었다. 그 질문을 누군가에게 묻기보다 스스로 자신에게 던지는 사람이었다. 때로는 무질서한 그 질문에 무너지기도 하고, 질문의 답을 찾지 못할 때는 흐리멍텅하게 생활하기도 했다. 코칭을 하고 보니 그것을 '셀프코칭'이라 부를 수도 있겠다는 생각이 든다. 물론 코치가 되기 전에 내게 던진 질문은 전혀 구조화 되어 있지 않았고, 행동으로 옮기는 데 에너지가 부족한 질문이었지만, 결과적으로는 이런 것이 코치인 내게 많은 도움이 되었다.

지금은 코치로 살면서 나는 스스로 좀 더 구조화 된 질문으로 셀프코칭을 한다. 여러 대안도 찾아보고 다양한 시도도 해본다. 그리고 맞닥뜨리는 어려움이나 역경을 극복할 수 있는 방법과 힘을 얻기도 한다. 이것이 질문의 힘이고 또 셀프코칭의 힘이리라.

내 셀프코칭의 마지막 질문은 '나는 누구인가?'(Who am I) 하는 것이다. 그리고 '나는 무엇을 위해 존재하는가?'(What am I for)다. 이 질문에 답해 가는 삶이 크리스천 코치로서 내가 살아야 하는 삶이다. 동시에 영성코칭을 통해 고객을 만나는 이유다. 내가 만나는 고객이 그들의 문제를 넘어 사명을 만날 수 있기를, 그리고 그 사명을 완수해 가기를 소망한다.

참고문헌

- 김종환. 『영성, 카운슬링으로 꽃 피우기』. 서울: PUBPLE, 2022.
- 도미향, 김두연, 유충열, 최동하, 황현호. 『전문코치를 위한 ICF 8가지 코칭핵심역량』. 서울: 신정, 2021.
- 최창국. 『기독교 영성신학』. 서울: 도서출판 대서, 2010.

- 한국기독교코칭학회. 『크리스천 코칭 디스커버리』. 서울: 아가페, 2022.
- 김성민. "기독교영성과 개성화과정: 버나드 로너간의 신학사상과 C.G. 융의 분석심리학 사상을 중심으로", 신학과 실천 51호.
- 로리 벤스 존스. 『기적의 사명선언문』. 송경근 역. 서울: 한언, 1998.
- 마이클 다우니. 『오늘의 기독교 영성이해』. 안성근 역. 서울: 은성, 2001.
- 스티븐 C. 헤이즈, 스펜서 스미스. 『마음에서 빠져나와 삶 속으로 들어가라』. 문현미, 민명배 역. 서울: 학지사, 2010.
- 카렌 킴지하우스 외 3인. 『코액티브 코칭』. 김영순, 김광수 역. 서울: 김영사, 2016.
- 프랭크 로저스 Jr. 『예수의 길, 긍휼도 연습이 필요하다』. 김정희 역. 서울: 예수전도단, 2019.
- M. 스캇 펙. 『아직도 가야할 길』. 최미양 역. 서울: 율리시스, 2011.
- https://brunch.co.kr/@brunch27uc/133 "역경지수, 사람의 성패를 가르다".
- https://thelovequotient.org/ LQ, Chris Wise 2023.

양은선

작은숲세움상담코칭센터 대표

한국코치협회 KPC 코치, ICF국제코칭연맹 PCC

KCCA 한국기독교코칭학회 이사, Trinity 크리스천코칭 TCL운영위원장

ICTI국제코치훈련원 전문위원, ICF코리아챕터 국제위원회 위원

DiSC, 에니어그램코칭강사, 진로진학상담사, 청소년지도사, 상담사

World Mission University, Spirituality and Counseling & Coaching 박사 과정

CHRISTIAN COACHING
PATHFINDER

PART 4

크리스천 코칭

행복한 동행

10

크리스천 영성코칭:
자기부인 코칭대화를 중심으로

_ 진영정

———◇———

여는 글 ——

> 누구든지 나를 따라오려거든 자기를 부인하고 자기 십자가를 지고
> 나를 따를 것이니라 _ 마 16:24

예수님이 제자들에게 '자기부인'을 하라고 하셨기에 크리스천 영성
코칭은 자기부인 코칭에서 시작된다. 자기부인을 이해하려면 예수님
이 이것을 말씀하신 배경을 알아야 한다. 예수님이 십자가에 죽으시
고 사흘 만에 부활하신다는 말을 베드로가 들었을 때, 베드로는 절대
로 그런 일이 일어나서는 안 된다며 단호하게 말했다(마 16:22). 그러
자 예수님은 "사탄아 내 뒤로 물러 가라 너는 나를 넘어지게 하는 자로
다 네가 하나님의 일을 생각하지 아니하고 도리어 사람의 일을 생각
하는도다"(마 16:23)라고 하시며 "누구든지 나를 따라오려거든 자기를

부인하고 자기 십자가를 지고 나를 따를 것이니라"(마 16:24)고 말씀하셨다. 자기부인이란 사람의 일을 생각하면서 사는 삶이 아니라 하나님의 일을 생각하면서 하는 삶이다.

요즘 크리스천의 삶의 모습은 어떠한가? "사람이 마음으로 믿어 의에 이르고 입으로 시인하여 구원에 이르느니라"(롬 10:10)는 말씀만 마음에 받아들이고 행함은 없다. 믿음으로 구원을 얻지만, 행함이 없는 믿음은 헛되다(약 2:20). 믿음의 증거가 행함이기 때문이다. 그러면 초대 교회 크리스천의 삶은 어떠했을까? 초대 교회 크리스천이 예수님을 믿는 것은 죽음 앞에 서 있는 것과 같았다. 기독교가 유대교와 비슷하다고 생각할 때는 박해하지 않았지만, 기독교가 유대교와 다르다고 생각한 후부터 로마는 기독교를 박해했다. 초대 교회 크리스천들이 황제를 신으로 숭배하지 않았기 때문이다. 초대 교회 크리스천들은 죽음 앞에서도 예수님을 부인하지 않고 믿음을 고백하면서, 사형장이나 원형경기장 안에서 죽음을 선택했다.

자기부인은 예수님을 믿는 증거이고 삶으로 표현된다. 자기부인은 믿음을 행동으로 나타내는 삶이다. 자기부인이란 자신이 가장 소중히 여기고 아끼는 신념, 사람, 물건을 포기하고, 예수님을 우선으로 선택하는 행동이 이어지는 삶이다. 자기부인의 삶은 인간의 능력으로 사는 삶이 아니라 하나님의 능력으로 사는 삶이다. 하나님의 능력으로 살려면 자기부인의 삶을 살아야 하는데, 자기부인의 개념이 추상적이어서 어떤 삶이 자기부인의 삶인지 알기 어렵다.

자기부인의 삶을 한 목사님의 간증으로 설명하고자 한다. 목사님이 강원도에 집회를 인도하러 가는 길에, 아들이 응급실에 들어가야 한다는 연락을 아내에게 받았다. 아들은 이미 두 번 이상 심장수술을 받았고, 다시 수술을 받으면 생명을 잃을 수도 있다고 이전에 수술한 의사가 말했었다. 그 의사 말대로라면 이번 수술로 아들을 잃을 수도 있다. 집회를 가면 아들의 마지막을 볼 수 없지만, 집회를 가지 않으면 아들의 마지막은 볼 수 있다. 어떻게 해야 할까? 목사님은 기도했다. 목사님은 아들 보는 것을 포기하고 집회를 인도했다. 집회에 은혜가 넘쳐 많은 청년이 주님 앞으로 돌아오는 역사가 있었다. 목사님은 집회를 마치고 수술하고 있는 아들에게 달려갔다. 다행히 죽을지도 모른다는 아들은 살아서 건장한 청년이 되었다. 목사님이 가장 사랑하는 아들의 마지막을 함께하는 것을 포기하고 하나님을 위해 집회를 선택한 행동이 바로 자기부인의 삶이다.

자기부인의 삶은 예수님을 믿고 난 후 치르는 대가다. 예수님을 처음 믿을 때 어떤 대가도 치르지 않는다. 대가를 치르지 않고 크리스천이 되었기에 복음을 값싼 것으로 여긴다. 하나님이신 예수님이 십자가에서 죽으심으로 대가를 지불하셨기에, 크리스천은 믿음의 대가를 지불하지 않는다. 예수님이 믿어지면 믿는 행동을 선택하게 된다. 만약 크리스천이 치러야 할 대가가 있다면 육신에 남아 있는 죄의 경향성을 끊고 자기부인의 삶을 사는 것이다. 육신의 생각을 따르지 않고 영의 생각을 따르는 삶이 구원받은 후에 지불해야 할 대가일 수 있다(롬 8:4 참조).

영의 생각에 따라 행동하려면 환경에 따른 즉각적인 반응을 멈춰야 한다. 환경에 즉각적으로 반응하는 삶은 죄에 익숙한 수동적인 삶이다. 환경에 반응하지 않고 육신이 죄를 선택하지 않는 삶이 주도적인 삶이다. 환경에 즉각적으로 반응하지 않는 삶을 선택하려면 환경과 반응 사이에 공간을 두어야 한다(Covey, 1989). 여기서 말하는 공간이란 선택할 수 있는 공간이다. 자극과 반응 사이에 즉각적인 반응을 멈추고 Stop(멈춤), Think(생각), Choosing(선택)을 할 수 있는 공간을 말한다(Covey 1989).

육신의 생각에 따라 환경에 반응하지 않고 영의 생각대로 선택하려면 하나님이 인간에게 주신 자유의지를 사용해야 한다. 육신의 반응을 멈추고 영의 생각을 묵상해야 자유의지를 사용할 수 있다. 육신의 생각을 멈추고 영의 생각을 선택하는 삶이 자기부인의 삶이다. 내가 만난 크리스천 중에는 어떻게 자기부인을 선택하고 행동하는지 몰라 자기부인의 삶을 살지 못하는 경우도 있다. 그러나 자기부인의 과정이 네 단계임을 알고, 각 단계에 맞춰 코칭을 받으면 자기부인의 삶을 살 수 있다.

크리스천 코치는 영적인 동반자이면서 자기부인의 삶을 살기 원하는 크리스천과 함께 뛰는 파트너기도 하다. 자기부인을 선택하고 행동하기 원하는 코치이의 파트너가 되어준다면, 많은 크리스천이 세상에서 빛과 소금이 된다. 자기부인 코칭대화를 통해 자기부인의 네 단계를 인식하고 각 단계에 맞는 코칭을 받아 행동하면 자기부인의 삶을 살게 된다. 따라서 본 글에서 크리스천 영성코칭의 정의, 자기부인의 네 단계, 자기부인의 각 단계에 따른 자기부인 코칭대화를 소개하겠다.

크리스천 영성코칭 ─

크리스천 영성코칭의 정의는 크리스천, 영성, 코칭이라는 세 단어 순서의 배열에서 시작된다. 크리스천 위에 영성과 코칭을 세워야 하는지, 아니면 영성 위에 크리스천과 코칭을 세워야 하는지 먼저 정해야 한다. 나는 크리스천 위에 영성과 코칭을 세워야 한다고 말하는데, 예수 그리스도를 믿는 믿음(크리스천)이 영성이나 코칭보다 먼저이기 때문이다.

크리스천 위에 영성과 코칭을 세운다면 누가 크리스천이어야 하는지를 설명해야 한다. 코치이(코칭을 받는 사람)보다 코치(코칭하는 사람)가 크리스천이어야 한다. 크리스천 영성코칭을 하는 코치는 반드시 크리스천이어야 한다. 크리스천 코치가 하는 영성코칭이 크리스천 영성코칭이기 때문이다.

케네스 보아(Kenneth D. Boa)는 기독교 영성을 12가지로 구분한다 (Kenneth, 2005). 관계적 영성, 패러다임 영성, 훈련된 영성, 교환된 삶의 영성, 동기화 된 영성, 경건의 영성, 포괄적 영성, 과정 영성, 성령충만의 영성, 전투의 영성, 양육의 영성, 공동체 영성이다. 나는 관계적 영성(Relational Spirituality)을 중심으로 크리스천 영성코칭을 소개하고자 한다.

관계적 영성이란 삼위일체의 관계를 기초로 한다. 삼위일체란 성부 하나님, 성자 하나님, 성령 하나님이 세 위격으로 계신데, 한 분 하나님이라는 뜻이다. 여기서 삼위이신 하나님은 관계적 존재로 계신다. 관계적 존재로 계신 하나님이 개인적 관계를 시작하고 이끄신다. 하나님과 친밀한 관계를 갖게 되는 전체 과정을 기독교 영성이라고 한다.

친밀한 관계의 시작은 하나님께서 하셨지만 관계의 부르심에 응답해야 기독교 영성이 형성된다. 자기부인이 되어 빈 '자기'의 공간을 '하나님'으로 채우고, 하나님의 부르심에 응답하여 하나님을 온전히 사랑함으로 영적인 성장, 즉 성화가 된다. 기독교 영성은 자기 중심적 사고에서 하나님 중심적 사고로 바뀌고, 하나님 중심적 관점으로 바라본 부르심의 목적을 깨달아, 하나님의 목적에 따라 삶을 사는 과정에서 나타난다.

기독교 영성코칭은 세 단계로, '나 중심'에서 '하나님 중심'으로 바뀌는 자기부인 단계, 하나님의 부르심을 발견하는 사명 발견 단계, 사명을 발견하여 삶으로 실천하면서 맡겨진 비전을 실현하는 단계로 나눈다. 자기부인 코칭대화는 '나 중심'에서 '하나님 중심'으로 관점을 바꾸어 살게 하는 크리스천 영성코칭 중 하나다.

자기부인의 단계 —

내가 그리스도와 함께 십자가에 못 박혔나니 그런즉 이제는 내가 사는 것이 아니요 오직 내 안에 그리스도께서 사시는 것이라 이제 내가 육체 가운데 사는 것은 나를 사랑하사 나를 위하여 자기 자신을 버리신 하나님의 아들을 믿는 믿음 안에서 사는 것이라 _ 갈 2:20

융(Carl Gustav Jung)은 자기부인이란 개성화 과정 속에서 무의식에 감추어진 '자기'(Self)를 찾기 위해 스스로 희생하고 포기하도록 자아(Ego)에게 요구하는 요소 중 하나라고 한다(Jung, 2004). 융이 말하는 개성화(Individuation), 자기(Self)와 자아(Ego)의 의미를 알면 자기부인을 알게 된다. 개성화란 자아(Ego)가 잘못된 정신 껍질을 발견하고 벗어나, 새롭게 균형을 잡을 수 있는 중심이 되는 자기(Self)를 찾아가는 과정이다(김성민, 1998). 자기(Self)는 성격을 조화롭게 통합하는 원형을 말하지만 자아(Ego)는 의식을 말한다. 의식의 중심이 자아(Ego)이고, 의식과 무의식을 포함한 정신 전체의 중심이 자기(Self)다(Stein, 2015). 융이 말하는 각 단어의 의미를 종합해 보면, 자기포기란 자기(Self)가 조화롭고 통합된 성격을 찾는 과정에 필요한 희생과 포기다.

예수님이 말씀하신 자기부인은 '자기를 부인하고 자기 십자가를 지는 것'(마 16:24)이다. 죄에 끌려 다니는 육신의 반응을 멈추고, 말씀을 선택하고 행동하는 삶이 자기부인이라고 할 수 있다. 자기부인을 하려면 육신에 있는 죄의 경향성을 알고 죄의 경향성에 따른 육신의 습관을 멈춰야 한다. 육신이 죄의 습관을 따르지 않고 예수님이 말씀하신 대로 자기를 부인하고 십자가를 지는 삶이 자기부인이다.

자기부인의 삶을 살려면 자기부인의 과정을 알아야 한다. 자기인식, 자기수용, 자기개방과 자기부인의 삶이 그 과정이다. 자기인식이란 자신의 결단이나 선택이 무엇인지 인식하는 단계다. 인식된 결단이나 선택이 자신이 진정 원하는 가치관에 동의가 되면 행동을 선택하게 된다. 따라서 자신의 우선가치를 인식하고 성경적 가치와 비교하는 단계가 자기인식이다. 자기인식이 되었다고 바로 행동으로 옮겨지지 않는다. 왜냐하면 행동을 선택하려면 자신이 속한 사회에서 그 행동을 인정해야 하기 때문이다. 하나님나라에 속하지 않으면 성경적 가치를 인식해도 행동할 수 없다. 하나님나라에 속하려면 하나님나라를 인식해야 한다. 성경적 가치를 알고 하나님나라를 인식하는 단계가 자기수용이다. 하나님나라를 인식하면 하나님나라에 속해야 인식된 성경적 가치에 따라 행동할 수 있다. 이것이 자기개방의 단계다. 자기개방이 되면 자기부인의 성경적 가치를 선택해 행동하게 된다. 자기부인을 선택하고 행동하는 삶이 자기부인의 마지막 단계인 자기부인의 삶이다. 자기부인의 행동을 선택하면 성령님이 임재하여 성령님의 능력으로 자기부인의 삶을 살게 된다(살전 1:6 참고).

자기부인의 삶을 살기 위해서는 자기인식, 자기수용, 자기공개, 자기포기의 단계를 거쳐야 한다(진영정, 2020). 자기인식을 하게 되면 자기를 살피고 다른 사람을 탓하지 않게 된다. 자기를 되돌아보고 살피는 삶을 산다. 자기수용의 단계를 거치면 자신의 부족함이나 연약함을 온전히 받아들이는 삶을 살게 된다. 부족함이 더는 수치가 되지 않고, 다른 사람과 비교하지 않는다. 이 땅이 아닌 하나님나라에 속한 삶을 살기 때문에 만족한 삶을 산다. 자기공개는 마음과 행동이 일치되는 삶을 살게 한다. 다른 사람을 인식하거나 사회의 눈치를 보기 위해 썼던 가면을 벗게 된다. 자신의 모습대로 산다. 마지막으로 자기포기는 성령의 인도를 받는 삶을 살게 한다. 자신의 능력으로 사는 삶이 아닌 하나님의 능력으로 사는 삶이다. "이는 내 멍에는 쉽고 내 짐은 가벼움이라"(마 11:30)는 예수님의 말씀이 이루어지는 삶을 산다.

자기부인의 과정을 요약하면 자기인식은 세상의 가치관을 인식하고 성경적 가치관으로 전환하는 단계다. 자기수용은 자신이 세상에 속하는지 아니면 하나님나라에 속해 있는지를 자각하고 인식하는 단계다. 자기개방은 하나님나라에 속해 말씀에 따른 행동을 선택하는 단계다. 마지막 단계인 자기부인의 삶은 성령님의 능력으로 자기부인을 선택하고 행동하는 삶이다.

자기인식(Self-awareness)

칼빈의 기독교강요 1장 1절은 "자신을 알지 못하고는 하나님을 알지 못한다"고 말한다. 자기인식이 있어야 하나님을 알 수 있다. 성경은 "각각 자기의 일을 살피라 그리하면 자랑할 것이 자기에게는 있어도 남에게는 있지 아니하리니"(갈 6:4)라고 하면서 자기를 먼저 살피라고 말한다. 먼저 자기인식을 하고 다른 사람을 도우라는 뜻이다. 종종 자기를 인식하지 못하고 다른 사람을 돕는 크리스천을 볼 수 있다. 돕는 이유나 동기를 인식하지 못하면 자신이 돕는 진정한 목적을 인식하지 못한다. 종종 자신의 필요를 채우기 위해 다른 사람을 조종하고 통제하려고 돕는 경우가 있다. 만약 자신의 필요를 채우기 위해 돕는다면, 도움을 받는 사람이 자신의 기대에 따라 행동하거나 움직이지 않을 때 화를 내거나 비난하게 된다. 도움을 주는 목적이 자신의 필요를 채우기 위함이면 외식이다. "외식하는 자여 먼저 네 눈 속에서 들보를 빼어라 그 후에야 밝히 보고 형제의 눈 속에서 티를 빼리라"(마 7:5).

자기인식이란 자신의 필요에 따른 행동인지 성경적 가치에 따른 행동인지를 인식하는 단계다. 성경적 가치가 크리스천이 원하는 삶의 목적임을 인식하는 단계다. 예를 들면, 어려움을 당할 때 자기 능력으로 해결하려고 하는지, 사람을 찾아 해결하려고 하는지, 돈으로 해결하려고 하는지를 인식하면 자신의 우선가치가 무엇인지 알게 된다. 우선가치는 숨 쉬는 공기와 같다. 공기는 꼭 필요하지만 인식하지 않으면 존재를 모르는 것과 마찬가지로, 우선가치도 의식적으로 찾으려고 해야 알 수 있다.

자기수용(Self-acceptance)

자기수용이란 자신의 부족함이나 연약함을 온전하게 받아들이는 것을 말한다. 하나님나라를 인식하면 자기수용을 하게 된다. 자기수용을 하려면 세상에 속해 있는지 하나님나라에 속해 있는지 인식해야 한다. 하나님나라에 속해 있음을 인식하면 부족한 자신의 모습이나 연약함을 수용하게 된다. 자기수용을 하면 어떠한 상황에서도 감사하게 된다.

바울은 육체의 가시가 떠나도록 세 번이나 기도했다. 그런데 기도의 응답은 "내 은혜가 네게 족하도다 이는 내 능력이 약한 데서 온전하여짐이라 하신지라 그러므로 도리어 크게 기뻐함으로 나의 여러 약한 것들에 대하여 자랑하리니 이는 그리스도의 능력이 내게 머물게 하려 함이라"(고후 12:9)였다. 세상이 아닌 하나님나라가 인식될 때 바울은 육체의 가시를 온전히 받아들일 수 있었고, 자신의 약한 것들과 능욕과 궁핍과 박해와 곤고함을 기뻐하여 그리스도 안에서 감사할 수 있었다(고후 12:10).

하나님나라에 속해 있음을 인식하려면 자신이 육적인 사람인지 영적인 사람인지를 인식해야 한다. 바울은 사람을 세 종류, 즉 육에 속한 자(고전 2:14), 육신에 속한 자(고전 3:3), 신령한 자(고전 2:15)로 나눈다.

육에 속한 자는 그리스도를 주로 믿지 않는 사람이다. 육신에 속한 자는 그리스도를 삶의 주인으로 인정하지만, 세상과 하나님나라를 동시에 인식하면서 사는 사람이다. 신령한 자는 자신이 하나님나라에 속해 있음을 인식하면서 사는 사람이다.

하나님나라에 속해 있음을 인식하면서 사는 크리스천은 신령한 자다. 신령한 자는 어떤 상황도 겸허한 자세로 받아들이고 하나님나라에 속한 기대와 소망을 붙든다. 그러나 세상에 속해 있음을 인식하게 되면 세상의 가치와 기대에 따라 자신을 다른 사람과 비교하고 있음을 인식하게 된다. 믿음으로 구원받았으나 하나님나라를 인식하지 못하기 때문에 자신을 수용하지 못한다. 하나님나라를 인식하면 자신의 한계와 부족함과 연약함을 수용하고 자신의 한계를 인정하게 된다. "그러나 우리는 분수 이상의 자랑을 하지 않고 오직 하나님이 우리에게 나누어 주신 그 범위의 한계를 따라 하노니 곧 너희에게까지 이른 것이라"(고후 10:13).

자기수용은 하나님나라에 속함을 인식하는 단계다. "이 사람아 네가 누구이기에 감히 하나님께 반문하느냐 지음을 받은 물건이 지은 자에게 어찌 나를 이같이 만들었느냐 말하겠느냐"(롬 9:20). 하나님나라에 속함을 인식하면 현실에서 경험하는 자신의 결핍이나 한계는 문제되지 않는다. 자신의 상황에 만족하게 된다. 자신에게 주신 분량을 은혜로 여기고 감사하면서 다른 사람과 비교하지 않는다. 하나님나라에 속함을 인식하면 각 사람에게 자신의 분량대로 하나님이 은혜를 주셨기 때문에(엡 4:7), 부족하고 연약한 자신을 보더라도 하나님의 은혜를 인식해 감사하고 기뻐한다(고후 12:9 참조).

자기개방(Self-openness)

자기부인의 세 번째 단계는 자기개방이다. 자기개방은 하나님나라에 속한 행동을 선택하는 단계다. 자신이 숨기고 있는 부정적인 감정이 먼저 해소되어야 자기개방이 된다. 하나님과 더 친밀해져야 자기개방을 할 수 있다. 한 마음을 가져야 자기개방이 된다. "두 마음을 품어모든 일에 정함이 없는 자로다"(약 1:8). 정함이 없다는 뜻은 안정이 없다는 의미다. 한 마음을 가지면 안정감이 생겨 자기개방을 선택할 수 있다.

사울은 블레셋과 싸우기 전에 번제를 드리려고 사무엘을 기다렸는데 사무엘이 오겠다고 정한 기한에 오지 않았다. 정한 기한이 이레였는데 이레를 기다려도 사무엘이 오지 않자, 사울이 번제를 드렸고 번제를 마치자마자 사무엘이 왔다. 사무엘은 사울에게 "왕이 망령되이 행하였도다 왕이 왕의 하나님 여호와께서 왕에게 내리신 명령을 지키지 아니하였도다"(삼상 13:13)라며 책망했다. 사울이 사무엘을 기다리지 않고 번제를 드린 이유가 무엇인가? 급한 마음 때문이었고, 급한 마음은 백성의 비유를 맞추려 했기 때문이다. 사울은 말씀에 따라 행동하려는 생각은 있었으나, 백성의 환심을 사려는 생각이 더 강해 하나님나라에 속한 행동을 선택하지 않고 세상에 속한 행동을 택했다.

한 마음이어야 자기개방을 한다. 두 마음이란 육신의 욕구나 세상에 속한 마음과 하나님나라에 속한 마음이다. 두 마음을 가지면 육신의 욕구나 세상의 가치에 따라 살게 된다. 한 발은 세상에, 다른 한 발은 하나님나라에 걸치고, 결국에는 세상에 속한 행동을 선택한다.

한 마음을 품으려면 다툼이나 허영이 없고 겸손한 마음으로 자기보다 남을 낮게 여겨야 한다(빌 2:2-3). 두 마음은 자신을 나타내려는 교만한 마음이다. 교만한 마음은 세상에 속해 자신을 높이려 한다. "그는 근본 하나님의 본체시나 하나님과 동등됨을 취할 것으로 여기지 아니하시고 오히려 자기를 비워 종의 형체를 가지사 사람들과 같이 되셨고 사람의 모양으로 나타나사 자기를 낮추시고 죽기까지 복종하셨으니 곧 십자가에 죽으심이라"(빌 2:6-8).

한 마음을 품으면 있는 그대로 다른 사람에게 자신을 드러내 보인다. 하나님나라에 속한 행동을 선택하기 때문에 하나님과 더 친밀해진다. 자신을 감추기 위해 연기하지 않고 솔직하게 보여준다. 하나님나라에 속했기 때문에 세상에서 말하는 자신의 연약함이나 약함은 더는 수치가 되지 않기 때문이다.

한 마음을 품으면 자신의 유익을 위한 행동이나 자신을 속이는 행동을 선택하지 않는다. 자신을 속이는 모습은 '~하는 척' 하는 모습이다. 크리스천에게 적용될 수 있는 대표적인 형태는 '거룩한 척' 하는 행동이다. 예를 들어, 죄가 없다고 말하면 자신을 속이는 행동을 하는 것이고 진리에 속하지 않게 된다(요일 1:8 참조). 의로운 척 하려고 열심히 봉사하고 기도하고 예배에 참여하는 사람을 본다. 그 행동이나 태도는 두 마음을 가졌고, 봉사하거나 섬기는 동기를 살피면 하나님나라에 속한 행동인지 세상에 속한 행동인지 알 수 있다.

자기개방을 하려면 서로 용납할 수 있어야 한다. "모든 겸손과 온유로 하고 오래 참음으로 사랑 가운데서 서로 용납하고"(엡 4:2). 서로 용납하지 못하면 자기개방을 하지 못한다. 상대의 잘못을 용납하지 못하면 자신의 잘못도 상대가 용납하지 않는다고 생각하기 때문이다. 서로 용납하지 못하는 것은 자신의 잘못을 다른 사람의 탓으로 돌린다는 의미다. 선악과를 먹고 난 후 하나님께 죄를 범한 아담과 하와는 자신의 죄를 숨기고, 아담은 하와 탓을 하와는 뱀 탓을 했다(창 3:12-13).

자기개방을 하려면 솔직해야 한다. 솔직하다는 의미는 말과 행동이 일치한다는 뜻이다. 말과 행동에 거짓이 없어야 한다. "그런즉 거짓을 버리고 각각 그 이웃과 더불어 참된 것을 말하라 이는 우리가 서로 지체가 됨이라"(엡 4:25). 관계를 깨지 않으려고, 또 상대의 마음을 상하게 하지 않으려고 솔직하지 않을 때가 있다. 솔직하지 않으려는 동기가 자기를 위한 것이라면 거짓이지만, 상대를 살리기 위한 것이라면 솔직하다 할 수 있다. 솔직한 말은 옳고 그름을 판단하는 말이 아니라 생명을 주는 말인지 사망에 처하게 하는 말인지로 구분한다. 아무리 솔직한 말이라도 상대를 죽인다면 그것은 옳지 않다. 예를 들면, 체격이 크고 건장한 여성에게 '건강하게 생겼다'고 말하는 것은 솔직한 말이지만, 상대의 마음을 다치게 할 수 있다.

자기부인의 삶(Life of Self-denial)

자기인식, 자기수용, 자기개방의 과정을 지나면 자기부인의 단계에 이른다. 자기부인의 삶은 하나님 앞에 겸손히 엎드리는 것이다. 성경적 가치관과 하나님나라에 속함을 인식하고, 하나님나라에 속한 행동을 하는 삶이다. 하나님나라에 속하면 자기의 연약함과 부족함을 수용하고, 성경적 가치관을 선택하며, 성경적 가치관에 따라 행동한다. 육신의 욕구나 세상의 가치를 따라 살지 않고 말씀을 따라 산다. 자기부인의 삶은 하나님 사랑을 세상에 나타내고 이웃 사랑을 실천하는 삶이다.

  자기부인의 삶은 말씀에 순종하는 삶이다. 육신의 욕구로부터 과거에 생겨난 감정과 세상의 생각과 연결된 감정을 해소한 후에 자기부인의 삶을 살게 된다. 자기부인의 삶을 살려면 육신의 선택, 생각과 감정에 따른 선택에 반응하지 않아야 한다. 자기부인의 삶을 살면 하나님의 부르심에 지속적으로 반응한다. 자기부인의 삶이란 예수님께서 명령하신 말씀을 인식하고 선택하여, 성경적 가치가 우선가치가 되어 하나님의 부르심에 따르는 삶이다.

자기부인 코칭대화 ──

  자기부인의 과정을 알면 각 단계에 맞춘 자기부인 코칭대화를 할 수 있다. 자기부인 코칭대화를 설명하기 위해 요한복음 4장 7-26절에 있는 예수님과 사마리아 여인의 대화와 조하리 창에 연결해 기술한다.

조하리 창

  조하리 창은 네 부분으로 나뉜다. 공개된 영역, 맹목의 영역, 숨겨진 영역, 미지의 영역이다(Thompson & Thompson). 첫째, 공개된 영역은 자신이 솔직하게 다른 사람과 공유하는 마음의 영역이다. 이 영역에서 다른 사람과 관계를 맺는다. 일반적으로 생각이 행동으로 표현된 영역이다. 둘째, 맹목적 영역이다. 맹목적 영역은 자신은 보지 못하지만 자신과 가까운 다른 사람은 명확하게 보는 영역이다. 그러나 이 부분이 실재와 존재를 인식하지 못한다. 하나님나라를 인식하지 못하기 때문에 세상에 속한 인식을 하게 된다. 셋째, 숨겨진 영역이다. 자신이 부끄러워하는 영역이다. 다른 사람이 자신의 비밀을 알면 자신을 거부할까 봐 숨기는 영역이다(Thompson & Thompson). 수치심 때문에 자신을 온전히 수용하지 못한다. 거짓으로 포장해 마음에 가면을 쓰거나 벽을 쌓는다. 자신을 솔직히 드러내지 못하고 감추면서 살거나 '~하는 척' 하면서 사는 영역이다. 마지막으로 미지의 영역이다. 이 영역은 자신도 모르고 다른 사람도 모르는 영역이다. 하나님이 계시해 주시지 않으면 알 수 없는 영역이다. 하나님을 제외하고 그 어떤 누구도 알지 못하는 영역이다. 자기부인의 삶은 미지의 영역이지만, 미지의 영역이 열리면 자신의 문제나 인간관계에서 비롯되는 갈등에 대한 해결방안을 찾아 하나님나라에 속한 행동을 하며 살게 된다. 또 미지의 영역이 열리면 하나님의 부르심인 소명(Calling)에 따라 살게 된다. 미지의 영역이 열리면 하나님이 부르심을 알게 되기 때문이다.

	자신이 아는 부분	자신이 모르는 부분
다른 사람이 아는 부분	공개된 영역	맹목적 영역
다른 사람이 모르는 부분	숨겨진 영역	미지의 영역

조하리 창

자기부인 코칭대화의 실제

예수님과 사마리아 여인의 대화(요 4:1-26)와 조하리 창을 연결하면 자기부인 코칭대화의 실제 예가 된다. 조하리 창과 자기부인의 과정을 연결하고, 연결된 각 단계의 코칭대화를 기술한다. 공개된 영역은 자기인식, 맹목적 영역은 자기수용, 숨겨진 영역은 자기개방, 미지의 영역은 자기부인의 삶과 연결시킨다.

첫째, 공개된 영역-자기인식이다. 예수님이 유대를 떠나 갈릴리로 가실 때 사마리아를 지나가셨다. 예수님은 수가성에 이르러 우물가에서 쉬고 계셨다. 정오 쯤 되었을 때 사마리아 여인이 물을 길으러 우물가에 왔다. 예수님은 사마리아 여인에게 물을 달라고 하셨다. 그때 사마리아 여인은 "어찌하여 사마리아 여자인 나에게 물을 달라고 하나이까"(요 4:9) 하고 되물었다. 유대인은 사마리아인과 교제하거나 대화하지 않았기 때문이다. 유대인과 사마리아인이 서로 교제하지 않고 대화하지 않는 사실은 공개된 영역이다. 공개된 영역을 통해 사마리아 여인은 예수님의 가치관과 비교해 인식했다. '아, 나는 예수님과 달리 유대인과 대화하거나 교제하지 않고 살았네.'

공개된 영역-자기인식의 코칭대화는 코치이가 자신을 돌아보게 한다. 코치가 직관과 통찰로 알게 된 부분을 코치이와 나누는 대화다. 코치는 코치이를 판단하지 않고 직관 혹은 통찰에 따라 대화한다. 코치이에 몰입해 떠오르는 생각으로 대화하는 것은 직관과 통찰에 따른 대화지만, 코치이에 몰입하지 않고 코치에게 떠오르는 생각으로 대화하는 것은 판단이다.

자기인식 코칭대화로 자신의 우선가치를 인식하게 된다. 세상에 속

한 우선가치와 성경적 가치를 비교함으로 성경적 가치를 인식하게 되
는 대화다. "당신이 가장 소중하게 생각하는 것은 무엇입니까?" "당신
이 가장 원하는 것은 무엇입니까?" "당신이 가장 원한다고 하는데, 원
하지 못하게 하는 걸림돌은 무엇입니까?"와 같은 질문이다. 또 'Wheel
of Life' 도표를 작성해 코치이가 삶의 영역에서 만족도를 0~10의 척
도로 원호로 그려 작성하면, 코치이 삶의 전반적인 만족도를 인식할
수 있다. 삶의 만족도를 인식하면 코치이의 세상에 속한 우선가치를
인식하게 된다.

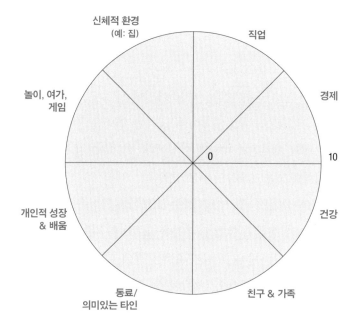

Wheel of Life

둘째, 맹목적 영역-자기수용이다. 맹목적 영역이란 코치는 알지만 코치이는 모르는 부분이다. 행동의 숨겨진 의도는 코치이는 모르지만 코치이를 코치가 관찰함으로 알 수 있다. 예를 들면, 태도, 행동, 말과 몸짓, 얼굴 빛 등의 움직임은 코치는 알지만 코치이는 알지 못한다. 예수님과 사마리아 여인의 대화로 다시 돌아가면, 예수님은 사마리아 여인에게 "이 물을 마시는 자마다 다시 목마르려니와 내가 주는 물을 마시는 자는 영원히 목마르지 아니하리니 내가 주는 물은 그 속에서 영생하도록 솟아나는 샘물이 되리라"고 말씀하신다. 사마리아 여인은 생명수를 몰랐고, 생명수가 있음을 알아도 누구에게 생명수를 얻어야 하는지 몰랐다. 그러나 코치인 예수님은 사마리아 여인이 생명수를 찾고 있음을 그녀의 태도를 보고 인식했고, 생명수는 하나님께 구해야 찾을 수 있음을 알고 계셨다.

하나님나라에 속해야 한다는 인식은 코치에게는 있지만 코치이에게는 아직 없는 영역이 맹목적인 영역이다. 하나님나라에 속함을 인식하면 자기수용을 하게 된다. 코칭대화는 코치이가 행동하는 원칙이나 신념이 세상에 속한 것인지 하나님나라에 속한 것인지 비교해 인식하고, 코치이의 맹목적 영역을 알게 한다. 코치이가 자기부인을 하지 못하는 이유 중 하나가 코치이가 어디에 속한 삶을 사는지 인식하지 못하기 때문이다. 하나님나라 소속을 인식하려면, 코치이는 행동을 움직이는 숨겨진 신념을 알아야 한다.

코치이 행동의 움직이는 신념을 알기 위해 케간(Kegan)과 라헤이 (Lahey)(2020)의 방법을 사용한다. 그들은 행동을 움직이는 대전제를 알기 위해 행동을 방해하는 자동적 생각을 알아야 한다면서, 대전제를 알기 위해 네 영역으로 나누어 코칭한다. 이상적인 목표, 이상적인 목표를 이루지 못하게 하는 행동과 연결된 자동적인 생각들, 자동적인 생각들을 움직이는 대전제로 나눈다. 대부분 코치이가 자기부인의 목표를 이루지 못하는 이유는 목표를 이루는 행동보다 목표를 방해하는 행동을 하고 있기 때문이다. 방해하는 행동을 할 때 떠오르는 자동적 생각이 있는데, 자동적 생각을 퍼즐로 맞추면 자동적 생각을 움직이는 대전제를 알 수 있다. 목표를 방해하는 대전제가 있기 때문에 대전제를 이끄는 신념을 바꾸어야 자기부인이 된다.

자기수용은 코치이가 속한 현실이 세상인지 아니면 하나님나라인지를 인식해 자기부인을 하지 못하는 행동을 코치이가 선택하는 코칭 대화다. "목표를 이루기 위해 원하는 행동은 무엇입니까?" "원하는 행동을 방해하는 행동은 무엇입니까?" "목표를 이루는 데 방해가 되는 행동을 하게 하는 생각은 무엇입니까?" "그 생각을 이끄는 신념은 무엇입니까?"

셋째, 숨겨진 영역-자기개방이다. 숨겨진 영역은 코치이는 알지만 코치는 모르는 영역이다. 코치이가 다른 사람에게 보이고 싶지 않은 영역이다. 코치이가 다른 사람에게 보이고 싶지 않은 이유는, 코치이가 가지고 있는 부정적인 감정을 감추려고 하기 때문이다. 예를 들면, 수치심이나 열등감이 있으면 이 부분은 다른 사람에게 드러내고 싶지 않다.

예수님은 사마리아 여인이 숨기고 싶은 부분을 드러나게 하는 코칭 대화를 하셨다. 예수님은 "가서 네 남편을 불러 오라"(요 4:16)고 사마리아 여인에게 말씀하셨다. 사마리아 여인은 "나는 남편이 없나이다"

라고 답했고 "네가 남편이 없다 하는 말이 옳도다 너에게 남편 다섯이 있었고 지금 있는 자도 네 남편이 아니니 네 말이 참되도다"(요 4:17-18)라고 예수님이 말씀하셨다. 예수님은 코칭대화를 통해 사마리아 여인의 숨기고 싶은 수치심을 공개하게 하셨다.

자기개방 코칭대화는 숨기고 싶은 감정, 드러내고 싶지 않은 사건이나 일 혹은 사람과 연결된 부정적인 감정을 드러나는 대화다. 또 하나님나라에 속한 행동을 코치이가 선택하게 하는 코칭대화다. 코치이가 하나님나라에 속한 것을 알면, 세상에서 경험한 것이나 사건과 연결된 숨기고 싶은 감정을 공개할 수 있다. 세상의 관점으로 보면 숨기고 싶은 부정적 감정이지만, 하나님나라의 관점으로 보면 그리스도의 십자가로 덮인 감정이고 이미 해결된 부분이기 때문이다. "하나님나라에 속한 사람은 어떤 행동을 합니까?" "세상에 속해 있다면 어떤 행동을 선택합니까?" "하나님나라에 속해 있다면 어떤 행동을 선택합니까?" "하나님나라에 속해 있다면 어떤 행동을 할까요?"

마지막으로, 미지의 영역-자기부인이다. 미지의 영역은 코치도 모르고 코치이도 모르는 영역이다. 성령님의 인도하심과 능력으로 알 수 있는 영역이다. 미지의 영역이 열려야 삶의 변화가 시작된다. 미지의 영역은 자기부인의 삶을 살게 하는 영역으로, 성령님의 인도와 능력으로 자기부인의 삶을 살 수 있다.

사마리아 여인이 숨기고 싶었던 영역이 공개되자, 예수님은 미지의 영역을 열어주는 질문을 하셨다. 사마리아 여인은 "우리 조상들은 이 산에서 예배하였는데 당신들의 말은 예배할 곳이 예루살렘에 있다 하더이다"(요 4:20)라고 말했다. 이에 예수님은 "여자여 내 말을 믿으라

이 산에서도 말고 예루살렘에서도 말고 너희가 아버지께 예배할 때가 이르리라"(요 4:21)고 말씀하셨다. "아버지께 참되게 예배하는 자들은 영과 진리로 예배할 때가 오나니 곧 이 때라 아버지께서는 자기에게 이렇게 예배하는 자들을 찾으시느니라"(요 4:23)고 말씀하셨다. 이 말씀은 사마리아 여인도 사마리아 조상들도 모르던 영역, 미지의 영역이었다. 미지의 영역을 예수님은 말씀으로 사마리아 여인에게 계시하셨다. 말씀의 계시를 통해 사마리아 여인은 한 번도 생각해 보지 않은 미지의 영역이 열리게 되었다. 말씀을 묵상하자 사마리아 여인은 자기부인을 선택하는 삶을 살게 되었다. "여자의 말이 내가 행한 모든 것을 그가 내게 말하였다 증언하므로 그 동네 중에 많은 사마리아인이 예수를 믿는지라"(요 4:39).

자기부인 코칭대화는 자기부인의 삶을 살게 하는 대화다. 자기부인 코칭대화는 자신의 관점에서 하나님 관점으로 전환해 행동을 선택하는 자기부인의 삶을 살게 하는 대화다. 자기공개로 성령님이 임하시고, 성령님의 능력으로 자기부인의 삶을 살게 된다. "하나님은 당신을 어떻게 바라보실까요?" "하나님은 당신을 어떻게 생각하실까요?" "하나님은 당신에게 어떤 말씀을 하실까요?" "당신이 지금까지 붙잡고 사는 말씀은 무엇입니까? 하나님이 그 말씀을 주신 이유가 무엇입니까?"

자기부인 코칭대화를 요약하면 4S 코칭대화 모델이다. 자기인식, 자기수용, 자기공개, 자기부인의 삶의 영문 표기 앞에 단어를 연결하여 자기부인 코칭대화를 '4S 코칭대화 모델'로 칭한다.

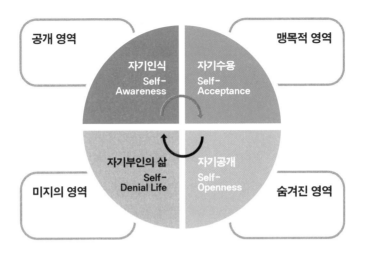

4S 코칭대화 모델

닫는 글 —

　예수님은 제자들에게 자기부인을 하고 자기 십자가를 지라고 하셨다. 자기부인을 선택한 삶이 자기부인을 하고 자기 십자가를 지는 삶이다. 자기부인의 삶을 살려면 자기인식, 자기수용, 자기공개, 자기부인의 과정을 거쳐야 한다. 자기부인을 선택하는 삶을 살려면 공개된 삶의 영역에서 삶의 가치를 인식하며, 맹목적인 삶의 영역에서 하나님나라에 속함을 인식해 자기수용을 하며, 미지의 영역에서 하나님나라에 속한 행동을 선택해 자기공개가 되면, 성령님이 임재하여 성령님의 능력으로 자기부인의 행동을 선택하면서 산다.

　자기부인의 삶을 살면 이 땅에 살면서 하나님나라에 속하는 기쁨을 누릴 수 있다. 자기부인의 삶을 살기 위해 자기부인의 과정을 알아야 하고, 각 과정의 단계에 맞는 코칭대화를 하여 자기부인의 행동을 하며 살도록 돕는 파트너가 크리스천 코치의 역할 중 하나다. 자기부인의 삶을 살도록 크리스천을 깨워 예수님의 제자가 되게 하는 코치가 크리스천 코치다.

자기부인이라는 단어가 추상적이어서 그 방법을 몰라 그렇게 살지 못하거나, 세상의 종으로 살기 원해 자기부인의 삶을 살지 못한다. 애굽에서 종으로 살던 이스라엘 백성이 애굽에서 나왔으나 가나안 땅에 들어가지 못하고 광야에서 방황하던 이유 중 하나가, 애굽의 종살이를 그리워하거나 하나님을 전적으로 신뢰하는 방법을 몰랐기 때문이다.

크리스천 코치는 크리스천이 하나님의 부르심에 따라 살게 하는 하나님의 부르심을 받은 그리스도의 제자다. 자기부인 코칭대화를 통해 자기부인의 과정을 알고, 과정의 각 단계에 따라 자기부인 코칭대화를 하면, 크리스천이 그리스도를 닮도록 세우는 영향력 있는 코치가 된다. 자기부인 코칭대화를 통해 자기부인의 삶을 사는 크리스천이 많으면 많을수록 하나님나라가 이 땅에 임하여 하나님나라의 안정감과 소속감을 누리는 크리스천이 많아지게 된다. 자기부인 코칭대화로 크리스천 코치의 영향력을 코치이에게 미치게 한다면 하나님나라가 이 땅에서 점점 더 확장될 것이다.

참고문헌

• 김성민. 『융의 심리학과 종교』. 파주: 동명사, 1998.

- 진영정.『선택: 그리스도 안에 거하는 삶』. 서울: CLC, 2020.
- 안점식. "The Meanings of Self-denial in the World Religions: The Unique-ness of Christianity". ACTS 신학저널 Vol. 29(2016 no.3), pp.207-253.
- 머리 스타인.『융의 영혼의 지도』. 김창한 역. 서울: 문예출판사, 2015.
- 래드, 조지 앨든.『하나님 나라의 복음』. 박미가 역. 서울: 서로사랑, 2001.
- 로버트 케간, 리사 라스코우 라헤이.『변화면역』. 오지연 역. 서울:도서출판 정혜, 2009.
- 스티븐 코비.『성공하는 사람들의 7가지 습관』. 김경섭 역. 서울: 김영사, 1997.
- 카를 구스타프 융.『인격과 전이: 융 기본저작집 3』. 융 저작 번역위원회 역. 서울: 솔, 2004.
- 탐슨 바바라, 탐슨 브루스.『우리의 눈이 열릴 때』. 김태완 역. 서울: 예수전도단, 2005.

진영정

KCCA 한국기독교코칭학회 부회장

대신대학교 객원교수, 옥인교회 협동목사

WCN(Worldwide Coaching Network, 캘리포니아 소재) CEO

Southern California Seminary(California, El Cajon 소재) 겸임교수

(사)자유역사포럼 자문위원, 한국심리상담협회 상담심리사 1급

전)플러튼영락교회 담임목사

전)In't Reformed Unv. 학생처장/상담소장

Southern California Seminay Psy.D

Fuller Theological Seminary D.Min

11

크리스천 코치의 역량

_ 조은별

———◇———

내게 능력 주시는 자 안에서 내가 모든 것을 할 수 있느니라 _ 빌
4:13

나의 능력이 되시는 하나님 ——

크리스천 코치인 나는 다섯 아이의 엄마다. 내가 코칭을 하게 된 데
는 이 다섯 아이의 역할이 매우 컸다. "생육하고 번성하여 땅에 충만하
라"(창 1:28)는 말씀이 내면에 자리 잡고 있어서인지 결혼 초부터 자녀
계획을 셋으로 세우고 세 살 터울로 아들 셋을 낳았다. 딸이 없는 아쉬
움이 있었지만 내 능력 밖이라는 생각에 더 바라지 않았다. 그러나 하
나님께서는 내 능력 밖의 일을 감당하라는 미션을 주셨다. 바로 쌍둥
이 딸이 생긴 것이다. 생각지도 않은 두 생명이 한꺼번에 나를 찾아온

것은 더 이상 내 능력(역량)으로 살 수 없음을 깨닫게 하시려는 하나님의 은혜였다. 이것이 나를 크리스천 코치로 부르신 하나님의 첫 번째 스텝이었다.

다섯 아이와 함께 사는 것은 결코 쉬운 일이 아니었다. 매일이 그야말로 전쟁 같았고, 다섯 아이에게 허덕이면서 내 몸과 마음, 영은 지쳐갔다. 쌍둥이 딸이 두 돌이 될 때까지 집에서 양육해야겠다고 마음먹고 있었지만, 우울증이 심하게 온 나를 더는 두고 볼 수 없었던 남편이 쌍둥이가 16개월이 되자마자 어린이집에 보내자고 했다. 모성애로 겨우 버티면서 아이들이 아직 어리다고 망설이자, 남편은 강제로 밀어붙이다시피 하여 어린이집에 입소시켰다. 지친 몸과 마음에 영성도 바닥을 치고 있었기에 두 손 들고 하나님 앞에 나아가지도 못하고 있던 그 무렵, 집 근처 대형마트 앞에 붙어 있던 부모교육 강사 양성과정 현수막이 눈에 들어왔다. '그래, 이거야!' 내게 맡겨진 다섯 아이를 잘 키우려면 부모교육을 받아야겠다고 생각했다. 내 한계를 뼈저리게 느꼈기에 지푸라기라도 잡는 심정으로 뭐라도 배워야 할 것 같았다. 하나님은 그렇게 두 번째 스텝을 밟으셨다.

부모교육은 부모이기 전에 나에 대해 인식하고 아이를 이해하며 아이의 발달단계와 성향에 맞게 양육하는 것 등을 교육하는 것이었다. 나는 이 과정을 통해 심리학이라는 학문의 매력에 빠지게 되었다. 사실 셋째아들이 두 돌 될 즈음 남편이 대학원에서 상담심리를 전공해보지 않겠냐고 제안한 적이 있었다. 음악학과에서 작곡을 전공한 나로서는 상담심리가 전혀 다른 전공이라 거부감이 들었고, 심리학 자체에 관심이 없었기에 단호히 거절했다. 그랬던 내가 심리학에 호기심이 생겼고, 3개월 부모교육 강사 양성과정을 마치자 남편은 이때를 놓칠세라 곧바로 대학원에서 코칭심리를 전공해 보라고 제안했다. 하나님의 세 번째 스텝이었다.

대학을 졸업한 지 16년이나 지나 아이 다섯을 키우던 내가 육아를 병행하면서, 그것도 전혀 다른 전공으로 대학원에 진학한다는 것은 말 그대로 도전이었다. 두려움과 걱정이 가득했지만 하나님의 부르심에 강하게 이끌린 나는 마침내 크리스천 코치로서 삶을 시작했다. 하나님께서 주신 다섯 생명의 조건이 채워졌을 때, 내 능력으로는 도저히 불가능하다 생각했을 때, 바로 그때 나는 온전히 하나님께 이끌려 그분이 제시하시는 방향으로 삶이 시작되었다. 그리고 지금 나는 그 삶을 살면서 힘이 되고 능력이 되시는 하나님을 경험하고 있다.

인간의 삶은 인간의 능력으로 살아지지 않는다. 모든 것이 주께로 말미암았고(대상 29:14), 하늘에서 주신 바 아니면 사람은 아무것도 받을 수 없기 때문이다(요 3:27). 하나님께서 허락하시지 않으면 인간은 아무것도 할 수 없다. 인생의 수많은 문제를 다 해결할 수 없으며 통제 불가능의 영역이 있다는 것을 우리는 잘 안다. 마찬가지로 크리스천 코칭은 코치의 능력으로 되지 않는다. 피코치의 가능성, 무한하다고 하는 잠재력으로도 부족하다. 인간의 능력에는 한계가 있다. 그래서 크리스천 코칭은 내 능력이 아닌 하나님의 능력으로 해야 한다. 다시 말해 '하나님에 의한' 코칭이 크리스천 코칭이다. 여기서 하나님에 의해, 하나님의 능력으로 코칭한다는 것은 코치가 아무것도 하지 않아도 된다는 것을 의미하지 않는다. 그렇다면 크리스천 코칭을 위해 코치는 무엇을 해야 할까? 이 장에서는 크리스천 코칭의 건전성과 효과성을 위해 어떠한 역량이 필요하고 왜 필요한지 살펴보고자 한다.

크리스천 코치의 역량 —

크리스천 코칭에서 코치는 매우 중요하다. 크리스천으로서 정체성을 가진 코치가 코칭에서 이를 발현하는 것이 크리스천 코칭이므로, 코치가 어떠한 정체성을 가지고 코칭에 임하는지가 크리스천 코칭의 중요한 기준이 되기 때문이다. 그러나 여기서 분명히 알아야 할 것은 이러한 코치의 정체성 또한 하나님께 온 것이며, 코칭에서 이것이 발현되게 하는 것도 코치 자신이 아닌 하나님께서 하시는 일이라는 사실이다. 크리스천 코칭은 시작도 끝도 하나님이며, 모든 코칭의 주권은 하나님께 있다. 또 크리스천 코칭의 목적은 궁극적으로 하나님을 위한 것이며, 이것이 크리스천에게는 행복이다(신 10:13). 자신의 유익만을 구하고 그것이 하나님과 상관없는 것이라면 이는 더 이상 크리스천 코칭이 아니다. 크리스천 코칭은 철저히 '하나님의(Of God)' '하나님에 의한(By God)' '하나님을 위한(For God)' 코칭이어야 한다. 이와 같은 내용을 바탕으로 더 구체적으로 크리스천 코치가 가져야 할 역량에 대해 살펴보도록 하겠다.

성경적 세계관

코칭철학은 코칭에서 전제가 되는 생각이다. 이는 코칭의 본질이며 코칭에서 매우 중요하다. 크리스천 코칭철학의 배경은 성경적 세계관

(Biblical Worldview)에 있는데, 성경적 세계관은 성경의 관점에서 세상을 이해하려는 인식적인 틀을 말한다. 성경은 하나님의 창조와 인간의 타락, 죄로 죽은 인간을 구원하시려는 하나님의 구원, 즉 구속의 역사를 기록하고 있다. 크리스천 코치는 성경적 세계관을 바탕으로 자신의 정체성을 가져야 한다.

> 하나님이 자기 형상 곧 하나님의 형상대로 사람을 창조하시되 남자와 여자를 창조하시고 하나님이 그들에게 복을 주시며 하나님이 그들에게 이르시되 생육하고 번성하여 땅에 충만하라, 땅을 정복하라, 바다의 물고기와 하늘의 새와 땅에 움직이는 모든 생물을 다스리라 하시니라 _ 창 1:27-28

이 말씀에 따르면, '인간은 피조물이며 복을 받은 존재'다. 하나님의 형상대로 창조하셨다는 것은 인간이 다른 피조물과 다른 독특한 요소, 즉 인격을 가졌음을 의미한다. 거기에 더하여 각 사람에게 필요한 자원과 능력을 복으로 주셨다. 그러나 이 모든 것은 피조물로서 가능성일 뿐이다. 인간은 피조물로서 유한한 존재이며, 그 가능성에는 한계가 있다. 또 인간의 고유성과 독특성, 탁월성은 하나님의 창조성에서 발현되었으므로 하나님께 주권이 있다. 그러므로 크리스천 코치는 인간의 가능성이 하나님 안에서 무한하며 하나님께 받은 잠재력임을 명확히 인식해야 하고, 그 잠재력이 발휘되기를 간구해야 한다.

또 '인간은 하나님의 뜻을 위해 사는 존재'다. 하나님의 피조물로서 땅을 다스리면서 하나님의 형상으로 온 세상을 가득 채우는 존재인 인간은, 태생부터 진취적이고 능동적이며 하나님나라 확장을 추구하는 역동적인 존재다. 다시 말해, 인간은 하나님의 뜻을 위해 변화와 성장, 성숙하는 데 적극적인 존재다. 따라서 크리스천 코치는 개인의 성취를 넘어 하나님의 성취에 관심을 기울여야 한다. 이는 개인의 성취를 무시하고 배제하라는 것이 아니다. 개인의 성취가 하나님께서 개인에게 바라고 기대하시는 것과 어떤 연관이 있을지 반드시 고려해야한다는 말이다. 사람은 자신이 가진 가치나 의미, 사명 등과 삶의 행동 방식이 일치하고 연결되어야 동기부여가 되며, 강한 의지를 가지고 변하고 성장하게 된다. 일반 코칭이 개인의 자아실현이나 사회가 요구하는 건강한 인간상을 구현하는 것이라고 한다면, 크리스천 코칭은 개인의 성취를 통해 하나님의 성취를 이루는 것이라고 할 수 있다. 따라서 크리스천 코치는 하나님의 뜻이라는 큰 관점을 두고, 피코치의 행복과 자아실현 등을 이루어 나갈 수 있어야 한다.

이토록 소중하고 귀한 존재지만 '인간은 죄악 된 존재, 즉 죄인'이다. 이 세상에 의인은 없나니 하나도 없다(롬 3:10). 이와 다르게 일반 코칭에서는 사람을 원칙적으로 '완벽'하며 '결함'이 없는 존재로 규정한다. 이 부분이 일반 코칭에서 제시하는 인간관과 크리스천 코칭의 인간관이 충돌하는 지점이다. 인간의 의지나 선택에 대해 결함이 없는 '완벽'을 말하는 것은 비약이며, 인간의 한계를 인정하지 않는 것이다. 따라서 크리스천 코치는 인간의 악함과 연약함을 인정하며 이에 직면할 수 있어야 한다.

그러나 '인간은 다시 회복할 수 있는 존재'다. 하나님의 자비와 용서, 그리고 무한하신 사랑의 결정판인 예수 그리스도의 십자가 죽음과 부활로 죄의 문제가 해결되었다. 따라서 크리스천 코치는 우리를 구원하신 예수님에 대한 믿음을 가지고 피코치가 다시 회복할 수 있도록 도와야 한다. 아무리 능력이 뛰어나고 지혜롭다 해도 자신의 죄를 스스로 해결할 수 있는 사람은 없다. 또 인간에게 주어진 모든 자원도 하나님께서 주신 것이고, 삶의 전 영역에서 하나님의 인도하심을 받아 살기 때문에 인생의 답은 하나님께 있으며, 일반 코칭철학인 '자신에게 해답이 있다'는 것과 다르다.

이와 같이 크리스천 코칭은 일반 코칭과 확연히 다른 코칭철학을 가지고 있으므로, 성경적 세계관은 크리스천 코치로서 반드시 갖추어야 할 역량이라 할 수 있다.

영성

오늘날 많은 코치가 코칭에서 영성을 중요하게 생각하고 다룬다. 코칭받는 사람들이 원하는 것은 행복하게 잘 사는 것, 즉 웰빙(well-being)이라고 볼 수 있다. 이는 긍정심리학의 '삶의 의미'와 연결되어 인간이 왜 무엇을 위해 살아가는지에 대한 존재론적 목적론적 질문과 관련된 것으로, 주로 철학과 종교의 주제이기 때문에 코치들이 저마다 영성을 다루려고 하는 것은 어쩌면 당연한 일이다.

그러나 기독교 영성은 현대 심리학에서 말하는 영성과 상당한 차이가 있다. '신성한 것(the sacred)에 대한 추구'라는 핵심을 공유하고는 있으나, 절대적 진리를 거부하는 포스트모더니즘의 영향을 받아 종교에 대한 인식과 개념에 다문화주의, 혼합주의가 들어오면서 그 개념이 달라졌다. 더 나아가 긍정심리학적 관점에서 보는 성격 강점 및 덕성도 영성으로 간주하는 등 영성의 개념은 그 범위가 넓어짐과 동시에 하나님과의 관계성은 희석되었다. 이는 크리스천 코칭에서 주의해야 한다.

원래 영성은 기독교 전통에서 시작했으며, 영성이라는 말의 뿌리는 '성령의 능력 안에서 사는 삶'을 의미하는 것으로, 성령 안에서 하나님의 뜻에 순종하느냐 그렇지 않느냐를 가늠하는 의미로 사용되었다. 따라서 크리스천 코칭은 기독교 영성을 추구하는 코칭이 되어야 할 것이다. 크리스천이라고 하면서 기독교와 전혀 상관없는 영성을 추구하고, 이를 코칭에서 사용하는 안타까운 일이 일어나는 것을 종종 본다. 물론 시대가 악하지만, 크리스천 코치는 이 세대를 본받지 말고 하나님의 선하시고 기뻐하시고 온전하신 뜻이 무엇인지 분별해야 할 것이며(롬 12:2), 영을 다 믿지 말고 오직 영들이 하나님께 속하였나 분별해야 할 것이다(요일 4:1).

크리스천 코칭의 건전성과 효과성을 결정하는 핵심변수는 크리스천 코칭을 수행하는 코치의 영성과 성경 지식, 기독교 세계관에 기반한 성령 충만한 삶을 살고 있는지의 여부다. 크리스천 코치가 코칭의 모든 과정에서 역사하시는 하나님을 인식하고 신뢰할 때, 그 코칭은 더욱 역동적이며 파워풀해진다. 따라서 크리스천 코치는 하나님을 신뢰하고 하나님과의 친밀한 관계를 유지하는 등 하나님과 올바른 관계를 가져야 한다. 그 방법에는 여러 가지가 있지만 특별히 정기적으로 말씀을 묵상하고 기도하여 하나님의 뜻이 무엇인지 분별하고 말씀대로 삶을 사는 신행일치(信行一致)가 중요하다. 말씀대로 산다는 것은 하나님 앞에서 온전한 신앙인으로 서기 위한 실천적인 노력이라고 할 수 있으며, 하나님과의 올바른 관계(영성)는 반드시 예수님을 닮은 성숙한 성품으로 나타나야 한다. 영성과 삶이 분리되어 교회 안팎의 삶이 달라지지 않도록 일상에서 영성이 삶으로 드러나는 데 힘써야 할 것이다.

또 코치는 기도로 코칭을 준비해야 하며, 코칭과정에서 난관에 봉착했을 때도 기도로 매 순간 하나님께 의지하며, 자신의 재주보다는 하나님의 능력을 의지하는 겸손한 자세가 필요하다. 하나님은 사람의 돌 같은 마음을 제거하시고(겔 11:19), 사람이 마음으로 계획할지라도 이를 이루시는 분이므로(잠 16:9), 크리스천 코칭에서 인간의 변화와 성장의 동력은 하나님이다. 그분은 우리의 관심을 이끌어내 계획을 세우게 하시고, 변화시키기 위해 동기부여하신다. 또 어떻게 목표를 달성할 수 있을지 지혜를 주시고, 이를 충분히 달성할 수 있도록 용기와 능력을 주신다. 거기에 더하여, 지금 여기서 불가능한 것조차 하나님을 믿고 희망할 때, 하나님은 초월적인 능력으로 새로운 가능성을 열어주시며, 미처 예측할 수 없던 미래를 실제 현실이 되게 하신다. 하나님께서 코칭의 모든 것을 시작하시고 주관하시기에 영성은 크리스천 코치가 반드시 가져야 할 역량이라고 볼 수 있다.

인간애

하나님은 하나님 안에서 인간이 모든 것을 할 수 있도록(빌 4:13) 가능성을 열어주셨다. 여기서 중요한 것은 '하나님 안에서'다. 크리스천 코치는 하나님을 믿는 믿음 안에서 피코치를 믿어야 한다. 코치가 피코치에 대해 어떻게 생각하고 어떤 가치를 가지고 있는지에 대한 심리적 태도(mindset)가 코칭에서 매우 중요하다. 로저스가 말한 것처럼 무조건적 긍정적 존중(unconditional positive regard)을 할 때, 피코치에게 잠재된 무한한 가능성에 대한 자각을 통해 자발적으로 동기부여가 되고 성과를 달성할 수 있도록 돕게 된다.

그러나 여기서 더 나아가 크리스천 코치는 인간을 사랑하는 마음이 있어야 한다. 사랑하기에 피코치에게 관심을 보이고, 깊은 경청을 하고, 함께 고민하며, 그가 성장하기를 바란다. 사랑이신 하나님께서(요일 4:8) 우리를 향한 사랑 때문에 예수 그리스도를 이 땅에 보내신 것처럼, 그 사랑을 본받아 사랑의 마음으로 피코치를 대하는 것이다. 사랑의 마음이 있으면 어떤 상황에서도 피코치를 존중하고 믿어줄 수 있다. 이렇게 될 때 코치의 진정성 있는 사랑이 전달되어, 피코치는 코치를 더욱 신뢰하게 된다. 따라서 크리스천 코치는 피코치에게 관심과 호기심을 보이고, 피코치의 가능성과 그 안에 역사하시는 성령을 믿음으로써 피코치를 존중해야 하며, 나아가 하나님의 사랑을 본받아 피코치를 사랑해야 한다. 이처럼 사랑이 크리스천 코칭 전반에 흘러 피코치에게 전달되면, 크리스천 코치는 그의 태도로 복음을 실천한 것이라고 볼 수 있을 것이다. 기독교는 사랑의 종교다. 크리스천 코치의 인간(피코치)에 대한 사랑은 매우 중요한 역량이라고 볼 수 있다.

복음전도

크리스천 코칭은 피코치의 변화와 성장을 통해 하나님이 원하시는 목표, 즉 하나님의 뜻을 이룬다. 성경 전체를 통해 드러나는 하나님의 뜻은 공의와 사랑이다. 공의는 선과 악을 정확하게 분별하여 심판하는 것이고, 사랑은 인간을 한없이 사랑하는 아가페 사랑을 말한다. 하나님의 공의와 사랑의 결과물이 예수 그리스도시며, 이 복음을 전하는 것이 바로 하나님의 뜻이다. 모든 크리스천에게 가장 기본이며 가장 중요한 사명인 것이다(마 28:19-20). 따라서 크리스천 코칭은 예수 그리스도의 십자가 구원의 복음을 유능하고 탁월하게 증거하여, 하나님 나라를 땅 끝까지 확장하는 증인의 삶을 살도록 변화하는 데 초점을 둔다. 이러한 이유에서 피코치가 크리스천이 아니어도 크리스천 코칭은 가능하다. 나는 크리스천만을 위한 코칭이라서 크리스천 코칭이 아니라, 코치가 크리스천으로서 정체성을 발현하는 코칭이기에 크리스천 코칭이라고 이름한 것이라 생각한다.

코칭은 행동의 변화라는 피상적인 차원만 다루는 것이 아니라 행동 변화 이면의 동기와 의미, 신념을 다루며, 이는 결국 피코치의 정체성과 세계관, 존재로 연결된다. 코치가 코칭을 통해 피코치의 세계관까지 다룬다는 것은, 다른 세계관에 있는 피코치가 기독교적인 세계관으로 전환하도록 도울 수 있다는 의미다. 크리스천 코치는 하나님께 받은 사명이 있으므로 중립을 지킬 수 없기에, 코칭과정에서도 복음전도를 할 수 있다. 어쩌면 크리스천 코치에게 용기가 필요한 대목일 것이다. 그러나 크리스천 코치는 피코치를 사랑하는 마음으로 때로는 죄에 직면하게 해주고, 복음으로 죄를 해결하도록 할 수 있어야 한다. 이러한 접근을 할 때는 맥락을 살펴 조심스럽게 피코치의 허락을 구한 후 영적인 주제에 대해 이야기할 수 있을 것이며, 신앙생활을 권유할 수도 있고 코칭과정에서 피코치와 함께 기도할 수도 있을 것이다. 단, 여기서 중요한 것은 일방적으로 강요하는 것이 아니라 피코치가 생각하고 결정하도록 도움으로써, 복음의 가치를 스스로 선택하도록 해야 한다는 것이다. 피코치가 성경적 세계관에 호기심을 보일 수 있지만, 때로는 원치 않을 수도 있다. 그럴 때는 당연히 피코치의 거부할 권리를 존중해야 한다. 무엇보다 피코치의 자율성이 중요하다. 그럴 때 피코치는 훨씬 더 복음에 수용적이고, 결정 후에도 복음의 가치를 간직하게 된다. 물론 세계관이 바뀌는 것은 전적인 하나님의 영역이지만(요 3:5; 고전 12:3), 크리스천 코치는 피코치의 세계관이 변할 수 있는 여건을 만들고, 그 가운데 성령께서 역사해 주시기를 간구해야 한다. 코치가 함부로 자신의 생각을 강요하거나 변화를 강제하지 않는 또 한 가지 이유는, 피코치 안에 역사하시는 성령님의 주권을 믿기 때문이다. 당장 피코치가 크리스천이 되지 않을지라도, 그의 마음에 복음의 씨앗을 심은 것만으로도 하나님을 위한 크리스천 코칭이다.

이를 위해 먼저 크리스천 코치의 소명(부르심, calling)에 따른 자신의 존재 인식이 선행되어야 하고, 이를 확인했다면 주저하거나 두려워하지 않고 받은 사명(보내심, mission)을 향해 나아가는 것이 필요하다. 사실 크리스천 코치가 소명을 받고 이것이 존재 이유가 되어 사명을 향해 나아가는 과정 그 자체가 코칭이다. 하나님께서 크리스천 코치를 친히 코칭하시는 것이다. 이처럼 코치 자신이 경험했듯 피코치 또한 자신의 소명을 발견하고 현재의 자리에서 하나님이 원하시는 사명의 지점으로 나아갈 수 있도록 도와야 한다. 따라서 소명과 사명의 확인은 필수이며, 사명으로서의 복음전도는 크리스천 코치가 갖추어야 할 중요한 역량 중 하나라고 볼 수 있다.

자기인식 및 관리

자기인식(self-awareness)이란 자신의 생각이나 감정에 주의를 집중해 알아차리는 것이다. 자신에 대해 안다는 것은 결코 쉬운 일이 아니다. 자신의 몸의 감각, 느낌, 감정, 생각을 인식함으로써 점점 더 깊은 내면으로 다가가는 것이기 때문이다. 자기 자신에 대해 잘 인식할수록 타인의 특성을 이해하고 대처하는 능력이 증가하며, 코칭 현장에서 피코치에게 더욱 집중함으로써 '함께한다'는 느낌을 갖게 한다. 이는 곧 신뢰관계 조성에 영향을 미치므로 코칭에서 중요한 역량이다.

그러나 크리스천 코치에게는 더 중요한 자기인식이 필요하다. 자신이 얼마나 악하고 연약하며 부족한 존재인지를 아는 것이다. 그런 자신을 위해 죽기까지 하신 하나님께 자신이 얼마나 사랑받는 존귀한 자인지도 알아야 한다. 이는 코치 혼자서 자신의 내면으로 들어간다고 알아지는 것이 아니다. 성령의 조명하심이 필요하다. 따라서 크리스천 코치는 기도, 성경읽기, 말씀묵상(QT), 일기쓰기, 예배드리기 등을 통해 하나님과 함께 시간을 보낼 때 자기인식이 성장한다.

이와 같은 성령의 조명하심에 의한 자기인식을 바탕으로, 크리스천 코치는 자신의 한계에 대해 분명히 알고 겸손해야 한다. 자신에게 주신 은혜의 강점을 발견하고 감사하며, 자신의 영적 은사를 발견하고 계발해야 한다. 또 자신을 옭아매는 역기능적인 가치와 신념이 무엇인지 인식하고, 그것이 코칭에서 어떻게 작용하는지 자각하고 저항할 수도 있어야 한다. 이와 같은 자신에 대한 정확한 이해가 자기 관리 능력으로 이어지고, 하나님의 말씀에 비추어 자신을 다듬고 훈련함으로써 인격적인 성숙이 일어나, 결국 그리스도의 장성한 분량에까지 자라게 되는 것이다. 이러한 과정은 결코 순탄치 않다. 그래서 하나님의 은혜가 필요하다. 자기를 인식하고 관리하여 성숙하게 되는 것은 코치 스스로 할 수 없는 일임을 인정하고 하나님의 은혜를 구해야 한다. 따라서 크리스천 코치는 우리가 약할 때 강함 되시는 하나님을 경험함으로써, 코치 자신의 내면을 온전히 들여다볼 수 있는 능력을 갖추고, 그로 인해 피코치를 인식하고 공감하며 존재에 대해 더욱 깊이 느낌으로써, 신뢰관계를 만들어갈 수 있어야 할 것이다.

전문 지식

크리스천 코칭이라고 해서 모든 것을 은혜로만 하는 것은 결코 아니다. 코칭은 전문분야이므로 코칭에 대한 전반적인 지식과 이를 코칭에 적용할 수 있는 탁월함을 갖추어야 한다. 코칭은 구조화 되어 있다는 점이 형식적인 특징이다. 코칭의 구조화는 코칭 계약을 맺고 시작하는 단계부터 종료하는 단계까지 코칭 전체를 진행하는 절차로서의 구조화(코칭 프로세스)와, 한 회기(session)의 코칭을 진행하는 과정에서 대화에 사용되는 절차로서의 구조화(코칭대화 프로세스)로 구분된다. 코칭대화 프로세스는 코칭모델, 코칭모형 등으로 구분하지 않고 사용하나, 여기서는 코칭대화 프로세스라고 사용하겠다.

크리스천 코치는 코칭 프로세스를 구조화하여 코칭 진행방법(logistics), 비용, 일정, 기간, 종결, 비밀 보장 등과 같은 코칭에 대한 전반적인 사항에 합의해야 하며, 각 단계의 코칭 프로세스를 관리하고 이에 필요한 관련 지식이 있어야 한다. 특별히 계약단계에서는 코치가 크리스천이라는 것을 공개하고, 신앙과 관련된 이야기나 기도하는 것에 대한 여부 등을 합의할 수 있다. 그러나 코치에 따라서는 크리스천이 아닌 피코치에 대한 접근성의 이유로 크리스천임을 굳이 공개하지 않고, 코칭과정에서도 신앙과 관련한 이야기를 전혀 나누지 않을 수도 있다. 피코치가 선입견을 가지고 거부감이 들지 않도록 하기 위함이다. 이런 경우 코치는 내적으로 크리스천의 정체성을 발현시킨다. 예를 들면, 마음속으로 기도하고, 천하보다 귀한 생명을 가진 존재로 피코치를 대하는 태도를 보이며, 성령께서 코칭과정에 함께하실 거라는 믿음을 갖는 것 등을 말한다. 앞에서 언급했듯이 크리스천 코치가 크리스천으로서 정체성을 가지고 이를 코칭에서 발현하는 것이 크리스천 코칭이므로, 언어로 복음을 전하지 않는다 해도 코치의 마인드셋과 이것이 흘러나오는 태도만으로도 크리스천 코칭일 수 있다. 이는 각 코치에 따라 하나님께서 주시는 감동대로 계약단계에서 어떻게 해야 할지 고민해야 할 것이다.

또 크리스천 코치는 기본적인 코칭대화 프로세스를 익히고 코칭 이슈에 따른 목표 수립, 대안 탐색, 실행계획 수립 및 실천 의지를 다지는 과정의 코칭세션 흐름을 이해하고 적용할 수 있어야 한다. 기본적인 프로세스를 바탕으로 이를 활용한 코칭대화 프로세스를 개발하면, 구체적인 프로세스는 코치마다 다를 수도 있다. 코치는 다만 이것이 숙달되면 코칭의 기본 전제와 목표를 유지하되, 반드시 코칭대화를 구조화하지 않고도 코칭을 진행할 수 있다. 실력이 뛰어난 코치의 경우에는 코칭대화를 구조화하는 것이 비효과적이며, 오히려 코치의 역량을 제한하는 틀이 될 수도 있기 때문이다. 그러나 코칭은 대화 프로세스를 적용하는 것이 더 일반적이다. 이러한 구조화는 일종의 매뉴얼 같은 효과가 있어 이를 따라가면 코칭을 어느 정도 체계적으로 진행할 수 있다는 장점이 있다. 따라서 크리스천 코치는 코칭을 진행하는 데 필요한 전문 지식을 잘 활용할 수 있는 능력을 갖추어야 할 것이다.

관계 구축

코칭은 코치와 고객이 만나 대화하는 것으로서 두 사람의 관계가 형성되는 것에서 시작해 신뢰관계로 발전해야 한다. 코칭 현장에서는 코치와 피코치의 관점이 상호작용하면서 역동이 일어난다. 그러나 크리스천 코칭에서는 코치와 피코치 외에 하나님이 계신다. 따라서 크리스천 코치는 하나님의 임재를 사모하고 하나님의 도우심을 간구하며 코칭에 임한다. 하나님께서 코치에게 할 말을 가르쳐주시고, 피코치의 마음을 어루만지시며, 하나님께서 주신 잠재력으로 목표를 이루게 하시기 때문에, 크리스천 코치는 성경을 기반으로 코칭에 필요한 모든 지혜와 동력을 하나님께 받아야 한다.

하나님은 성부 성자 성령의 삼위일체로 관계를 맺고 계시므로, 개인이며 동시에 공동체로 존재하신다. 이를 모델로 크리스천 코칭의 관계구축에 적용해 보면, 성부 성자 성령 하나님께서 상호 사랑과 신뢰, 섬김의 관계 가운데 하나로 존재하시는 것처럼, 크리스천 코칭은 성령과 코치와 피코치가 삼위일체가 되어 관계를 맺는다. 이것을 헬라어로 '페리코레시스'(perichoresis)라 하며, 삼위 하나님이 함께 춤을 추듯이 '네가 내 안에, 내가 네 안에' 있는 상태, 즉 성령님과 코치와 피코치가 하나(삼위일체)가 되는 것이라고 할 수 있다. 크리스천 코칭은 단지 영적인 주제를 이야기하는 것으로 크리스천 코칭이 되는 것이 아니라,

실제로 하나님께서 코칭에 함께하시므로 크리스천 코칭이 되는 것이다. 따라서 크리스천 코치는 코칭에 임할 때 삼위일체 하나님이 코칭에서 원천적인 역할을 하심을 믿고, 코칭과정에서 삼위일체 하나님의 존재를 인식하여 성령과 코치와 피코치의 신뢰관계가 구축되도록 해야 할 것이다.

경청

경청은 코칭의 가장 기본적이며 핵심적인 기술이자 태도다. 코치가 잘 들으면 피코치는 자신이 말하는 것을 코치가 충분히 듣고 있음을 인식하게 되어 내면에 있는 이야기를 더 많이 하면서, 이를 통해 긴밀한 상호작용이 일어날 수 있다. 또 코치가 잘 듣게 되면 피코치는 충분히 자기를 이해하게 되고, 새로운 변화를 위한 모멘텀을 만들어낼 수 있게 된다.

경청은 코칭의 핵심기술로, 코치는 다양한 방식으로 경청하면서 상대가 전달하고자 하는 메시지의 내용뿐 아니라 상대의 감정과 마음까지도 이해하려고 적극적으로 노력해야 한다. 크리스천 코칭에서는 '하나님의 마음을 품은' 경청이 강조된다. 피코치의 말을 잘 듣되 그를 존중하고 사랑하는 마음으로 들어야 한다. 코칭의 기술을 구현할 때는 기술 이면에 내재되어 있는 코치의 마인드셋(가치관, 태도, 자세 등)이 잘 장착된 상태에서 구현해야 한다. 단순히 기술만 화려한 것은 크리스천 코칭이 될 수 없다. 울리는 꽹과리일 뿐이다. 이는 하나님이 알고 코치 자신이 알며 피코치 또한 느낀다. 코치의 진심이 담긴 진정성 어린 크리스천 코칭은 피코치가 느끼고 하나님께서 역사하신다.

또 크리스천 코칭에서는 성령의 음성에도 귀를 기울여야 한다. 성령은 크리스천 코칭에 개입하시는 분으로, 코치와 피코치의 마음에 깨달음을 주시고 할 말을 가르쳐주신다. 영적 민감성을 가지고 성령의 말씀을 듣는 영적 귀가 열려 있어야 한다. 때로는 피코치의 말에서 성령의 음성이 들리기도 하고, 코치가 미처 생각할 수 없었던 것이 갑자기 떠오를 때도 있다. 이는 코치가 성령을 사모할 때, 그 음성 듣기를 원할 때 들린다. 따라서 크리스천 코치는 피코치의 이야기를 듣고 하나님의 부르심과 의도까지도 인식하기 위해 성령님께 간구하며 경청의 역량을 갖추어야 할 것이다.

질문

코칭은 가장 대표적인 질문형 대화다. 코칭이 질문으로 진행된다고 해도 과언이 아닐 정도로 질문은 코칭의 핵심이며, 피코치를 변화시킬 수 있는 강력한 도구다. 크리스천 코치는 피코치를 향한 하나님의 목적, 계획, 비전, 사명에 대해 질문하며, 하나님께서 원하시는 곳에 이를 수 있도록 도와야 한다.

크리스천 코치는 질문을 사용함에 있어 예수님의 모델을 따라야 한다. 성경에서 예수님의 질문은 약 150회 정도 나오며 대부분 코칭적인 질문이다. 어떤 율법교사의 "내 이웃이 누구입니까?"라는 질문에 강도 만난 사람에 대한 제사장, 율법학자, 사마리아 사람의 대처 방법을 이야기하신 후 "이 세 사람 가운데 누가 강도 만난 사람에게 이웃이 되어주었다고 생각하느냐?"라고 관점을 바꾸는 질문을 하신다. '내 이웃'이라는 나 중심의 질문을, '강도 만난 사람'을 중심으로 관점을 바꾸어 이웃의 개념을 질문함으로써, 율법교사가 가지고 있는 인식의 한계를 알게 하신 것이다. 이처럼 예수님은 대답하는 사람이 진리에 접근하게 하고, 현재 자신의 삶의 자리를 돌아보게 할 뿐 아니라, 관점의 변화를 통해 새로운 목표와 가능성을 바라보게 하신다. 해답을 제시하면서 가르치는 것이 아니라 질문을 통해 스스로 답을 찾게 하시고, 거기에 반응하신 것이다. 이와 같이 예수님은 크리스천 코칭의 모델이 되며, 크리스천 코치는 예수님이 보여주시는 본을 따라야 할 것이다.

크리스천 코칭에서 적절하게 사용되는 질문은 피코치가 새로운 패러다임, 즉 세계관을 전환시키는 데 도움을 준다. 하나님께서 피코치의 삶에 어떻게 개입하시는지, 피코치는 하나님을 위해 어떻게 살고 있는지, 하나님은 피코치를 어떻게 바라보시는지 질문해야 한다. 또 자신이 달성하고자 하는 목표가 하나님과 어떤 관계가 있는지, 하나님 나라에서 어떤 결과로 이어지는지 생각해 보도록 질문해야 한다. 여기서 주의할 것은 고객을 특정 신념, 행동 또는 해결책으로 지시하거나 이끄는 것을 피해야 하며, 피코치가 성경에 동의하지 않아도 코치는 편안하게 받아들일 수 있어야 한다.

하나님 안에서 피코치의 의식을 확장시키고 관점 전환을 일으켜 통찰을 얻는 일련의 과정에서 질문은 매우 중요하다. 따라서 크리스천 코치는 강력한 도구인 질문의 역량을 갖추는 데 힘써야 할 것이다.

피드백

피드백은 피코치가 자기인식을 촉진해 행동 변화와 목표 달성을 이루도록 돕는 핵심기술이다. 코치는 피코치가 지속적으로 자신을 점검하고 평가하며, 더 나은 방법을 모색하여 목표를 달성할 수 있도록 촉진시키고, 구체적이고 정확한 피드백을 제공할 필요가 있다.

크리스천 코치는 피드백 시 이러한 기술적인 방법 외에도 한 영혼을 축복하는 마음을 갖는 것이 중요하다. 크리스천 코칭은 기술적인 내용 아래 숨겨진 코치의 진정 어린 마음을 생각해야 한다. 적극적인 축복의 피드백은 피코치의 에너지를 올려주고 잠재력을 더욱 개발할 수 있도록 돕는다. 크리스천 코치가 피코치를 향해 이러한 마음을 가질 때 코치의 마음이 전달되고, 피코치는 더욱 코치를 신뢰하며 자신의 목표달성을 향해 나아갈 것이다. 따라서 크리스천 코치는 축복하는 마음으로 한 영혼을 살리고 세우는 피드백의 역량을 잘 갖추는 것이 중요하다.

맺는 말 —

크리스천 코치가 가져야 할 역량을 나열하고 보니 너무 많이 부족한 내가 보인다. 이래서야 어떻게 크리스천 코치라고 할 수 있을까 싶지만, 그러기에 더욱 하나님을 의지하게 된다. 이러한 역량을 완벽하게 갖춘다기보다 이를 위해 노력함으로써, 그리스도의 장성한 분량까지 자라가기를 힘쓰는 과정이 중요하다. 이를 통해 우리는 역량 있는 크리스천 코치가 될 것이다. 지금의 자신을 보며 실망하지 말고, 자신을 더욱 빚어가실 하나님을 기대하며, 하나님의 인도하심에 따라 변하고 성장하는 크리스천 코치가 되길 간절히 소망한다.

참고문헌

- 한국기독교코칭학회.『크리스천 코칭 디스커버리』. 서울: 아가페, 2022.
- 서우경. "크리스천 코칭과 상담의 비교 및 통합적 적용에 대한 효과성 연구". 한국기독교상담학회지, 2009. 18, 33-59.
- 유해룡. "영성과 영성신학". 장신논단, 2009. 36, 303-331.
- 이대준. "목회지도력으로서의 크리스천 코칭 연구". 한신대학교 신학전문대학원. 박사학위논문, 2007.
- 장성배. "코칭의 경청과 질문을 통한 복음 전도와 제자 양육". 신학과세계, (92), 2017. 127-169.
- 조영우. "기독교 세계관 기반 크리스천 코칭: 개념화와 실행". 인문논총, 2020. 37, 230-281.
- 게리 콜린스.『코칭바이블』. 양현주, 이규창 역. 서울: IVP, 2011.
- 마샤 벤치.『커리어 코칭』. 최효진 역. 서울: 교보문고, 2007.

조은별

한국코치협회 KAC 코치
KCCA 한국기독교코칭학회 이사
회복하는교회 사모, 맘풀 힐링&코칭 대표
World Mission University 겸임교수
심리상담사 1급, 부모교육 전문강사
광운코칭심리연구소 선임연구원

광운대학교 코칭심리박사 Ph.D

12

모범적인 크리스천 코칭 리더십

_ 박재진

⸻ ◇ ⸻

들어가는 말 ⸻

하나님은 서로 사랑하며 의지해 살아가는 아담과 하와를 통해 사랑의 공동체를 조명해 주셨다. 그리고 깨어진 그 공동체를 아브라함을 통해 다시 세우려고 하셨다. 결국 구약의 역사를 통해 이루지 못한 공동체의 비전을 예수님을 통해 역사하시며 성령의 역사하심으로 현재에 이르게 된다. 결국 하나님의 선교는 이미 하나님나라를 이 땅에 세우시며 예수님의 십자가 보혈로 인간을 구원하시고, 하나님의 영광을 위한 궁극적인 구원은 인간의 자유의지에 맡기신다. 이러한 과정을 성취할 수 있도록 하나님은 우리에게 그리스도의 몸 되신 교회의 지체로서 하나님의 창조 의도에 부합하는 교회공동체를 세우기 원하신다(엡 1:23). 그리고 예수님은 부활 후 승천하시면서, 가서 모든 민족을 제자로 삼으라(마 28:19)는 지상명령을 내리신다. 이 말씀은 하나님 선교의 핵심으로, 사람들을 예수 그리스도를 따르는 하나님의 백성으로 만들라는 것이다. 이것이 현대 교회에서 말하는 제자훈련(discipling)의 주된 의도이며, 제자훈련의 기본 정신인 크리스천 리더십이다. 크리스천 리더십을 한 마디로 정의하면, 또 다른 제자를 만들기 위해 예수님의 삶을 살면서 다른 사람을 섬기는 사역으로 발휘되는 선한 영향력이라고 할 수 있다. 기독교는 생명으로 인도하는 좁은 길을 동료들과 함께 걸어가는 신앙의 여정이다. 모범적인 리더는 예수님의 뒤를 따라야 하고, 또 다른 사람을 같은 길로 이끌어야 한다. 사랑 받은 만큼 사랑을 나누어주어야 한다. 이처럼 생명의 길로 예수님을 따르도록 다른 사람을 돕는 일은 리더가 다른 사람에게 줄 수 있는 가장 큰 사랑이다.

'종의 마음'이라는 관점에서 보면, 리더십은 단지 하나의 일이 아니라 소명이다. 그것은 삶을 변화시키고 다음세대를 일으킨다. 그리고 하나님이 각 개인의 영혼에 심어 놓으신 소명 의식을 일깨워준다(James Kouzes, 2019). 그런데 이러한 소명의식을 가지고 열정적으로 사역에 임하는 리더의 성품이나 도덕성에 대한 문제로 많은 리더가 실패를 경험한다. 특히 영적 리더가 되려면 자신의 내면을 치열하게 성찰해야 한다. 리더는 단지 공동체의 성과나 목표를 성취하는 데 영향을 미치는 사람이 아니다. 올바른 가치관으로 올바른 일을 하는 사람이다. 따라서 리더는 자신의 장단점을 잘 알고 자신의 약점을 극복하려고 노력해야 한다. 리더는 어린 시절부터 살아온 인생의 여정에서 생성되는 발달과정의 산물인 어두운 심리상태, 즉 그림자에 대해 세심한 관심을 가져야 한다. 미국의 교육학자 파커 팔머(Parker J. Palmer)는

"Leading from within"이라는 에세이에서 윤리적 리더십과 비윤리적 리더십의 차이를 극적으로 표현하는 강력한 은유로서 '리더십의 그림자'를 소개한다. 팔머는 도덕적 리더와 부도덕한 리더의 차이를 빛과 어둠으로 표현한다. 그러면서 리더는 행위로 얻는 것보다 잃는 것이 더 많지 않도록 의식 내면의 '그림자'에 관심을 가져야 한다고 설명한다(Parker Palmer, 1996). 역사적으로 수많은 리더가 자신의 내면에 도사리고 있는 그림자를 제대로 관리하지 못해, 자신은 물론 많은 사람에게 엄청난 폐해를 주며 실패를 경험해 오고 있다. 한국 기독교 교계도 리더의 역기능적인 성품 문제로 심각한 고통을 겪음은 주지할 사실이다.

내 그림자

나는 뒤늦은 회개와 은혜로 그나마 구원의 가느다란 소망을 갖게 되었지만, 목사로 기독교 상담가로 그리고 크리스천 코치로 어떤 리더십을 보여야 하는지 큰 의문이 들기도 한다. 말 그대로 크리스천 코치는 예수님을 중심으로 선한 영향력을 증거하는 삶을 살아야 하는데, 나는 어떤 삶을 살고 있는지 반문하지 않을 수 없다. 그래서 이 글을 쓰면서 우선 나 자신은 어떤 크리스천 리더십을 가지고 있는지 성찰하는 기회로 삼았다.

내 성장과정을 돌이켜보면, 나는 확실히 낙관적인 성향의 리더십을 가지고 태어났다. 아버지는 내가 한 살 되던 해에 돌아가셨다. 그래서 아버지에 대한 기억이 전혀 없다. 한국전쟁으로 우리 가족은 내가 네 살 때까지 대구에서 피난살이를 했다. 나는 피난민들이 모여 사는 동네에서 뛰놀며, 또래들 가운데 앞장서서 장난을 치곤했다. 하루는 옆 동네의 커다란 기와집에 어떻게 들어가게 되어, 그 집 대청마루에서 더러워진 발로 뛰어놀다가 그 집 할아버지에게 들켜 "썩 밖으로 나가!"라는 호통을 들었다. 그때 나는 "사람의 집에 사람이 들어오지 호랑이가 들어오나요?" 하고 할아버지에게 대들어 동네에서 당돌한 아이로 알려지게 되었다. 그리고 다섯 살부터 초등학교 입학 전까지 2년 정도를 경기도 불광리에 있던 이모 댁에서 살았다. 그 마을에서도 전설적인 장난기를 발휘하는 용감하면서 무모한 아이로 동네 사람들을 깜짝 놀라게 했다.

한번은 이모 댁 창고 안에 있던 씨감자를 겨울 동안 야금야금 몰래 꺼내 동네 아이들과 구워 먹었는데, 그것이 거의 한 가마니나 되었다. 이른 봄이 되어서야 씨감자가 없어진 걸 알고 이모부가 무척 화를 내셨다. 감자농사를 지어야 하는데 씨감자가 없으니 얼마나 기가 막히셨을까. 나는 같이 놀던 동네 아이들을 모아 놓고 일장 연설을 했다. "우리가 그동안 구워 먹은 감자는 우리 이모네가 농사지을 씨감자였어. 그러니까 너희 모두 부모님께 이 사실을 말씀드리고 씨감자를 조금씩 돌려주어야겠어!" 그러고는 곤란해하는 아이들을 앞세워 그 아이들의 아버지나 어머니를 일일이 찾아다니며 설명하니 껄껄 웃으시며 씨감자를 조금씩 내주셨다. 그렇게 당당하게 한 가마니를 가득 채워 이모 식구를 다시 놀라게 했다. 지금 생각해 보면, 그것은 회복탄력성이 강한 리더십이다. 어디서 배운 적도 없는데 그랬던 것을 보면 아마 선천적으로 타고난 성향이 아닌가 싶다. 그 후에도 여름에는 큼지막한 자두서리로, 가을에는 뒷산의 밤 채취로 아이들에게 보답한 기억이 난다.

그 후 서울로 와서 초등학교에 입학했는데, 홀어머니 슬하에서 자라면서도 기죽지 않고 늘 골목대장을 하며 또래 아이들을 몰고 다녔다. 항상 배고프고 헐벗었으나 뒷동산에 올라가 아카시아 잎을 훑어 먹고 칡뿌리를 씹으며 풀밭에 누워 푸른 하늘을 쳐다보며, 오늘은 엄마가 맛있는 생선 한 토막을 구워주실 거라는 기대에 마음이 뿌듯해지곤 했다. 이러한 내 치기 어린 리더십 행각은 중고등학교 시절은 물론 대학에 가서는 데모를 주동하는 과격한 리더십으로, 회사에 다니면서는 누구보다 빨리 높은 자리로 올라가는 처세술과 경쟁을 이겨내는 리더십으로 나타났다. 나는 급기야 갓 서른에 주위 사람들이 부러워하는 큰 회사의 대표가 되었다. 그 당시 내가 보인 카리스마 리더십은 주위에 찬바람을 일으키며 적지 않은 직원들에게 공포의 대상이 되었다. 나는 오만하고 이기적이며 비도덕적이고 야비한 리더로서 돈 버는 데 탁월한 솜씨를 발휘했다. 그 당시 내 별명이 '마이더스의 손'이었는데, 이것이 불행의 단초가 된 것을 미처 깨닫지 못했다. 나는 인생의 황금 같은 시기를 우쭐거리며 어리석고도 한심한 졸부로 허송세월했다.

나이 칠십을 넘은 지금 내 인생을 반추해 보면, 질곡의 세월로 점철된 파란만장한 한 편의 장편소설 같다. 초등학교 때 학교대표로 중앙방송국 주최 어린이노래콩쿠르에서 가사를 잊어버려 떨어졌던 창피스러운 기억, 중학교 입시 실패, 대학교 입시 실패, 외무고시 실패, 사업 실패 같은 좌절의 상황을 인내와 낙관적인 근성으로 잘 이겨냈다.

그런데 58세에 예기치 않은 사고로 경추 손상을 입으면서, 난생처음 수술대를 거쳐 온몸이 마비되는 후유증으로 제대로 걷지도 못하는 장애를 갖게 되었다. 장애인이라는 낙인은 나를 인생의 패배자로 사회에서 잊히게 했다. 그동안 수많은 실패와 실수로 점철된 상처투성이의 세월을 살아오면서, 고비마다 오뚝이처럼 일어나 심기일전해 무수한 성공사례를 만들어 온 내 인생이 아무 가치 없는 물거품 같은 시간이었다는 걸 뒤늦게 깨달으며 회한의 눈물을 흘렸다.

지난날의 긍정적이고 진취적이던 내 낙관적인 성향을 성찰해 보면서, 그동안 겪은 많은 실패와 성공이 어떤 연관관계가 있는지 흥미를 가지고 생각해 보았는데, 그것이 바로 낙관성의 편향(Optimism Bias)임을 심리학을 공부하면서 알게 되었다. 나는 낙관적인 반면, 그 편향성 때문에 항상 뭔가를 결정하기 전에 면밀히 검토하고 철저히 준비하고 대비하는 것을 소홀히 해 실패를 자초했음을 비로소 깨닫게 되었다. 이것은 내가 가진 낙관적 리더십의 장점에 대비되는 단점으로, 경솔함, 덤벙거림, 안이함, 무모함처럼 치명적인 약점이 된다. 이러한 단점은 많은 리더가 실패하는 원인인 내면의 그림자라는 트라우마, 핵심감정, 부정적 신념에서 야기되는 리더십의 역기능적인 부분을 구성한다.

나는 나이 육십이 다 되어 상담학을 공부하면서, 게리 콜린스(Gary R. Collins)의 『코칭 바이블』(IVP 펴냄)이라는 책을 통해 처음으로 코칭을 알게 되었다. 코칭을 통해 상담학을 공부하면서, 인간관계에 대한 어려움과 나 자신을 온전히 통제할 수 없었던 문제들이 손쉽게 해결되는 기쁨을 맛보았다. 그런 가운데 하나님께 받은 소명에 대한 숨은 의도를 깨닫게 되었다. 그 깨달음으로 뜨거워진 벅찬 가슴을 부여안고 감격의 눈물을 흘리며, 남은 인생을 크리스천 코칭 사역에 헌신하겠다는 결단과 서원을 하게 되었다. 크리스천 코칭의 열매는 매우 다양하고 엄청난 힘을 보여준다. 지금도 가끔 비관적인 생각이 들 때 그것을 극복하는 긍정적이며 회복탄력성을 지닌 크리스천 코칭의 힘은 대단하다 못해 경이롭다. 걱정해 봐야 아무 도움이 안 된다는 것을 언제부터인가 인식하게 되었으며, 그 중심에는 나를 든든히 붙잡아주시는 예수님이 계심을 확신하게 되었다.

실패하더라도 자책하기보다 실패의 원인을 생각해 보고 반복하지 않으면 된다고 스스로 위로하던 것이, 셀프코칭을 통해 낙관성과 지속성을 키워 왔던 것으로 보인다. 이제는 어떤 실패나 불행한 일이 생기면, 그건 특별한 경우고 항상 그런 것은 아니라고 생각하면서 금방 새로운 길을 찾곤 한다. 그리고 잘못된 일에 대해 그 원인을 나 자신에게나 다른 사람에게 돌리지 않는다. 단지 그 원인을 생각해 볼 뿐이다. 나는 이제 내 잘못을 인정하는 데 주저하지 않는다. 잘못된 일은 나 자신의 선택과 행동에서 온다는 것을 인식하고 운이 나빴다는 미신적인 생각은 하지 않는다. 낙관적인 사람은 성공할 확률이 높고, 어디서든 자기의 재능을 최대한 발휘한다. 실패나 어려움에 쉽게 굴하지도 않는다. 그리고 좀 더 진지한 사고를 통한 균형 잡힌 준비와 실행이 예기치 않은 실패를 피하고 성공을 거두게 한다고 본다. 그래서 훌륭한 리더는 긍정적인 영향을 주변 사람들에게 미쳐 모두 낙관적인 분위기를 연출하게 한다. 특히 크리스천 코치는 항상 기도하는 가운데 예수님과 동행하는 것을 증거하며 살아야 한다. 그리고 이에 더해 자율성과 독립성, 타인에 대한 공감, 타인을 긍휼히 여기는 마음이 중요함을 깨닫는다. 이는 하나님이 우리에게 주신 강령과도 일치한다. "예수께서 이르시되 네 마음을 다하고 목숨을 다하고 뜻을 다하여 주 너의 하나님을 사랑하라 하셨으니 이것이 크고 첫째 되는 계명이요 둘째도 그와 같으니 네 이웃을 네 자신 같이 사랑하라 하셨으니 이 두 계명이 온 율법과 선지자의 강령이니라"(마 22:37-40).

내 힘이나 주어진 좋은 환경만으로도 이 세상을 행복하게 살아갈 수 있다는 생각이 얼마나 어리석은 것인지 나이 예순을 훌쩍 넘어서야 비로소 깨닫게 되었다. 내 인생을 주도해 온 리더십은 울리는 꽹과리에 불과했으며, 우리에게 가장 귀한 리더십은 오직 주님을 믿고 그것을 삶으로 증거하는 선한 영향력임을 비로소 고백하게 되었다.

크리스천 코칭 리더십 ─

혼자 결심하고 자기 힘으로 변하는 것은 매우 힘든 일이다. 그러기에 진정 변화를 원한다면 서로 변화를 책임질 수 있는 그룹으로 들어가야 한다. 그런 그룹을 셀그룹 혹은 상호책임그룹이라고 한다. 제대로 된 교육훈련이나 워크숍 프로그램이 갖추어진 그룹에서 변화를 시도하는 사람이 변화를 경험할 수 있다. 스스로 약속한 것을 지키고 변화를 이루는 것, 그것이 코칭이다.

코칭은 상호 책임지는 것이며 거짓말쟁이를 진실한 사람으로 만든다. 진정한 성공을 이루게 하고, 조직과 인간관계 그리고 자기 자신에게 변화를 준다. 어려움에 처한 사역자나 선교사, 교사의 경우 대부분 상호 책임지는 코치가 없다. 사역을 포기할 수밖에 없을 정도로 치명적 결점이 드러나는 것도 코치가 없기 때문이다. 호주의 목회자들을 조사한 결과 구교, 개신교, 성공회 목자를 막론하고 공통점은 75%의 목사가 탈진과 사역포기를 생각하고 있다는 것이다. 그 이유는 상호 책임자가 없기 때문이다. 변화는 상호 책임자가 있어야 한다. 그래야 진실한 사람이 된다. 코칭은 유능한 사람이 다른 이를 지도하는 것이 아니기에, 상호 책임져주는 사람이 필요하며 그것을 수용할 때 가능하다.

일반적으로 교회는 목회자가 성장하는 만큼 성장하며, 목회자의 분량만큼 부흥한다. 그러므로 교회를 부흥시키기 위해서는 목회자가 먼저 성장하고 자신을 계발해야 한다. 그러나 밀려오는 많은 분량의 정보를 목회자 혼자 받아들이거나 정리하기는 힘들다. 결국 목회자의 목회 성패는 공동체 사람들과 소그룹을 어떻게 관리하는지에 달려 있다고 할 수 있다. 목회자는 공동체 사람들을 효율적으로 관리하고, 그들이 담임목사의 비전과 목표에 부합하는 사역을 어떻게 도울 수 있을지 고민해야 한다. 그리고 자신의 리더십이 그리스도를 중심으로 하는 온전한 사역을 지향하고 있는지 주위 사람들로 하여금 항상 점검하도록 기회를 주어야 한다.

목회자가 성도와 교회의 요구를 들어주고 해결하는 식의 목회는 단순한 관리자의 수준에 머무는 것이다. 목회자가 피동적인 자세를 취하면 교회의 역동성은 떨어진다. 역동적으로 목회하려면 목회자가 능동적인 자세를 취해야 한다. 어떻게 하면 능동적인 자세를 취할 수 있을까? 바로 목회자가 사람을 세우려는 코치의 자세를 가지면 된다. 먼저 주변에 사람을 세우고, 목회자 스스로 코치 역할을 할 수 있다는 것을 인식하면 목회가 훨씬 효과적으로 성장한다.

코치가 하는 일이 곧 코칭이다. 코칭은 기본적으로 다른 사람의 역량과 강점을 살려 업무 수행과 학습능력의 향상을 목표로 한다. 여기에는 경청, 질문, 피드백, 동기부여, 인정과 칭찬 같은 기술이 필요하다. 코칭은 일방적인 지시가 아니라 역동적인 상호작용을 통해 주변 사람을 돕는 것이다. 크리스천 코칭은 의식적으로 교회와 목회자를 도울 사람들을 준비시키고 그들과 조화를 이루는 여러 가지를 계획하고 실행하는 과정을 포함한다.

공동체의 리더는 우선 사람을 세우는 사람, 즉 예수의 제자이면서 예수의 제자를 세우는 사람이어야 한다. 크리스천 코칭 리더십은 자기중심적이고 독단적인 리더십을 경계한다. 크리스천 코칭 리더십은 목회 사역에 있어서 공동체 안의 리더들은 물론 성도들과의 관계에서 역동하는 상호작용이다. 이 상호작용에 예수님 관점의 합리적인 체계와 창의성을 부여하는 것이 중요하다. 예수님은 제자들과 그를 따르는 많은 무리에게 가장 모범적인 코칭 리더십을 발휘하셨다. 교회 공동체의 리더가 예수님을 닮은 코칭 리더십을 적극적으로 배워야 하는 이유가 여기 있다. 예수님을 닮은 리더가 되려면 예수님이 보여주신 코칭 원리를 배우는 것이 가장 이상적이며 반드시 필요한 과정이다.

*The Leadership Challenge*의 공동저자인 제임스 쿠제스(James Kouzes)와 배리 포스너(Barry Posner)(2019)는 수천 가지 사례를 통한 질적 연구와 수만 명의 설문조사를 통한 양적 연구를 종합한 혼합적 연

구를 통해 5가지 리더십 실천 행동 구조라는 탁월하고도 놀라운 모범적 리더십(Exemplary Leadership) 이론을 정립했다. 5가지 리더십 원칙은 리더 자신의 가치와 원칙을 명확히 하고, 구성원을 조직의 공유 비전과 새로움에 도전하도록 격려하며, 구체적인 행동을 실천하도록 하는 열정을 불어 넣는다. 이러한 5가지 리더십의 실천 원칙은 구성원이 서로 영향을 미친다는 새로운 개념과 더불어, 구성원 각자가 리더십을 확립하기 위해 먼저 겸손한 마음으로 변화를 위한 성찰과 훈련을 통해 자신의 내면에 있는 부정적인 면을 치유한다는 것이다.

특히 크리스천 리더는 바른 성품, 건강한 영성과 더불어 온전한 리더십 역량을 갖추었을 때 사람들에게 신뢰를 받으며 영향력이 있는 리더로 준비될 수 있다. 이런 관점에서 크리스천 리더의 영성과 내면 관리를 통해 하나님과의 관계를 회복하고, 건강한 영성의 리더를 세우기 위한 5가지 리더십의 실천 원칙은 크리스천 코칭과의 통합적 접근으로 더욱 강력한 리더십 실천 원칙으로 강화된다.

기독교 관점의 5가지 리더십 실천원칙 ──

① 리더십 모범의 본을 보이라

모범을 보이는 모델링 방법(Modeling Way)은 자신의 목소리를 찾고 공유 가치를 확인하여 가치를 명확히 하고 개인행동을 공유 가치와 연결해 모범을 보이는 것이다. 성경에는 하나님이 깨어지고 연약한 사람을 통해 역사의 과정을 변화시키시는 일이 많이 나온다. 하나님은 고린도후서 12장 9-10절에서 왜 이런 특별한 전술을 사용하시는지 바울을 통해 알려주신다. "나에게 이르시기를 내 은혜가 네게 족하도다 이는 내 능력이 약한 데서 온전하여짐이라 하신지라 그러므로 도리어 크게 기뻐함으로 나의 여러 약한 것들에 대하여 자랑하리니 이는 그리스도의 능력이 내게 머물게 하려 함이라 그러므로 내가 그리스도를 위하여 약한 것들과 능욕과 궁핍과 박해와 곤고를 기뻐하노니 이는 내가 약한 그 때에 강함이라."

모든 경건한 리더는 자신의 삶이 다른 사람들이 따라야 하는 가치를 반영하는 거울임을 알기에 더욱 겸손했다. 다른 사람들이 따를 만한 모범이 되는 가장 중요한 리더의 덕목이 '인격'이다. 내가 인격적인 사람이라면 나는 옳은 것을 할 것이다. 그리고 옳은 것을 한다면 그 결과 나는 신뢰를 얻을 것이다.

② 비전으로 가슴을 뛰게 하라

"묵시가 없으면 백성이 방자히 행하거니와 율법을 지키는 자는 복이 있느니라." 잠언 29장 18절 말씀이다. 크리스천에게 기독교의 진리는 현재와 미래에 대한 비전이며, 그 비전은 하나님나라다. 그리고 하나님나라에 대한 공유의 비전을 강화하는 방식에서 크리스천 리더의 리더십 개발 방식이 올바로 세워진다고 생각한다. 이러한 실천원칙에 취약한 리더는 이 부분의 실천과 행동을 강화하기 위해 전략적 계획을 세운다.

첫째, 자신의 비전을 찾는다. 자기가 선택한 프로젝트에 집중할 때, 그 과정에서 자기에게 진정으로 영감을 주고 열정을 불러일으키는 것이 무엇인지 발견하도록 한다. 예레미야 33장 3절에서 하나님은 예레미야에게 말씀하신다. "너는 내게 부르짖으라 … 네가 알지 못하는 크고 은밀한 일을 네게 보이리라." 오늘날처럼 불확실하고 불안한 시대에 사람들이 영적 인도를 더 많이 추구하는 것은 우연이 아니다. 고난에서 소망이 나온다는 약속은 우리의 믿음이 독특하게 기여하는 것 가운데 하나다. 믿음을 깊이 이해하면 리더는 소망을 가질 수 있다. 자기 자신의 비전을 찾을 때 고난에서 소망이 나온다는 것을 명심해야한다.

둘째, 프로젝트를 수행해 나가는 공동체의 비전이 명확한지, 그리고 자기의 비전과 일치하는지 확인하는 것이 중요하다. 만약 일치하지 않는다면 공동의 비전을 확립하기 위해 구성원들과 폭넓은 토의가 필요하다. 자기 자신의 비전도 필요하다면 수정할 수 있어야 한다. 비전을 확립해 나갈 때 자기의 성공이나 공동체 성장 위주로 하지 않아야한다. 비전의 성취는 하나님께 맡겨야 한다. 그것이 진정으로 구성원들의 가슴에 비전을 향한 열정을 불러일으킬 것이다.

③ 변화의 과정에 도전하라

이 시대에 유능하고 카리스마가 출중한 리더를 우리는 많이 만나왔다. 그들은 용기 있고, 카리스마 있고, 지성적이며 창의적이다. 그런데 이러한 리더의 또 다른 공통점은 겸손과 정직 심지어 인내심도 부족하다는 것이다. 그들은 세상을 변화시키는 데 탁월함을 보인다. 다만 그러한 변화를 추구하는 데 있어 자신이 인정받으려는 데 더 큰 관심이 있다는 문제점을 공통적으로 보인다. 그래서 크리스천 리더는 세상을 변화시키는 과정에 도전할 때 스스로 두 가지 질문에 답해야 한다. "내가 진실로 섬기는 대상은 누구인가?" "나는 비천과 고난을 감수할 준비가 되어 있는가?"

하나님의 부르심과 주신 사명에 순종하고 헌신하는 것은 크리스천 리더로서 갖추어야 할 최선의 자질이다. 주어진 사명에 충실하면서도 때로는 그리스도를 섬기기보다 자기 자신을 중시하는 쪽으로 치우치기 쉽다. 이러한 우상숭배의 유혹은 궁극적으로 하나님나라 선교에 대한 초점을 흐리게 만든다. 예수님은 세상을 구원하기 위해 온갖 고초와 조롱을 받으면서 기꺼이 목숨까지 희생하셨다. 크리스천 리더는 세상을 변화시키기 위해 어느 정도의 고통과 고난을 이겨낼 수 있을까? 여기서 마태복음 19장에 나오는 부자 청년 이야기를 깊이 묵상해 볼 필요가 있다. 진정한 변화를 통한 구원이란 무엇인가? "예수께서 이르시되 네가 온전하고자 할진대 가서 네 소유를 팔아 가난한 자들에게 주라 그리하면 하늘에서 보화가 네게 있으리라 그리고 와서 나를 따르라 하시니 그 청년이 재물이 많으므로 이 말씀을 듣고 근심하며 가니라"(마 19:21-22).

④ 사람들을 행동하게 하라

예수님은 협력하는 방법과 개개인의 책임의식을 일깨워주는 모범적인 리더였다. 대부분의 사람은 예수님이 혼자 일하신 것으로 생각한다. 그러나 예수님은 사역 가운데 많은 부분을 협력하여 이루어가셨다. 오합지졸 같은 열두 제자에게 협력과 충성의식을 심어주셨고, 그 제자들이 결국 세상을 뒤집어 놓았다. 예수님은 팀플레이를 중요하게 여기고 직접 섬기는 리더십을 보여주셨다. 그리고 떠나기 전 베드로에게 교회를 세우는 권한을 넘겨주셨다. 즉, 사람들이 스스로 행동하게 하려면 리더의 권한을 나누어주고, 리더는 구성원들에게 관심을 보이며, 그들을 세워주고 칭찬해야 한다.

⑤ 열정이 우러나게 하라

마음을 격려하는 문제에서 예수님 같은 리더가 되는 것이 무슨 의미인지 탐구해 보면, 마음(동기 혹은 의도)과 머리(믿는 것과 리더십 관점)의 내적 영역 그리고 손(행실과 행동)과 습관(훈련과 헌신)의 외적 영역이 있다. 우리는 우리의 동기와 믿음(마음과 머리)은 안으로 감추고 있을 수도 있다. 그러나 우리의 행실과 헌신(손과 습관)은 다른 사람에게 영향을 끼칠 것이며, 그들이 어떻게 우리를 따르는지 결정하게 될 것이다. 모범적인 리더는 이 부분을 강화하기 위해 다음을 실행할 것이다.

- 가. 구성원 개인의 탁월함을 인식하여 공동체에 대한 기여를 인정해 주기 위해 감사편지, 미소, 사람들 앞에서 칭찬하기를 통해 조직에 얼마나 큰 의미가 있는지 알려준다. 그래서 그들의 사기를 높여주고 용기를 북돋아준다.
- 나. 구성원들의 발전을 위해 날마다 섬기는 리더십으로 진심을 다해 격려하며 코치 역할을 수행한다.
- 다. 다양한 격려, 지지, 응원과 칭찬하는 방법을 활용해 프로젝트에 기여한 개인을 인정하는 것은 유용하다. 그들의 헌신과 노력이 인정받을 가치가 있다는 것을 공개하여, 그들이 하는 일에 다른

사람이 주목하게 한다.

모범적인 리더십의 5가지 원칙을
크리스천 코칭 과정으로 구조화 ─

모범적인 리더십의 5가지 원칙을 성경적 관점으로 새롭게 보고, 그 실천방법을 성경과 예수 그리스도의 삶에서 찾아 적용해 나아가도록 한다. 이 5가지 실천원칙의 훌륭함을 넘어 예수님의 탁월한 방법을 본받아, 하나님나라의 가치를 회복하는 시대적 사명을 감당하기 위해 구성원들을 변화시키는 크리스천 코칭 리더로서 하나님의 역사를 체험하기를 소망한다.

이 5가지 실천원칙의 리더십은 '종'이라는 관점에서 보면 일(business)이 아니라 소명이다. 사명의식을 일깨워주는 소명이다. 크리스천 코칭은 목표와 가치와 비전을 추구하는 사람을 도우며 다음과 같은 과정을 동행한다.

- 그들이 현재 상황(reality, current circumstance)을 파악하도록 돕는다.
- 그들이 이루고자 하는 목표를 향해 비전을 갖도록 돕는다.
- 그들이 목표에 이르도록 전략을 세우는 것을 돕는다.
- 그들이 미처 예상하지 못한 장애물이나 도전을 극복하도록 돕는다.

Coaching is a Process of	모범적인 리더십 실천 원칙
Relate 코칭은 목적을 가진 관계다. 코칭은 목표 달성을 위한 경청, 질문의 대화과정이며 답을 주지 않는다.	Model the way(본을 보이라). (가치와 원칙을 명확히 하라.)
Reflect 현황과 문제점을 파악한다. 우선순위를 정하고 하나씩 실천한다.	Inspire a shared vision(공통의 비전을 강화하라). Challenge the process(변화의 과정에 도전하라). Enable others to act(사람들을 행동하게 하라).
Refocus 실행 계획(목표, 방향, 우선순위)을 재점검하는 단계	Inspire a shared vision. Challenge the process. Enable others to act.
Resource 목표 달성을 위해 필요한 자원, 이미 확보한 자원을 위해 코치는 무엇을 도울 수 있는지 검토하는 과정	Inspire a shared vision. Challenge the process. Enable others to act.
Review 축하, 평가, 배움과 변화 피드백	Encourage the heart(마음을 격려하라).

모범적인 크리스천 코칭 리더십 ―

크리스천 리더십 연구에서 탁월한 고전으로 알려져 있는 오스왈드 샌더스(John Oswald Sanders, 2018)의 책 『영적 지도력』(요단출판사 펴냄)에서, 영적 리더십의 절대적인 자질로는 성령 충만과 영적인 은사가 중요하다고 설명한다. 그는 성령 충만에 대해 이렇게 말한다. "사람이 아무리 지적으로 화려하며, 아무리 행정가로서 역량이 있다고 해도 이런 필수적인 능력이 없다면, 그는 진정으로 영적인 지도자 자격에는 부적격이다." 그리고 영적 은사에 대해 "영성만으로 지도자가 될 수 없으며, 천성적인 것과 은혜로 주어진 은사가 반드시 사역에 있어야 한다"고 지적한다. 성경은 크리스천 리더가 갖추어야 할 성품에 대해 특히 7가지 덕목으로 신실함, 정의, 소망, 사랑, 용기, 지혜, 절제를 강조한다(딤전 3:1-13; 딛 1:5-9; 골 3:1-17; 갈 5:16-26).

크리스천 리더는 바람직한 인성과 성품을 위한 부단한 노력이 요구된다. 자신의 부족한 성품을 있는 그대로 바라볼 뿐 아니라 자신의 부족한 성품의 약점을 보완해 주는 하나님의 말씀 앞에 엎드려야 한다. 바울은 골로새의 신자들에게 크리스천 리더의 목표를 선명하게 알려 주었다. "우리가 그를 전파하여 각 사람을 권하고 모든 지혜로 각 사람을 가르침은 각 사람을 그리스도 안에서 완전한 자로 세우려 함이니"(골 1:28).

이러한 목표를 온전히 이루기 위해 크리스천 리더는 궁극적으로 예수 그리스도의 인격과 성품을 닮아가야 한다. 그래서 믿음생활은 언제나 그리스도의 성품을 닮아가는 점진적인 변화와 헌신의 모습으로 나타나는데, 성품의 변화를 위해서는 인간의 내면의식 구조를 잘 이해할 필요가 있다. 하나님은 인간을 창조하실 때 영과 혼과 육을 허락하셨다. 개인 성품의 핵심은 혼의 영역을 다루는 것이며, 혼의 영역 내면은 인간의 성품 혹은 인격이라고 하는 사고, 감정, 행동과 연관되어 있다. 이 세 요소 가운데서 사고는 감정과 행동의 추동적인 역할을 한다고 볼 수 있다. 그래서 인간의 사고가 변화를 보이면 감정과 행동에도 변화가 일어난다. 결론적으로 인간의 사고가 하나님이 원하시는 방향으로 깨닫고 변화될 때, 감정과 행동이 하나님의 성품을 닮아가는 것이다.

사도 바울은 "이 교훈의 목적은 청결한 마음과 선한 양심과 거짓이 없는 믿음에서 나오는 사랑이거늘"(딤전 1:5)이라고 말한다. 그리스도인의 성품은 훌륭한 설교를 듣거나 교회의 사역과 봉사에 헌신한다고 만들어지는 것이 아니다. 성품의 변화는 우리의 사고가 십자가의 도를 통해 그리스도를 닮은 성품으로 사랑, 희락, 화평, 인내, 자비, 양선, 충성, 온유, 절제 같은 성령의 열매를 거두어야 가능하다고 알려져 있다(갈 5:22-23). 이런 가운데 우리의 죄 됨을 고백하고, 예수 그리스도의 사랑과 배려와 수용을 체험하며, 고난을 기꺼이 겪을 줄 알아야 변화가 일어난다.

확신과 믿음은 좋은 영적인 습관을 유지하도록 동기를 부여한다. 그리고 이러한 습관이 반복될 때 그리스도를 닮은 성품으로 변화되며, 하나님의 뜻을 이해하고 믿음 가운데 확신을 가지고 행할 수 있게 된다. 바울은 골로새서 1장 28절에 이어 "이를 위하여 나도 내 속에서 능력으로 역사하시는 이의 역사를 따라 힘을 다하여 수고하노라"(골 1:29)고 했다. 우리는 말씀을 통해 자신을 훈련할 때 자신에게 다음 같은 질문을 반드시 제기해 보아야 한다.

- 나 자신과 삶 그리고 다른 사람을 하나님의 관점에서 바라보고 있는가?
- 나는 그리스도의 성품을 더욱더 닮아가고 있는가?

크리스천 리더는 온전히 그리스도를 닮기 위해 힘써야 한다. 하나님은 우리가 당신을 향해 찬양하고 예배하며 교회에서 봉사하고 사역하는 일에 헌신하기보다, 먼저 그리스도의 인격과 성품을 닮아가는 데 헌신하기를 더 원하신다.

나가는 말 —

크리스천 코칭 리더십에 대해 연구하면서 지속적으로 내 마음을 어지럽히는 것은 '리더'라는 단어의 이미지와 선입견이다. 리더는 우리 말로 지도자다. 이 단어의 이미지는 다른 사람을 수직적인 관계에서 이끌어가며 영향력을 발휘한다는 것이다. 일반적인 용어로서는 그런대로 수긍이 간다. 조직의 리더가 그 조직을 앞장서서 이끌어간다는 대표성을 인정하기 때문이다. 그러나 기독교에서 말하는 영적 리더는 성경적인 의미에서 영적 지도자로 예수님 한 분뿐이라는 생각과 상충된다. 예수님은 "너희 중에는 그렇지 않아야 하나니 너희 중에 누구든지 크고자 하는 자는 너희를 섬기는 자가 되고 너희 중에 누구든지 으뜸이 되고자 하는 자는 너희의 종이 되어야 하리라 인자가 온 것은 섬김을 받으려 함이 아니라 도리어 섬기려 하고 자기 목숨을 많은 사람의 대속물로 주려 함이니라"(마 20:26-28)고 하셨는데, 이것이 바로 영적 리더십의 정의가 아닐까 생각해 본다. 바꾸어 말하면, 영적 리더십은 잘못된 용어이고 '영적 리더를 닮은 리더십'이 정확한 표현이라고 생각한다. 영적 리더는 오직 예수님 한 분이시니.

크리스천으로서 영적 리더십이나 섬김의 리더십의 참된 의미를 명확히 하고 이를 행동으로 실천하는 것을 '모범적인 크리스천 코칭 리더십'이라고 정의하고자 한다. 이를 위해 먼저 교회 안에 존재하는 계급의식(목사, 장로, 권사, 집사 등)을 극복하며, 교회의 모든 성도가 스스로 모범적인 리더를 추구하며 선한 영향력을 상호 간에 끼칠 수 있기를 소망한다. 즉, 모두 예수의 제자(학생)가 됨으로써 그분을 닮아가며 그리스도의 향기를 내며 살아갈 때, 우리는 비로소 '영적 리더를 닮은 리더'로서 선한 영향력을 발휘하는 모범적인 리더로 세워지는 것이다. 가장 중요한 리더의 덕목을 갖추기 위해서는 예수님을 닮은 성품에 초점을 맞추고 부단한 노력을 기울여야 한다는 것이 모범적인 크리스천 코칭 리더십의 핵심이다.

참고문헌

- 서재진. 『아들러 리더십 코칭』. 서울: 피와이메이트, 2022.
- 오세용. 『사람에게 영적 리더십은 없다』. 의정부: 드림북, 2007.
- 조철현. 『크리스천 리더십 개발전략』. 서울: 생명의 양식, 2019.
- 게리 맥캔토시, 새뮤얼 리마. 『리더십의 그림자』. 김기호 역. 서울: 두란노, 2015.
- 데이비드 코트렐. 『성경에서 배우는 크리스천 리더십』. 송경근, 서원교 역. 서울: 한언, 2006.
- 래리 크랩. 『인간 이해와 상담』. 윤종석 역. 서울: 두란노, 2011.
- 로버트 클린턴. 『영적 지도자 만들기』. 이순정, 이영규 역. 서울: 베다니출판사, 2021.
- 맨프레드 케츠 드 브리스. 『리더의 마음』. 윤동준 역. 서울: 생각의서재, 2019.
- 오스왈드 샌더스. 『영적 지도력』. 이동원 역. 서울: 요단출판사, 2018.

- 제임스 쿠제스, 배리 포스너. 『리더십 챌린지』. 정재창 역. 서울: 한국학술정보, 2019.

  _____.『크리스천 리더십 챌린지』. 정옥배 역. 서울: 디모데, 2009.
- 피터 노스하우스. 『리더십 이론과 실제(제7판)』. 김남현 역. 서울: 경문사, 2020.
- 피터 스카지로. 『정서적으로 건강한 리더』. 정성묵 역. 서울: 두란노, 2019.
- 헨리 클라우드. 『크리스천을 위한 마음코칭』. 전병철 역. 서울: 생명의말씀사, 2016.
- Forem, Jack. "Awakening the Leader Within". NJ: John Wiley & Son's Inc, 2003.

박재진

KCCA 한국기독교코칭학회 국제이사, 뉴저지 지국장
실버선교회(뉴저지) 교육/정책 이사

전)Canada Christian University 기독교 상담대학원 교수
전)크리스천 코칭 아카데미(뉴저지) 대표
전)네이버 플러스 상담/코칭 코치

Certified Life Coach – Fowler Int'l Coaching Federation
NLP Master Practitioner – America Union of NLP

Canada Christian College 기독교상담학 박사 DDC

에필로그 1
Epilogue

한국기독교코칭학회를 만난 지 3년차! 짧은 시간에 참 많은 일을 이루어내시는 박중호 학회장님 그리고 이사님들과 함께하면서, 하나님께서 기독교코칭학회를 통해 이루고자 하시는 것이 무엇인지 생각해 보는 시간이었다. 미국에 있는 World Mission University와 PTSA 미주장로회신학대학교에 코칭학과를 설립하는 데 기여하고 많은 이사님을 교수로 활동하게 하면서, 크리스천 코칭을 전파하는 데 큰 역할을 했다.

매월 열리는 뉴욕콜로키움을 통해 전 세계에 흩어져 있는 복음사역자들에게 크리스천 코칭을 전하고 있으며, 크리스천 코칭 슈퍼비전을 통해 코치들의 역량을 키워가고 있다. 또 '크리스천 영성코칭 시리즈 1'로『크리스천 코칭 디스커버리』가 저자 열두 명을 통해 나오게 되었고, 이어서『크리스천 코칭 패스파인더』출간을 마무리할 수 있음에 감사와 영광을 돌린다. '크리스천 영성코칭 시리즈'가 앞으로 매년 지속적으로 출간되길 기도한다.

세대의 커다란 변화의 급물살에 흔들리고 휩쓸려 갈 것 같은 위태로운 영성과 다음세대가 다른 세대로 하나님을 잃어버리게 될 것 같은 위기감에 더하여, 기독교를 비하하는 문화와 의식이 높아지고 있는 게 현실이다. 하나님나라의 복음을 전파하는 일이 갈수록 어려워지는 상황에서, 크리스천 코칭은 많은 영혼의 마음의 밭을 일구는 중요한 도구 역할을 할 것으로 기대한다. 더불어 트리니티 크리스천 코칭 핵심역량 프로그램을 개발할 마음을 주시고, 마음을 같이한 분들과 함께 공동개발에 헌신할 수 있게 허락하신 하나님께 감사드린다. 앞으로 크리스천 코치들이 성경적인 세계관을 바탕으로 개발한 트리니티 크리스천 코칭 핵심역량을 통해 더 많은 영혼을 살리고 세울 수 있는 도구로 사용되길 간절히 기도한다.

> 주 여호와께서 학자들의 혀를 내게 주사 나로 곤고한 자를 말로 어떻게 도와줄 줄을 알게 하시고 아침마다 깨우치시되 나의 귀를 깨우치사 학자들 같이 알아듣게 하시도다 _ 사 50:4

크리스천 코치에게 학자의 혀를 주시고 귀를 주셔서 곤고한 자들을 어떻게 도와야 할지 아침마다 깨우치시고 알아듣게 하시는 하나님을 찬양하며, 많은 이들의 힘든 마음을 일으켜 세워 하나님나라를 경험할 수 있게 하는 일에 쓰임받기를 소망한다. 크리스천 코치가 먼저 자신의 존재 목적을 찾고 하나님의 자녀로 풍성한 삶을 누리게 하는 코칭을 통해, 사람들의 닫힌 마음의 문을 열고 소통하는 가운데 복음의 통로로 사용되어, 아버지의 마음에 기쁨이 되는 기독교코칭학회가 되길 바라고 원하고 기도한다.

마지막으로 한국기독교코칭학회가 하나의 비전과 한마음의 영성으로 전 세계에 흩어져 있는 선교사님들과 목회자와 사역자들에게 코칭이라는 날개를 달고 하나님나라를 확장해 나갈 수 있기를 바란다. 특별히 바쁜 일정 가운데 집필에 협력해 주신 이사님 열두 분과 언제나 열정적인 리더십으로 여기까지 함께해 주신 학회장님께 감사드리고, 전체 PM을 맡아 수고해 주신 정은주 교수께도 감사의 마음을 전한다. 세 번째 '크리스천 영성코칭 시리즈'를 준비하고 있는 이사님들의 책을 기대하며, 모든 영광을 하나님께 돌린다. 할렐루야!

강경숙
한국기독교코칭학회 부회장

에필로그 2
Epilogue

하나님께서 하시는 일은 항상 경이롭다. 부족한 자를 사용하실 때마다 하나님께서 얼마나 급하시면 나 같은 사람도 부르시나 싶다. 요동치는 요단강에 한 발 내딛었을 때 요단강이 잔잔해진 것처럼, 내게는 아버지 하나님을 신뢰하며 용기를 내는 것이 필요했다. 고비마다 두려움이 있었지만, 하나님의 부르심에 순종했을 때 맺은 열매는 언제나 내 생각을 뛰어넘었다.

주님의 마음 회복과 십자가의 비전을 세우기 위해 창립된 한국기독교코칭학회에서 많은 역할을 감당했고, World Mission University에 코칭 석박사 과정을 개설하고, 박중호 학회장님이 학회에 기증하신 ALL New Trinity TCL, TSL 크리스천 코칭 리더십 프로그램 주개발자와 크리스천 코칭 핵심역량 공동개발자가 되었다. 무엇보다 감사한 일은 World Mission University의 코칭 석사와 기독교상담학과의 디렉터가 된 것이다.

그럼에도 『크리스천 코칭 패스파인더』의 PM을 제안받았을 때 걱정이 앞섰다. 『크리스천 코칭 디스커버리』의 저자로 참여했을 때와는 전혀 다른 부담감으로 다가왔기 때문이다. 『크리스천 코칭 디스커버리』

가 크리스천 코칭이 무엇인지를 알리는 개척자 역할을 했다면, 이제 크리스천 코칭의 정체성을 알게 된 독자들에게 크리스천 코칭을 가정과 교회, 일터, 선교지에서 어떻게 적용할 수 있는지를 좀 더 구체적으로 알려주는 길잡이 역할이 필요하다.

본 책을 출간하면서 이 모든 과정이 하나님의 은혜로 진행되었음을 고백한다. 저자들 모두 신실한 크리스천 코치로서 성령님의 인도하심을 따라 크리스천 코칭을 도구로 각자의 영역에서 하나님나라를 확장하고 있는 소중한 분들이다. 그분들의 열정과 헌신을 글로 담아내기는 매우 부족한 지면이지만, 서로 존중하고 배려하며 책의 전체적인 조화를 위해 함께 고민하고 노력하는 시간은 큰 감동이었고 은혜의 시간이었다. 아버지 하나님께서 얼마나 기뻐하실지 마음이 설렌다. 하나님나라 확장에 크게 기여할 크리스천 코칭을 많은 사역지에서 활용했으면 하는 바람이다. 앞으로 계속 나오게 될 '크리스천 영성코칭 시리즈'가 독자들에게 사랑받기를 소망하며, 기도로 모든 과정에 함께해 주신 한국기독교코칭학회 이사님들께 다시 한번 감사드린다.

정은주

World Mission University 코칭학과, 기독교상담학과 주임교수

크리스천 코칭 패스파인더

1판 1쇄 발행   2023년 8월 21일

지은이   한국기독교코칭학회

펴낸이   곽성종
기획편집   방재경
디자인   투에스북디자인

펴낸곳   (주)아가페출판사
등록   제21-754호(1995. 4. 12)
주소   (08806) 서울시 관악구 남부순환로 2082-33
전화   584-4835(본사) 522-5148(편집부)
팩스   586-3078(본사) 586-3088(편집부)
홈페이지   www.agape25.com
판권   ⓒ한국기독교코칭학회 2023
ISBN   978-89-537-9674-4 (04230)
             978-89-537-9658-4 (세트)

아가페 출판사